Modernes Deutsch

EINE WIEDERHOLUNG DER GRAMMATIK
MIT MODERNEN AUTOREN

Erna Kritsch
Douglass College, Rutgers University

Modernes Deutsch

EINE WIEDERHOLUNG DER GRAMMATIK MIT MODERNEN AUTOREN

second edition

NEW YORK

Appleton-Century-Crofts
Division of Meredith Publishing Company

Copyright © 1966 by
MEREDITH PUBLISHING COMPANY

All rights reserved. This book, or parts thereof, must not be used or reproduced in any manner without written permission. For information address the publisher, Appleton-Century-Crofts, Division of Meredith Publishing Company, 440 Park Avenue South, New York, N. Y. 10016

647-4

Library of Congress Card Number: 66-10857

ACKNOWLEDGMENTS

Gebrüder Weiss Verlag, Berlin, Germany, for "Die unwürdige Greisin," from *Kalendergeschichten*, by Bertolt Brecht.

Suhrkamp Verlag, Frankfurt am Main, Germany, for "Herbst," from *Gesammelte Dichtungen*, by Hermann Hesse, © 1952.

Suhrkamp Verlag, Frankfurt am Main, Germany, for "Die letzte Matinee," from *Ein Flugzeug über dem Haus und andere Geschichten*, by Martin Walser, © 1964.

Schocken Books, Inc., New York, for "Der Hungerkünstler," from *Erzählungen und kleine Prosa*, by Franz Kafka, © 1946.

S. Fischer Verlag, Frankfurt am Main, Germany, for "Die rote Katze," from *Ein Bündel weisser Narzissen*, by Luise Rinser, © 1956, by permission of Joan Daves.

Agathonverlag, Vienna, Austria, for "Der Lose," by Grete Miller-Hauenfels, © 1946.

Ernst Rowohlt Verlag GMBH, Hamburg, Germany, for "Ratschläge für einen schlechten Redner," from *Rorotucholsky*, by Kurt Tucholsky, © 1952.

Insel-Verlag Anton Kippenberg, Wiesbaden, Germany, for "Die Aufzeichnungen des Malte Laurids Brigge," by Rainer Maria Rilke.

The author for "Ein Zwischenfall," from *Eine Rechnung, die nicht aufgeht*, by Wolfdietrich Schnurre, © Walter Verlag, Olten, Switzerland, and Freiburg, Germany.

Otto Müller Verlag, Salzburg, Austria, for "Liebe Dinge," by Karl Heinrich Waggerl, © 1956.

Verlags AG. "Die Arche," Zurich, Switzerland, for "Bleibender Gewinn," by Ernst Wiechert, © 1951.

Atrium Verlag A.G., Zurich, Switzerland, for "Ansprache zum Schulbeginn," from *Erich Kästner-Eine Auswahl*, by Erich Kästner, © 1952.

Hoffmann und Campe Verlag, Hamburg, Germany, for "Aus dem Rechenschaftsbericht einer Nachwuchsbegabung," from *Leben wie im Paradies*, by Heinz von Cramer, © 1964.

Verlags AG. "Die Arche," Zurich, Switzerland, for Friedrich Dürrenmatt, "Die Falle," aus Friedrich Dürrenmatt *Die Stadt* (Erzählungen), 200 Seiten, erschienen im Verlag der Arche Peter Schifferli, Zurich, © 1952.

The geographical data of Germany are taken from "Facts about Germany" published by the Press and Information Office of the Federal German Government.

Copyright © 1961 by Appleton-Century-Crofts, Inc.

PRINTED IN THE UNITED STATES OF AMERICA

E 52697

Preface

While retaining the basic organization, lesson development, and objectives of the first edition, *Modernes Deutsch* has been augmented by (1) more varied and more exercises with special emphasis on pattern drills, suitable for use in class and laboratory and (2) more reading material. There are six more "Lesestücke" in this edition, all from modern authors. The vocabulary is repeated for reinforcement through all subsequent lessons.

Modernes Deutsch assumes that the student already possesses a minimal knowledge of German. It also assumes that a review of German grammar, even a brief one, can be conducted most successfully entirely in German.

The wisdom of this latter assumption should be clearly apparent. The grammatical terms most commonly employed in modern German, because of their largely Latin origin, correspond closely to those traditionally used in English. Grammatical explanation, when given in German, is psychologically helpful to both student and instructor; it reinforces desire as well as opportunity for fluency in the language. It is highly recommended, however, that the student study the nomenclature on page ix prior to lesson 1.

In language texts for beginning students, individual points of grammar are usually discussed at length and separately from one another; here they are explained concisely, and frequently in combination. Varied and ample exercises in each lesson permit the student to test thoroughly his understanding and control of the material before proceeding. In addition, every fifth lesson is devoted exclusively to a review of the preceding four. For those who, at any point, need or prefer further exercises, a group of sixteen *Übungen*, each consisting of twenty items, begins on page 175; answers to all of these exercises begin on page 186. Throughout the entire book, special attention is paid to developing the student's basic technical and scientific vocabulary.

Each reading passage has been chosen not only to illustrate aptly the particular points of grammar in the lesson it accompanies, but also to present a small, unedited but annotated sample of prose by an acknowledged stylist of twentieth-century German, in order to supplement the student's concurrent and more extensive reading in German literature. The authors' photographs provide points of visual association not only with the brief selections included here but also with discoveries hoped for beyond this text.

I should like to express my gratitude to the Austrian Information Service and to Inter Nationes, Bonn, for their assistance in securing illustrations, to Professors Claude Hill, E. L. Jordan, and E. Allen McCormick, for their interest and suggestions, to Professor Alice Schlimbach for her overall assistance, and to Professor Edwin H. Zeydel for his editorial guidance in the preparation of the text.

E. K.

Inhalt

Preface v
Nomenklatur ix

1. Der bestimmte und der unbestimmte Artikel 1
2. Das Substantiv 10
3. Das Verb 18
4. Der Imperativ, das trennbare und untrennbare Verb, die unpersönlichen Verben 31
5. Wiederholung (1, 2, 3, 4) 40
6. Das Personal- und Reflexivpronomen, das reflexive Verb 43
7. Das Possessivpronomen 52
8. Das Adjektiv 59
9. Die Komparation des Adjektivs und Adverbs 67
10. Wiederholung (6, 7, 8, 9) 75
11. Die Präpositionen 77
12. Die Wortfolge, die koordinierenden und subordinierenden Konjunktionen 91
13. Das Relativpronomen und das Interrogativpronomen 103
14. Die Zahlen und die Zeit 114
15. Wiederholung (11, 12, 13, 14) 124
16. Die modalen Hilfsverben und ,,lassen" 128
17. Das Passiv 137
18. Der Konjunktiv und der Konditional 145
19. Die indirekte Rede 158
20. Partizipial- und Infinitivkonstruktionen 163
21. Wiederholung (16, 17, 18, 19, 20) 167

Anhang: Die wichtigsten starken Verben	171
Übungen	175
Übersetzungen	186
Deutsch-englisches Vokabular	198
Englisch-deutsches Vokabular	243

Nomenklatur

das	**Adjektiv(um)**[1]	adjective
	adjektivisch	as an adjective (adjectivally)
das	**Adverb(ium)**	adverb
	adverbial'	as an adverb (adverbially)
der	**Akkusativ**	accusative
das	**Aktiv(um)**	active voice
der	**Arti'kel**	article
das	**Attribut'**	attribute
	attributiv	attributive
der	**Bruch**	fraction
der	**Dativ**	dative
die	**Deklination**	declension
das	**Demonstrativ'pronomen**	demonstrative pronoun
die	**direkte Rede**	direct discourse
der	**Fall**	case
	feminin	feminine
das	**Futur'(um)**	future tense
die	**Gegenwart**	present tense
der	**Genitiv**	genitive
das	**Geschlecht**	gender
die	**Gramma'tik**	grammar
der	**Hauptsatz**	main clause
das	**Hilfsverb**	auxiliary
das	**Im'perfekt(um)**	imperfect tense (past tense)
der	**In'dikativ**	indicative
die	**indirekte Rede**	indirect discourse
der	**Infinitiv**	infinitive

[1] beide Formen sind gebräuchlich

das	Interrogativ'prono'men	interrogative pronoun
die	Kardina'lia (Plural)	cardinal numbers
der	Kasus	case
das	Komma	comma
die	Komparation	comparison
der	Kom'parativ	comparative
der	Konditional'(is)	conditional
der	Konditional'satz	conditional clause
die	Konjugation'	conjugation
die	Konjunktion'	conjunction
der	Kon'junktiv	subjunctive
der	Konsonant'	consonant
die	Kontraktion'	contraction
	koordinie'rend	coordinating
	maskulin	masculine
das	modale Hilfsverb	modal auxiliary
der	Nebensatz	subordinate clause
	neutral	neuter
der	Nominativ	nominative
das	Objekt'	object
die	Ordina'lia (Plural)	ordinal numbers
das	Partizip(ium)	participle
das	Passiv(um)	passive voice
das	Perfekt'(um)	perfect tense
die	Person'	person
die	Personal'form des Verbs	finite verb
das	Personal'pronomen	personal pronoun
der	Plural	plural
das	Plus'quamperfekt(um)	past perfect
der	Positiv	positive
das	Possessiv'pronomen	possessive pronoun
das	Prädikat'	predicate
	prädikativ'	predicative
das	Präfix	prefix
das	Präsens	present tense
die	Präposition'	preposition
	reflexiv'	reflexive
das	Reflexiv'pronomen	reflexive pronoun
das	Relativ'pronomen	relative pronoun
die	Silbe	syllable
	einsilbig	monosyllabic
der	Singular	singular

NOMENKLATUR

das	Subjekt'	subject
	subordinier'end	subordinating
das	Substantiv(um)	substantive, noun
	substantivisch	as a noun
das	Suffix	suffix
der	Su'perlativ	superlative
das	Verb(um)	verb
die	Vergangenheit	past tense
der	Vokal'	vowel
die	Zahl	number
das	Zahlwort	numeral
die	Zukunft	future

1

Der bestimmte und der unbestimmte Artikel

Der bestimmte und der unbestimmte Artikel sind die am meisten gebrauchten Wörter im Deutschen.

DER BESTIMMTE ARTIKEL

	Maskulin	Singular Feminin	Neutral	Plural MFN
der Nominativ	der	die	das	die
der Genitiv	des	der	des	der
der Dativ	dem	der	dem	den
der Akkusativ	den	die	das	die

Folgende Wörter haben dieselben Endungen wie der bestimmte Artikel:

dieser	this	**mancher**	many a
jeder	each, every	**solcher**	such
jener	that	**welcher**	which

	Singular			Plural
	M	F	N	MFN
N	dieser	diese	dieses	diese
G	dieses	dieser	dieses	dieser
D	diesem	dieser	diesem	diesen
A	diesen	diese	dieses	diese

DER UNBESTIMMTE ARTIKEL

	Singular			Plural
	M	F	N	
N	ein	eine	ein	
G	eines	einer	eines	kein
D	einem	einer	einem	Plural
A	einen	eine	ein	

DIE NEGATION DES UNBESTIMMTEN ARTIKELS

	Singular			Plural
	M	F	N	MFN
N	kein	keine	kein	keine
G	keines	keiner	keines	keiner
D	keinem	keiner	keinem	keinen
A	keinen	keine	kein	keine

▶ *Beachten Sie:*

    1. **Mancher, solcher** und **welcher** haben zwei Formen:

        mancher   solcher   welcher
        manch ein solch ein welch ein

DER BESTIMMTE UND DER UNBESTIMMTE ARTIKEL

manch, solch und **welch** sind dann in allen Fällen undekliniert; **ein** wird dekliniert wie oben:

z. B.[1] **manch** ein Mann; **solch** eine Frau; **welch** ein Wetter.

Statt **solch ein** wird meistens **so ein** gebraucht:

so eine Frau

2. Der unbestimmte Artikel **ein** und **kein** hat keine Endung im Nominativ maskulin und Nominativ neutral und Akkusativ neutral.

3. **Ein** und **kein** können auch substantivisch gebraucht werden (d.h.[2] wenn sie ein Substantiv vertreten) und werden dann wie **der** dekliniert:

z. B. ein Mann sagte   aber: **einer** sagte
    (adjektivisch)   (substantivisch)

DER GEBRAUCH DES BESTIMMTEN ARTIKELS

Der bestimmte Artikel wird *immer* gebraucht:

1. In Definitionen:

Der Hund ist ein Tier.   *A dog is an animal.*

2. Vor abstrakten Substantiven:

Die Zeit vergeht schnell.   *Time passes quickly.*

3. Wenn ein Adjektiv vor einem Eigennamen steht:

der kleine Paul   *little Paul*
das moderne Deutschland   *modern Germany*

4. Bei Preisangaben:

3 Mark das Kilo, 2 Mark das Stück   *3 marks a kilogram, 2 marks apiece*
50 Pfennig das Meter   *50 pfennigs a meter*

[1] zum Beispiel
[2] das heißt

5. Vor Namen von Ländern, die feminin oder Plural sind, vor Flüssen, Bergen, Seen, Straßen und Plätzen:

die Schweiz, die Vereinigten Staaten	Switzerland, the United States
der Rhein, die Donau, die Zugspitze	the Rhine, the Danube, the Zugspitze
der Bodensee, die Ringstraße	Lake Constance, Ring Street
der Rüdesheimerplatz	Rüdesheimer Square

6. Bei Zeitangaben, besonders nach Präpositionen:

der Sommer, der Februar, im Mai	summer, February, in May
am Morgen, nach dem Frühstück	in the morning, after breakfast
einmal die Woche	once a week

7. Vor Namen von Körperteilen und Kleidungsstücken, die sich auf das Subjekt beziehen:

Er hatte die Hände in den Taschen.	He had his hands in his pockets.

Der Artikel wird *nicht* gebraucht:

1. Nach **sein, werden** und **bleiben** vor Substantiven, die einen Beruf oder eine Nationalität angeben (ohne Adjektiv; vor einem Adjektiv wird der Artikel gebraucht):

Er ist Amerikaner.	He is an American.
Er will Lehrer werden.	He wants to become a teacher.
Er bleibt Taxichauffeur.	He remains a cab driver.
aber: Er ist ein guter Lehrer.	He is a good teacher.

2. In Sprichwörtern und Antithesen:

Not kennt kein Gebot.	Necessity knows no law.
Leib und Seele	body and soul
Tod und Leben	life and death
Berg und Tal	mountain and valley

3. In folgenden Redewendungen:

Ich habe Angst vor (dem Hund).	I am afraid of (the dog).
Ich habe Besuch.	I have a visitor (or visitors).
Ich gehe auf Besuch zu	I go on a visit to ....
Ich bin auf Besuch bei	I am on a visit at ...
Ich habe Durst.	I am thirsty.
Ich habe Hunger.	I am hungry.

Ich habe Eile.	I am in a hurry.
Ich habe Fieber.	I have a fever.
Ich habe Kopfweh.	I have a headache.
Ich habe Lust zu	I have the desire to ....
Ich habe recht.	I am right.
Ich habe unrecht.	I am wrong.
Es ist schade.	It is a pity.
Ich spreche mit lauter (leiser) Stimme.	I speak in a loud (low) voice.
zu Fuß	on foot
nach Hause	home(ward)
zu Hause	at home

Karl Heinrich Waggerl

aus: **LIEBE DINGE**

(gekürzt)

Mein Tisch war das erste Stück Hausrat, das ich erwarb, als ich mich in jungen Jahren entschlossen hatte, seßhaft und ein gesitteter Mensch zu werden. Von nun an, dachte ich, muß dein Dasein eine feste Mitte haben, diesen Tisch. Du wirst mit Anstand daran sitzen, um dein Brot zu essen, und wenn du nichts zu kauen hast, kannst du wenigstens die Ellbogen darauf stützen und deine Sorgen überdenken. Haus und Hof wirst du ja doch nie gewinnen, aber dieses kleine Geviert ist so gut wie ein Stück Land. Du wirst deine Gedanken hineinsäen, und der Himmel wird sie verderben oder reifen lassen, wie sonst die Saat auf einem Acker.

So war es dann auch, und so ist es geblieben. Freilich, wenn ich mich an meinen Tisch setze, muß ich ihn zuerst mit einem passend gefalteten Brief ins Gleichgewicht bringen, weil jeden Tag ein anderes von seinen vier Beinen ein wenig kürzer ist. Unten, in der Fußleiste, hat er einen Wurm sitzen,[3] der streut seit Jahr und Tag kleine Häufchen von gelbem Holzmehl auf den Boden, unermüdlich, es muß ein Geschäft für die Ewigkeit sein, einen Tisch aufzuzehren. Auch die Platte ist nicht mehr ganz eben, unzählige Mägde haben runde Astknoten aus dem beinharten Holz gescheuert, und das ärgert mich manchmal bei der Arbeit, ich kann nicht wie der liebe Gott über Berg und Tal schreiben. Irgendwann einmal muß wohl ein verliebter Mensch an meinem Tisch gesessen haben, der schnitzte ein A und ein M hinein, und ein Herz dazu, aber nur ein halbes. Vielleicht war das Messer zu wenig scharf oder die Liebe nicht groß genug.

Es ist verdächtig, daß mein Herz so sehr an alten Dingen hängt. Liegt es daran,[4] daß jedes von diesen Dingen nur einmal in der Welt vorhanden ist? Meinem Tisch zu begegnen war ein Glücksfall, unwahrscheinlich wie der, daß man unter tausend Leuten einen Menschen findet. Ich meine auch zu wissen, wie der Mann beschaffen war, der vor langen Jahren zu einem Meister ging und sagte: „Du sollst mir einen Tisch machen. Mach ihn so breit, daß ich eben noch hinüberlangen und meine Hand auf eine andere legen kann. Das Maß für die Höhe nimm von mir; wenn ich schon nicht immer[5] aufrecht stehen darf, an meinem Tisch will ich aufrecht sitzen. Die Beine kannst du ein wenig abdrehen, des Ansehens halber,[6] aber mach eine Trittleiste unten herum, damit es kein Gescharre auf dem Boden gibt, das haben die Weiber nicht gern. Ja, und unter die Platte zimmerst du mir eine Lade für das Brot und das Messer."

[3] sitzt ein Wurm
[4] *is it due to the fact*
[5] wenn ich nicht immer
[6] wegen des Ansehens

Übungen

a. Nennen Sie zu folgenden Substantiven den bestimmten Artikel:
Arbeit, Bein, Berg, Boden, Brief, Brot, Ding, Ellbogen, Ewigkeit, Gedanke, Geschäft, Gleichgewicht, Gott, Hand, Haus, Herz, Himmel, Holz, Jahr, Lade, Land, Leute, Liebe, Mann, Mensch, Messer, Sorge, Stück, Tag, Tal, Tisch, Welt, Wurm

b. Ergänzen Sie die fehlenden Wörter und Endungen in ihrer richtigen Form, so daß die Sätze eine kleine Erzählung bilden:
Ich habe einen neuen Tisch bekommen. Mein Vater hat ihn mir geschenkt und er scheint eine Ewigkeit alt zu sein. Viele Menschen müssen an ihm gesessen und über ihre Sorgen und Geschäfte gesprochen haben. Ich glaube, man hat auch darauf gegessen. Er hat nämlich eine Lade, wo man früher sein Brot und sein Messer aufbewahrt hat. Auch ist nahe dem Boden eine Fußleiste. In der sitzt aber ein Wurm. Manchmal schreibe ich meine Briefe darauf, aber das geht wie über Berg und Tal. Ein Bein ist auch kürzer und deshalb hat er kein Gleichgewicht. Aber diesen Tisch gibt es nur einmal auf dieser Welt und deshalb mag ich ihn so gern.

Bein
Berg
Boden
Brief
Brot
Ewigkeit
Geschäft
Gleichgewicht
Lade
Mensch
Messer
Sorge
Tal
Tisch
Welt
Wurm

c. Setzen Sie **kein** und **dieser** vor folgende Substantive:

z. B. valley: kein Tal, dieses Tal

human being, piece, elbow, worries, mountain, world, bread, knives, drawer, leg, letter, thing, heaven, years, wood, people, work, thoughts, hand, heart

d. Gebrauchen Sie die Präposition **nach** mit folgenden Ausdrücken:

z. B. Nach dem Frühstück gehe ich in die Stadt.

die Schule, das Mittagessen, der Film, die Arbeit, die Prüfung, der Tanz, die Klasse

e. Gebrauchen Sie die Präposition **vor** mit denselben Ausdrücken!

f. Gebrauchen Sie die Präposition **an** mit folgenden Ausdrücken:

z. B. Am Morgen arbeite ich gern.

der Vormittag, der Nachmittag, der Abend, der Montag, der Dienstag, der Mittwoch, der Donnerstag, der Freitag, der Samstag, der Sonntag

g. Gebrauchen Sie die Präposition **in** mit folgenden Ausdrücken:

z. B. Im Sommer fahre ich nach Deutschland.

der Frühling, der Herbst, der Winter, der Januar, der Februar' der März, der April, der Mai, der Juni, das Jahr 1969

h. Gebrauchen Sie **sein** mit den Nationalitäten und **werden** mit den Berufen:

z. B. Er ist Amerikaner.
Er wird Lehrer.

Deutscher, Österreicher, Schweizer, Engländer, Mexikaner, Italiener, Argentinier, Brasilianer, Japaner, Franzose, Russe, Chinese

Professor, Arzt, Kaufmann, Bankbeamter, Briefträger, Fabrikant, Fabrikarbeiter, Ingenieur, Chauffeur, Friseur

i. Übersetzen Sie:

1. He was always a friend of the family and always remained one.
2. He became a famous artist.
3. One morning he wanted to read a book but we had none here; I gave him a newspaper.
4. Which girl had no money to buy one (a newspaper)?
5. Berlin is a city; Hamburg is also (one).
6. Germany is a country; Austria is one, too.
7. I am in a hurry because I am expecting visitors.

DER BESTIMMTE UND DER UNBESTIMMTE ARTIKEL

8. In August we shall go[7] to Switzerland and to Germany.
9. There we shall see the Rhine and Lake Constance.
10. It was such[8] nice weather before lunch!
11. She is afraid of him, and perhaps she is right.
12. Little Mary will go to school in the autumn.
13. We live on[9] Main Street.
14. He wanted to become a doctor, but he became a teacher.
15. We are always hungry and thirsty in the morning.

[7] fahren
[8] so ein
[9] wohnen in

2

Das Substantiv

Die Deklination der Substantive ist leicht und schwer: leicht, weil das deutsche Substantiv außer dem Genitiv Singular und dem Dativ Plural keine Endungen annimmt; schwer, weil es keine Regel für das Geschlecht und den Nominativ Plural gibt. *Lernen Sie daher mit jedem neuen Substantiv den Artikel und den Nominativ Plural.*

DEKLINATION

	Singular			Plural
	M	F	N	MFN
N	–	–	–	–
G	–(e)s	–	–(e)s	–
D	–(e)	–	–(e)	–n
A	–	–	–	–

	Singular			Plural
	M	F	N	MFN
N	der Vater	die Mutter	das Kind	die Söhne
G	des Vaters	der Mutter	des Kindes	der Söhne
D	dem Vater	der Mutter	dem Kinde	den Söhnen
A	den Vater	die Mutter	das Kind	die Söhne

Das **e** im Genitiv maskulin und neutral wird geschrieben, wenn das Wort einsilbig ist oder wenn der Wortstamm mit einem **d, t, s** oder **z** endet. Das **e** im Dativ maskulin und neutral wird meistens bei

DAS SUBSTANTIV

einsilbigen Substantiven und in idiomatischen Ausdrücken gebraucht:

z. B. zu Hause
im Jahre

Wenn der Nominativ Plural schon ein **n** hat, wird es im Dativ nicht verdoppelt:

z. B. die Rosen
der Rosen
den Rosen
die Rosen

Die meisten deutschen Substantive werden so dekliniert.

Es gibt aber einige Ausnahmen; die wichtigsten sind: **der Junge, der Knabe, der Mensch, der Präsident, der Soldat, der Student**; sie werden dekliniert wie **der Knabe**. Weitere Ausnahmen sind: **der Friede, das Herz, der Name, der Wille**; sie werden dekliniert wie **der Name**. Beachten Sie die Deklination von **der Herr** und **das Herz**!

der Knabe	die Knaben	der Name	die Namen
des Knaben	der Knaben	des Namens	der Namen
dem Knaben	den Knaben	dem Namen	den Namen
den Knaben	die Knaben	den Namen	die Namen

das Herz	die Herzen	der Herr	die Herren
des Herzens	der Herzen	des Herrn	der Herren
dem Herzen	den Herzen	dem Herrn	den Herren
das Herz	die Herzen	den Herrn	die Herren

▶ *Beachten Sie:*

4. 1. Substantive, die immer *maskulin* sind:
    a. die Tage, Monate und Jahreszeiten
    b. alle männlichen Lebewesen
    c. Substantive auf –ig, –ich, –ing, –ast, –mus:
       Honig, Teppich, Sperling, Palast, Kommunismus
    d. die Himmelsrichtungen:
       Norden, Süden usw.[1]

[1] und so weiter

2. Substantive, die immer *feminin* sind:
   a. die Bäume, Früchte und Blumen

   Eiche, Birne, Rose
   Ausnahmen: der Apfel, der Ahorn, das Vergißmeinnicht

   b. alle weiblichen Lebewesen

   Ausnahmen: das Weib; weibliche Formen mit Diminutivendung: das Fräulein, das Mädchen

   c. die Zahlen

   d. Substantive mit folgenden Suffixen: –ei, –ie, –ik, –in, –ion, –tät, –heit, –keit, –ung, –ur, –schaft

   Bäckerei, Harmonie, Fabrik, Studentin, Nation, Universität, Kindheit, Neuigkeit, Rechnung, Kultur, Wissenschaft

   Der Plural dieser Substantive endet immer auf –en. *Substantive, die feminin sind und auf* –e *im Singular enden, bilden den Plural immer mit* –n.

   die Kirche, –n; die Schule, –n

3. Substantive, die immer *neutral* sind:
   a. Städte und Länder

   Ausnahmen: den Haag, die Schweiz; die Ländernamen auf –ei, z. B. die Türkei

   b. die jungen Lebewesen

   Kind, Kalb

   c. die Metalle

   Gold, Blei, Eisen; *Ausnahmen:* der Stahl

   d. die Diminutive auf **–lein** und **–chen**

   e. Substantive auf **–tum** und **–ium, –um**

   Christentum, Gymnasium, Universum; *Ausnahmen:* der Irrtum, der Reichtum

   f. die Buchstaben

DAS SUBSTANTIV

5. Zusammengesetzte Substantive haben immer das Geschlecht des letzten Substantivs

der Handschuh

6. Der Infinitiv eines Verbums kann als Substantiv gebraucht werden und folgt der neutralen Deklination

das Schreiben des Buches

7. Adjektive können als Substantiv gebraucht werden, behalten aber die Deklination des Adjektivs

der Alte, der Blinde, das Gute, der Deutsche, die Arme

z. B. **der Deutsche, die Deutsche, das Deutsche,**
Pl. **die Deutschen; ein Deutscher, eine Deutsche,**
Pl. **Deutsche** (Siehe #30, Seite 62.)

Ernst Wiechert

aus: ***BLEIBENDER GEWINN***

Ich weiß nicht, wo ich herkomme. Ich weiß nur, daß das Leben meiner Vorfahren in den östlichen Wäldern beschlossen war. Die Geschichte kündet nicht von ihnen, die Sage nicht. Sie haben im Schatten gelebt. Ich weiß, daß mein Vater ein stiller Mann ist mit mancher verschütteten Sehnsucht in seiner Brust. Daß meine Mutter eine schwermütige Frau war. Daß ich ein stilles Kind war. Ich erinnere mich meiner kleinen Oberstube im Forsthaus, mit dem grünen Kachelofen, und des Rauschens der hohen Fichten im Garten. Ich erinnere mich, daß ich stundenlang lauschte, ob meine Mutter unten weine, bevor ich einschlief. Ich erinnere mich an das Spiel der ersten Flöte und daß ich viel geweint habe. Wenn ich die Kühe hüten mußte und die Bremsen die Herde in alle Winde sprengten. Wenn das junge Geflügel sich verlaufen hatte und klagte. Als ich die Geschichte von Joseph und seinen Brüdern zum ersten Male las.

Ich sehe mich auf einem Waldweg stehen, Tag für Tag, viele Sommer lang, um den Fischadler zu sehen, der nach seinem Horste flog und seinen klagenden Schrei herniederwarf in meine Seele. Ich sehe mich Abend für Abend auf einen Berg in unseren Wäldern steigen, von dem man über unendliche Wipfel sehen konnte, wie der Abend versank. Ich höre die erste Drossel, das Jagdhorn und den Schrei der Wildgans. Und ich höre einen späten Wagen über die Waldstraße fahren, in der Sommernacht, und den Knecht ein trauriges Lied singen, vom Echo wiederholt und vom hohen Monde beglänzt. Viel mußte man wissen im Walde: den Flug der Vögel und die Fährten der Tiere. Die Sprache aller Dinge, die von Gefahr redeten, vom kommenden Regen, von der Strenge des Winters, von Dürre oder Fruchtbarkeit. Das heißt, die Sprache der Vögel, der Spinnen, der Gräser, der Fichtenzapfen, der Wolken, der Winde.

Aber dann mußte ich ein Kind der Städte werden, der Begriffe, der Wissenschaften, der Dogmen, der Zivilisation. Ich trug das Kreuz wie jedermann. Es war mir nichts erspart. Sie verschütteten mich, aber das Gras bebte über mir. Auch der Krieg begrub mich nicht. Das Gesetz ergriff mich, und ich tat, wie das Gesetz es befahl. Manches Große sah ich in vier Jahren und vieles Kleine und ungezähltes Böses. Und immer war das Kind mit mir, das gelehrt worden war, nicht zu töten und seinen Nächsten zu lieben wie sich selbst.

Übungen

a. Männliche Lebewesen und Substantive, die auf **-er** enden, sind meistens maskulin. Suchen Sie die sechs in dieser Erzählung und nennen Sie den Artikel und den Nominativ Plural!

b. Weibliche Lebewesen und Substantive, die auf **-ei, -ie, -ik, -in, -ion, -tät, -heit, -keit, -ung, -ur, -schaft** enden, sind immer feminin. Suchen Sie die drei in dieser Erzählung und nennen Sie den Artikel und den Nominativ Plural! Nennen Sie noch zwei Beispiele für jedes Suffix!

c. Substantive, die auf **-e** enden, sind meistens feminin. Suchen Sie die fünfzehn in dieser Erzählung und nennen Sie den Artikel und den Nominativ Plural!

d. In dieser Erzählung gibt es acht zusammengesetzte Substantive (aus zwei Substantiven). Nennen Sie den Artikel und den Nominativ Plural!

e. Bilden Sie Sätze nach folgendem Beispiel:

z. B. Das Rauschen *der Fichten*. Wipfel (Plural)
Das Rauschen der Wipfel.

Meer (Singular), Blatt (Plural), Wasser (Singular), Wind (Singular), Baum (Plural), Wald (Singular)

f. Bilden Sie Sätze mit den Wörtern in Klammern nach dem Muster:
1. Ich habe das Buch hier. (letter, piece, bread, work)
2. Er kennt das Leben. (the woods, his story, that man, a student, no songs, our house, these trees, her life, no play, those women, my name, that bird)
3. Sehen Sie den Vogel? (my knife, that soldier, our boy, these gentlemen, those animals, your father, his brother, her mother, their children)

g. Wie Übung f:
   1. Hören Sie den Schrei? (der Vogel, das Rauschen der Fichten, die Flöte, sein Spiel, der Wind, das Echo, jene Wildgans, dieses Tier, der Präsident, ein Lied)

h. Wie Übung f:
   1. Sie gehen durch das Haus. (das Tal, das Forsthaus, der Garten, die Stadt)
   2. Wir wohnen in einem Forsthaus. (der Wald, ein Garten, die Stadt, dieses Tal)
   3. Er ist der Freund meines Bruders. (der Soldat, die Mutter, der Mann, der Student, jene Frau, dieser Junge, unser Präsident, der Knecht, unsere Magd, dieses Kind)
   4. Wir fahren zu unseren Freunden. (Plural: der Vater, die Mutter, der Bruder, das Kind, der Garten, das Spiel)

i. Bilden Sie Substantive aus folgenden Wörtern:
   1. mit −heit: berühmt, dumm, dunkel, ganz, Kind, krank, trocken
   2. mit −keit: ewig, fest(ig), fruchtbar, klein(ig), traurig, wahrscheinlich, wirklich
   3. mit −schaft: bereit, Freund, Mutter, Nachbar, verwandt, wissen
   4. mit −ung: beobachten, entdecken, erinnern, mischen, stellen, verbessern, versammeln, vorbereiten, wiederholen

j. Lesen Sie folgende Sätze im Plural:
   1. Der Junge sagte mir seinen Namen.
   2. Die Mutter weinte im Zimmer.
   3. Jeden Tag sah er den Vogel.
   4. Der Bruder schläft in der Nacht in seinem Bett.
   5. Der Präsident erzählte dem Herrn die Geschichte.
   6. Die Wissenschaft verbessert die Zivilisation.

k. Schreiben Sie den folgenden Paragraph wieder, indem Sie die fettgedruckten Wörter durch andere ersetzen; verändern Sie nicht die Struktur des Satzes:
   Ich sehe mich auf einem **Waldweg** stehen, **Tag für Tag**, viele Sommer lang, um **den Fischadler** zu sehen, der nach seinem

DAS SUBSTANTIV

Horste flog und seinen **klagenden** Schrei herniederwarf in meine **Seele**. Ich höre die erste **Drossel**, **das Jagdhorn** und **den Schrei** der **Wildgans**. Viel mußte man wissen im Walde: den **Flug** der **Vögel** und die **Fährten** der **Tiere**. Die Sprache aller **Dinge**, die von Gefahr **redeten**, vom kommenden **Regen**, von der **Strenge** des Winters, von **Dürre** oder Fruchtbarkeit.

l. Beantworten Sie folgende Fragen:
  1. Wo findet diese Erzählung statt?
  2. Welches Gefühl hatte der Junge?
  3. Wie drückt Wiechert dies aus?
  4. Interessiert sich Wiechert hier mehr für Charakter, Atmosphäre oder Handlung?
  5. Was will Wiechert wohl mit dieser Erzählung sagen?
  6. Aus welchen Teilen setzt sich diese Erzählung zusammen?
  7. Suchen Sie für jeden Teil eine Überschrift!

m. Übersetzen Sie:
  1. The student's (*masc. and fem.*) father has a bakery.
  2. The windows of his room were open during the night.
  3. The uncle showed the boy his car.
  4. I saw three Germans in the city; they are students at (auf) the university.
  5. Do you read the paper?
  6. Not many people had cars and radios in my childhood.
  7. They have not told me her name.
  8. All men must die!
  9. My girl friends bought presents for (zu) my birthday: books, records, a cake, gloves, and a scarf.
  10. He stayed in bed because of his heart.
  11. The mother of the boy is a teacher.
  12. Give Mr. Smith[2] his newspaper.
  13. I showed the student (*masc.*) the president's room.
  14. She forgot him in spite of his name.
  15. The Germans have an old culture.

[2] Schmidt

3

Das Verb

Das deutsche Verb, wie auch das englische, hat drei Grundformen: den Infinitiv, die 3. Person Singular des Imperfekts und das Partizip Perfekt:

> **sein** (*be*)   **war** (*was*)   **gewesen** (*been*)
> **gehen** (*go*)   **ging** (*went*)   **gegangen** (*gone*)

Lernen Sie daher mit jedem neuen Verb die drei Grundformen.
Sie sind die Basis für die gesamte Struktur des Verbs.
Man findet den Verbstamm, indem man das **–en** oder **–n** des Infinitivs wegläßt.

lern—en   sammel—n

KONJUGATION

1. *Das schwache Verb* wird konjugiert, ohne seinen Stamm zu verändern. Die Endungen des Präsens sind:

	–e	**e** wird gebraucht, wenn der Stamm des Verbs auf **–d, –t,** oder Konsonant + **–n** oder **–m** endet: **finden, arbeiten, rechnen, atmen**
	–(e)st	
lern	–(e)t	
(arbeit)	–en	
	–(e)t	
	–en	

DAS VERB

Die Endungen des Imperfekts sind:

> lern −(e)te
> (arbeit) −(e)test
>   −(e)te
>   −(e)ten
>   −(e)tet
>   −(e)ten

Das Partizip Perfekt besteht aus dem Präfix **ge−**, dem Verbstamm und der Endung −(e)t: ge — lern — t
Die Grundformen von **lernen** sind daher:

> **lernen, lernte, gelernt**
> ——en, ——te, ge——t

Alle anderen Zeiten (Perfekt, Plusquamperfekt, Futur I und Futur II) aller Verben werden mit den Hilfsverben **haben, sein** und **werden** gebildet:
das Perfekt und Plusquamperfekt mit **haben** oder **sein** + Partizip Perfekt;
das Futur I mit dem Präsens von **werden** + Infinitiv;
das Futur II mit dem Präsens von **werden** + Partizip Perfekt + **haben** oder **sein**.

er hat gelernt er ist gefolgt
er hatte gelernt er war gefolgt
er wird lernen er wird folgen
er wird gelernt haben er wird gefolgt sein

2. *Das starke Verb* wird konjugiert, indem es seinen Stamm verändert. Die meisten starken Verben ändern ihren Stammvokal erst im Imperfekt — das Präsens behält meistens den Stammvokal des Infinitivs. Nur wenn der Stammvokal **a**, **e** oder **au** im Infinitiv ist, werden diese gewöhnlich zu **ä**, **i** oder **ie**, und **äu** in der 2. und 3. Person Singular Präsens.

a — ä
e — i, ie
au — äu

ich falle	ich gebe	ich lese	ich laufe
du fällst	du gibst	du liest	du läufst
er fällt	er gibt	er liest	er läuft
wir fallen	wir geben	wir lesen	wir laufen
ihr fallt	ihr gebt	ihr lest	ihr lauft
sie fallen	sie geben	sie lesen	sie laufen

Die wichtigsten Ausnahmen sind:

gehen — er geht
stehen — er steht

Die Endungen des Präsens des starken Verbs sind dieselben wie die des schwachen. (Siehe Seite 18.)
Das Imperfekt ändert den Stammvokal und hat keine Endung in der 1. und 3. Person Singular.

ich schrieb	ich gab
du schriebst	du gabst
er schrieb	er gab
wir schrieben	wir gaben
ihr schriebt	ihr gabt
sie schrieben	sie gaben

Das Partizip Perfekt besteht aus dem Präfix **ge–**, dem Verbstamm und der Endung **–en**.

ge–schrieb–en
ge–geb –en
ge–bund –en

Der Stammvokal kann der des Infinitivs sein wie in: **geben, gab, gegeben**; oder der des Imperfekts wie in: **schreiben, schrieb, geschrieben**; oder er kann ein neuer sein wie in: **binden, band, gebunden**.

DAS VERB

Die Grundformen von **schreiben, geben** und **binden** sind daher:

>   **schreiben,** schrieb, geschrieben
>   **geben,** gab, gegeben
>   **binden,** band, gebunden
>   ——en, ⁓, ge⁓en

Eine Liste der wichtigsten starken Verben finden Sie auf Seite 171. Lernen Sie sie auswendig!

◆ *Beachten Sie:*

    8. Den Unterschied zwischen schwachem und starkem Verb:

    schwaches Verb: ——en, ——te, ge——(e)t
    starkes Verb: ; ——en, ⁓, ge⁓en

    Die 3. Person des Präsens endet immer auf −t **(er lernt, er gibt)**; *Ausnahmen*: die Modalverben, **werden** und **wissen (er kann, er wird, er weiß)**. Die 3. Person des Imperfekts endet nie auf −t **(er lernte, er gab)**, außer wenn der Imperfektstamm auf −t endet **(er bat, er ritt)**.

    9. Das Hilfsverb **haben** wird gebraucht, um das Perfekt, Plusquamperfekt und Futur II zu bilden von allen transitiven und reflexiven Verben, modalen Hilfsverben und von jenen intransitiven Verben, die keine Orts- oder Zustandsveränderung angeben:

        z. B. Ich habe das Buch gekauft.
            Ich habe mich gefreut.
            Ich habe gedurft.
            Ich habe gelacht.

Das Hilfsverb **sein** wird gebraucht bei allen intransitiven Verben, die eine Orts- oder Zustandsveränderung angeben:

z. B. **Ich bin gegangen.**

(Auch **sein, werden** und **bleiben** werden mit **sein** konjugiert.)

10. Verben, die ihren Infinitiv auf **–ieren** enden, haben kein **ge–** Präfix im Partizip Perfekt:

z. B. studieren, studierte, studiert
amüsieren, amüsierte, amüsiert

11. Im Deutschen gibt es keine progressive Form (*I am going*) und keine emphatische Form (*I do go*):

ich gehe   *I am going, I do go, I go*
ich ging   *I was going, I did go, I went*

12. Imperfekt, Perfekt und Plusquamperfekt drücken Handlungen aus, die in der Vergangenheit vollendet sind:

z. B. **Ich habe hier gewohnt.** *I was living here* (but I do no longer).
Ich wohne hier seit drei Wochen. *I have been living here for three weeks* (I am still here).

Eine Handlung, die in die Gegenwart reicht, muß daher im Deutschen im Präsens ausgedrückt werden.

3. *Das gemischte Verb.* Eine kleine Gruppe von deutschen Verben wird gemischt konjugiert, d.h. sie verändern ihren Stammvokal, behalten aber die Imperfekt- und Partizip Perfekt Endungen des schwachen Verbs.

Die 9 wichtigsten sind:

brennen	brannte	gebrannt	*to burn*
kennen	kannte	gekannt	*to know, to be acquainted with*
nennen	nannte	genannt	*to name*
rennen	rannte	gerannt	*to run*
senden	sandte	gesandt	*to send*

DAS VERB

wenden	wandte	gewandt	*to turn*
wissen	wußte	gewußt	*to know a fact*
bringen	brachte	gebracht	*to bring*
denken	dachte	gedacht	*to think*

wissen ist auch im Präsens unregelmäßig:

ich weiß	wir wissen
du weißt	ihr wißt
er weiß	sie wissen

Der Unterschied zwischen **setzen**, **legen**, **stellen**:

Man **stellt** etwas, was **steht** (vertikal): z. B. den Stuhl, die Lampe, die Vase, ein Buch in das Bücherregal.

Man **legt** etwas, was **liegt** (horizontal): z. B. das Brot, das Messer, den Brief, ein Buch auf den Tisch.

Man **setzt** eine Person, meistens sich selbst: Sie setzt sich auf die Bank; sie setzt das Kind auf die Bank.

Der Unterschied zwischen **leben** und **wohnen**:

Man **wohnt** in einer Straße und in einem Haus, aber man **lebt** in einer Stadt und in einem Land.

Der Unterschied zwischen **kennen**, **wissen**, **können**:

Man **kennt** eine Person, eine Stadt, eine Symphonie (die englische Bedeutung ist *to be acquainted with*).

Man **weiß** eine Tatsache: Ich weiß, daß ich nichts weiß.

Man **kann** eine Sprache, ein Instrument spielen, tanzen, reiten, schwimmen (die englische Bedeutung ist *to know how*).

KONJUGATIONSTABELLE

SCHWACH — lernen — *to learn*

Präsens
ich lerne	*I learn*
du lernst	*you learn*
er lernt	*he learns*
wir lernen	*we learn*
ihr lernt	*you learn*
sie lernen	*they learn*

Imperfekt
ich lernte	*I learned*
du lerntest	*you learned*
er lernte	*he learned*
wir lernten	*we learned*
ihr lerntet	*you learned*
sie lernten	*they learned*

Perfekt
ich habe gelernt	*I have learned*
du hast gelernt	*you have learned*
er hat gelernt	*he has learned*
wir haben gelernt	*we have learned*
ihr habt gelernt	*you have learned*
sie haben gelernt	*they have learned*

STARK — fallen — *to fall*

Präsens
ich falle	*I fall*
du fällst	*you fall*
er fällt	*he falls*
wir fallen	*we fall*
ihr fallt	*you fall*
sie fallen	*they fall*

Imperfekt
ich fiel	*I fell*
du fielst	*you fell*
er fiel	*he fell*
wir fielen	*we fell*
ihr fielt	*you fell*
sie fielen	*they fell*

Perfekt
ich bin gefallen	*I have fallen*
du bist gefallen	*you have fallen*
er ist gefallen	*he has fallen*
wir sind gefallen	*we have fallen*
ihr seid gefallen	*you have fallen*
sie sind gefallen	*they have fallen*

GEMISCHT — denken — *to think*

Präsens
ich denke	*I think*
du denkst	*you think*
er denkt	*he thinks*
wir denken	*we think*
ihr denkt	*you think*
sie denken	*they think*

Imperfekt
ich dachte	*I thought*
du dachtest	*you thought*
er dachte	*he thought*
wir dachten	*we thought*
ihr dachtet	*you thought*
sie dachten	*they thought*

Perfekt
ich habe gedacht	*I have thought*
du hast gedacht	*you have thought*
er hat gedacht	*he has thought*
wir haben gedacht	*we have thought*
ihr habt gedacht	*you have thought*
sie haben gedacht	*they have thought*

DAS VERB

Plusquamperfekt

ich hatte gelernt	I had learned	ich hatte gedacht	I had thought
du hattest gelernt	you had learned	du hattest gedacht	you had thought
er hatte gelernt	he had learned	er hatte gedacht	he had thought
wir hatten gelernt	we had learned	wir hatten gedacht	we had thought
ihr hattet gelernt	you had learned	ihr hattet gedacht	you had thought
sie hatten gelernt	they had learned	sie hatten gedacht	they had thought

ich war gefallen	I had fallen		
du warst gefallen	you had fallen		
er war gefallen	he had fallen		
wir waren gefallen	we had fallen		
ihr wart gefallen	you had fallen		
sie waren gefallen	they had fallen		

Futur I

ich werde lernen	I shall learn	ich werde denken	I shall think
du wirst lernen	you will learn	du wirst denken	you will think
er wird lernen	he will learn	er wird denken	he will think
wir werden lernen	we shall learn	wir werden denken	we shall think
ihr werdet lernen	you will learn	ihr werdet denken	you will think
sie werden lernen	they will learn	sie werden denken	they will think

ich werde fallen	I shall fall
du wirst fallen	you will fall
er wird fallen	he will fall
wir werden fallen	we shall fall
ihr werdet fallen	you will fall
sie werden fallen	they will fall

Futur II

ich werde gelernt haben	I shall have learned	ich werde gedacht haben	I shall have thought
du wirst gelernt haben	you will have learned	du wirst gedacht haben	you will have thought
er wird gelernt haben	he will have learned	er wird gedacht haben	he will have thought
wir werden gelernt haben	we shall have learned	wir werden gedacht haben	we shall have thought
ihr werdet gelernt haben	you will have learned	ihr werdet gedacht haben	you will have thought
sie werden gelernt haben	they will have learned	sie werden gedacht haben	they will have thought

ich werde gefallen sein	I shall have fallen
du wirst gefallen sein	you will have fallen
er wird gefallen sein	he will have fallen
wir werden gefallen sein	we shall have fallen
ihr werdet gefallen sein	you will have fallen
sie werden gefallen sein	they will have fallen

Grete
Miller-Hauenfels

Courtesy Mr. Gustav Schikola

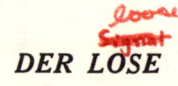

DER LOSE

Er sprang und hüpfte verzückt durch das Land, immer die Brust nach vorne gestreckt und den Kopf nach hinten geworfen. Seine Glieder, in den Gelenken so lose wie die der Marionetten, schlenkerten bald nach vorne, bald nach rückwärts. So sprang er durch das Land.

„Da kommt er wieder, der Lose", riefen sie alle, wenn sie ihn erblickten, liefen in die Häuser, schlugen die Türen zu und wollten ihn nicht sehen.

Er war zu verwirrend.

„Da kommt er wieder", riefen die Blumen und neigten sich weit über den Straßenrand vor, um besser sehen zu können. Sie bewunderten ihn sehr, denn sie selber saßen ganz steif auf ihren Stielen und konnten ihre Blätter nur im Wind bewegen.

Er jedoch sprang und hüpfte unbekümmert durch das Land, immer die Brust nach vorne gestreckt und den Kopf nach hinten geworfen. So sah er nur den Himmel, nicht den Weg und verfehlte ihn doch nie.

DAS VERB

Aber er war zu verwirrend.

Sie haßten ihn deshalb und wollten ihn nicht mehr länger leben lassen. Eines Nachts versteckten sie sich hinter den Planken eines Zaunes und lauerten ihm auf. Als er dahergehüpft kam, schlugen sie ihn mit schweren Knütteln auf den Kopf und die Beine.

Der Lose fiel.

Er starb nicht, aber nach dem Sturz blieben seine Beine und sein Genick steif. Er konnte nicht mehr zum Himmel schauen und schlich ganz schwer seines Weges.[1]

Da liebten sie ihn sehr und hatten tiefes Mitleid mit ihm. Wenn sie ihn nun erblickten, kamen sie aus ihren Häusern, zeigten ihm die Wegrichtung, schenkten ihm Blumen und erzählten ihm von der Bläue des Himmels, die er nicht mehr sehen konnte, und von den Sternen der Nacht,

—Und wenn er wieder weiterschlich, trockneten sie ihre Tränen.

Übungen

a. Ersetzen Sie das fettgedruckte Verb durch die Verben in Klammern:
  1. Dann **bewunderte** er es. (bewegen, erzählen, erblicken, kauen, machen, scheuern, schnitzen, wiederholen)
  2. Dann hat er es **gehört**. (hassen, lieben, stützen, strecken, sagen, schenken, zeigen)
  3. Er **arbeitete** nie etwas. (antworten, reden, töten, falten, hüten)
  4. Lesen Sie die Sätze der Übung 3 im Perfekt!
  5. Die Leute **schlugen** ihn. (begraben, ergreifen, finden, lassen, nehmen, rufen, sehen, tragen, verderben, werfen)
  6. Sein Vater hat das **gegessen**. (geben, lesen, schreiben, singen, tun, finden, nehmen, sehen, tragen, werfen)
  7. Lesen Sie die Sätze der Übung 6 im Futur!
  8. Sie sind gestern nach Berlin **geflogen**. (fahren, gehen, kommen, laufen)
  9. Sie ist nicht hier **gestorben**. (sein, bleiben, fallen)

[1] seines Weges entlang

10. Ich wußte das nicht. (bringen, denken, haben)
11. Lesen Sie die Sätze der Übung 10 im Plusquamperfekt!

b. Bilden Sie Satzreihen mit folgenden Sätzen:

   z. B. Er springt durch das Land.
        Er sprang durch das Land.
        Er ist durch das Land gesprungen.
        Er war durch das Land gesprungen.
        Er wird durch das Land springen.
        Er wird durch das Land gesprungen sein.

1. „Da kommt er wieder", rufen sie alle.
2. Dann laufen sie in die Häuser.
3. Sie bewundern ihn sehr.
4. Er sieht nur den Himmel.
5. Sie hassen ihn deshalb.
6. Sie schlagen ihn auf den Kopf und die Beine.
7. Seine Beine bleiben steif.
8. Da lieben sie ihn sehr.
9. Man zeigt ihm die Wegrichtung.

c. Lesen Sie folgende Sätze in der 2. und 3. Person Singular:
1. Ich sehe nur den Himmel.
2. Sie trocknen ihre Tränen.
3. Sie schlagen ihn auf die Beine.
4. Ich laufe ins Haus.
5. Ich werfe den Kopf nach hinten.
6. Sie sterben nicht.
7. Sie lassen ihn nicht länger leben.
8. Wir stehen auf der Straße.
9. Wir essen kein Brot.
10. Ich finde ihn nicht.
11. Warum antworten Sie nicht?
12. Nehmen Sie das Maß von mir!

d. Lesen Sie die folgenden Sätze in der 3. Person Singular Präsens, Imperfekt und Perfekt:
1. Du wirst daran sitzen und dein Brot essen.
2. Haus und Hof wirst du doch nicht gewinnen.
3. So wird es bleiben.

DAS VERB 29

    4. Ich bringe den Tisch ins Gleichgewicht.
    5. Wir hatten ein Messer gefunden.
    6. Der Junge wird in die Stadt gehen.
    7. Ich stehe nicht immer aufrecht.
    8. Ich weiß nicht, wo ich herkomme.
    9. Wir lesen die Geschichte von Josef und seinen Brüdern.
  10. Sie fahren über die Waldstraße.
  11. Ich steige auf einen Berg.
  12. Ich werde ein Kind der Städte.

e. Beantworten Sie folgende Fragen:
    1. Warum hieß dieser Mensch „der Lose"?
    2. Warum wollten ihn die Menschen nicht sehen?
    3. Was taten sie, wenn er kam?
    4. Wer hatte ihn aber gern?
    5. Warum hatten sie ihn gern?
    6. Wie bestraften ihn die Menschen?
    7. Warum hatten ihn die Menschen jetzt gern?
    8. Was will die Autorin wohl mit dieser Erzählung sagen?
    9. Versuchen Sie, eine neue Überschrift zu finden!

f. Ergänzen Sie folgende Sätze mit **setzen**, **legen** oder **stellen**:
    1. Ich ...... den Tisch in die Mitte des Zimmers.
    2. Bitte ...... Sie die Post auf meinen Schreibtisch!
    3. Wohin ...... Sie den Blumentopf?
    4. Er ...... sich neben seinen Freund.
    5. Bitte ...... Sie die Schere in meine Lade!
    6. ...... Sie doch den Koffer auf den Boden und ...... Sie den Mantel auf die Bank!

g. Übersetzen Sie:
    1. We admired him and decided to help him.
    2. My brother brought several friends home.
    3. He sneaked through the house and ran through our neighbor's garden.
    4. My sister had stayed in Berlin, but I came home; she lived for three months on Rüdesheimer Square.
    5. My mother was sitting and my father standing.
    6. We had already eaten, but he was still talking.

7. Karl asked me what I had done yesterday, and I answered that I had slept.
8. He knows that I know his sister.
9. Maria studied mathematics while she was working in a factory.
10. He repeated the sentence, but I did not understand him.
11. Fritz put the newspaper on the table and the umbrella behind the door.
12. They hated him, but after he had died they loved him.
13. He had taken the knife from the drawer and carved a heart.
14. I know you, but I don't know where you live.
15. I remained in the city and wrote many letters.

4

Der Imperativ, das trennbare und untrennbare Verb, die unpersönlichen Verben

DER IMPERATIV

Der Imperativ ist die Befehlsform.
Für eine Person, zu der man **du** sagt:

> Singular: **mach(e)! gib!**

Dies ist die Verbform der 2. Person Singular Präsens — **du machst, du gibst** — ohne –st

Ausnahme: Starke Verben, die den Stammvokal in der 2. und 3. Person Singular Präsens von **a** zu **ä**, oder von **au** zu **äu** ändern, bilden diesen Imperativ vom Infinitivstamm:

    du fällst   aber: fall(e)! **Fall nicht, Marie!**
    du läufst aber: lauf(e)! **Lauf nicht so schnell!**

Für Personen, zu denen man **ihr** sagt:

> Plural: **macht! gebt!**

Dies ist die Verbform der 2. Person Plural Präsens — **ihr macht, ihr gebt**

Für Personen, zu denen man **Sie** sagt:

> Singular und Plural: **machen Sie! geben Sie!**

Dies ist die Verbform der 3. Person Plural Präsens — **Sie machen, Sie geben** mit Inversion des Subjekts.

Einen Befehl (Aufforderung) an uns selbst (1. Person Plural: **wir**) gibt man in der 1. Person Plural mit Inversion des Subjekts:

> **Gehen wir ins Kino!**

Einen Befehl an eine unbekannte Person (**man**) gibt man in der 3. Person Singular Präsens:

> **Man nehme drei Eier...**

Dies ist der Infinitivstamm plus **e**.

z. B.
Anna, mache die Aufgabe!
Kinder, macht die Aufgabe!
Herr Schmidt, machen Sie die Aufgabe!
Machen wir doch unsere Aufgaben!
Man schicke sofort ein Telegramm!

Mutter, gib mir Geld!
Eltern, gebt mir Geld!
Herr Schmidt, bitte geben Sie mir Geld!
Geben wir ihr doch etwas Geld!
Man gebe dem Kranken nichts zu trinken!

Der *Imperativ von* **sein** *ist unregelmäßig*:

> sei!   seid!   seien Sie!

▶ *Beachten Sie:*

13. Alle Verben, die den Stammvokal **e** zu **i** oder **ie** in der 2. und 3. Person Singular Präsens und im 1. Imperativ verändern, haben keine **–e** Endung im 1. Imperativ.

DER IMPERATIV, DAS VERB, DIE UNPERSÖNLICHEN VERBEN

14. Der 1. und der 2. Imperativ haben nie ein Personalpronomen (**geh(e)! geh(e)t!**), der 3. Imperativ hat immer **Sie** nach der Infinitivform (**gehen Sie!**). Beachten Sie das Ausrufungszeichen nach jedem Imperativ!

DAS UNTRENNBARE UND DAS TRENNBARE VERB

Die meisten Verben ändern ihre Bedeutung, wenn sie ein Präfix haben:

z. B.
stellen	*to put, to place*
bestellen	*to order*
scheinen	*to shine, to seem*
erscheinen	*to appear*

Präfixe können untrennbar oder trennbar vom Verb sein.

1. Die *untrennbaren* Präfixe sind: **be–, emp–, ent–, er–, ge–, miß–, ver–, wider–, zer–**. Sie bleiben immer vor dem Verbstamm. Das Partizip Perfekt hat kein **ge–** Präfix. Der Akzent ist auf der Stammsilbe des Verbs.

> bestell'en, bestell'te, bestellt'
> erschei'nen, erschien', erschie'nen

2. Das *trennbare* Präfix ist meistens eine Präposition oder ein Adverb. Es wird in einem Hauptsatz (nie im Nebensatz) im Präsens, Imperfekt, und in den Imperativen vom Verb getrennt (nie im Perfekt, Plusquamperfekt, Futur I und Futur II). Der Akzent ist auf dem Präfix.

> an'kommen, kam an', an'gekommen

z. B.
Ich komme heute an.
Ich kam gestern an.
Ich bin gestern angekommen.
Ich war gestern angekommen.
Ich werde morgen ankommen.
Ich werde morgen angekommen sein.
Er sagte, daß er gestern ankam.
Anna, steh auf!
Kinder, steht auf!
Herr Schmidt, stehen Sie auf!

DIE UNPERSÖNLICHEN VERBEN

Folgende Verben sind unpersönlich, d.h. sie haben kein bestimmtes Subjekt:

Es blitzt.
Es donnert.
Es friert.
Es regnet.
Es schneit.

Unpersönliche Redewendungen:

Es gibt	*there is, there are*
Es fällt mir ein.	*It occurs to me.*
Es freut mich.	*I am glad.*
Es ist mir klar.	*It is clear to me.*
Es gefällt mir.	*I like it, it pleases me.*
Es mißfällt mir.	*I dislike it.*
Es geht mir gut (oder schlecht).	*I am well (or unwell).*
Wie geht es Ihnen?	*How are you?*
Es gelingt mir.	*I succeed (am successful)*
Es mißlingt mir.	*I fail.*
Es geschieht.	*It happens.*
Es ist mir warm (oder kalt).	*I am warm (or cold).*
Es schadet nichts.	*It does not matter.*
Es tut mir leid.	*I am sorry.*
Es klopft.	*Someone is knocking.*
Es läutet.	*Someone is ringing the doorbell.*
Es macht nichts.	*It does not matter.*
Es ist mir egal.	*I don't care.*

Erich Kästner

aus: **ANSPRACHE ZUM SCHULBEGINN**

(gekürzt)

Laßt euch die Kindheit nicht austreiben! Schaut, die meisten Menschen legen ihre Kindheit ab wie einen alten Hut. Sie vergessen sie wie eine Telefonnummer, die nicht mehr gilt. Ihr Leben kommt ihnen vor wie eine Dauerwurst, die sie allmählich aufessen, und was gegessen worden ist, existiert nicht mehr. Nur wer erwachsen wird und Kind bleibt, ist ein Mensch! Wer weiß, ob ihr mich verstanden habt. Die einfachen Dinge sind so schwer begreiflich zu machen! Also gut, nehmen wir etwas Schwierigeres, womöglich begreift es sich leichter. Zum Beispiel:

Haltet das Katheder weder für einen Thron noch für eine Kanzel! Der Lehrer sitzt nicht etwa deshalb höher, damit ihr ihn anbetet, sondern damit ihr einander besser sehen könnt. Der Lehrer ist kein Schulwebel[1] und kein lieber Gott. Er weiß nicht alles, und

---

[1] analog zu Feldwebel   *corporal*

er kann nicht alles wissen. Wenn er trotzdem allwissend tut, so seht es ihm nach, aber glaubt es ihm nicht! Gibt er hingegen zu, daß er nicht alles weiß, dann liebt ihn! Denn dann verdient er eure Liebe. Und da er im übrigen nicht eben viel verdient, wird er sich über eure Zuneigung von Herzen freuen. Und noch eins: Der Lehrer ist kein Zauberkünstler, sondern ein Gärtner. Er kann und wird euch hegen und pflegen. Wachsen müßt ihr selber!

Seid nicht zu fleißig! Bei diesem Ratschlag müssen die Faulen weghören.[2] Es gilt nur für die Fleißigen, aber für sie ist es sehr wichtig. Das Leben besteht nicht nur aus Schularbeiten. Der Mensch soll lernen, nur die Ochsen büffeln. Ich spreche aus Erfahrung. Ich war als kleiner Junge auf dem besten Wege, ein Ochse zu werden. Daß ich's, trotz aller Bemühung, nicht geworden bin, wundert mich heute noch. Der Kopf ist nicht der einzige Körperteil. Wer das Gegenteil behauptet, lügt. Und wer die Lüge glaubt, wird, nachdem er alle Prüfungen mit Hochglanz bestanden hat, nicht sehr schön aussehen. Man muß nämlich auch springen, turnen, tanzen und singen können, sonst ist man, mit seinem Wasserkopf voller Wissen, ein Krüppel und nichts weiter.

Mißtraut gelegentlich euren Schulbüchern! Sie sind nicht auf dem Berge Sinai entstanden, meistens nicht einmal auf verständige Art und Weise, sondern aus alten Schulbüchern, die aus alten Schulbüchern entstanden sind, die aus alten Schulbüchern entstanden sind, die aus alten Schulbüchern entstanden sind. Man nennt das Tradition. Aber es ist ganz etwas anderes.

Da sitzt ihr nun, alphabetisch oder nach der Größe geordnet, und wollt nach Hause gehen. Geht heim, liebe Kinder! Wenn ihr etwas nicht verstanden haben solltet, fragt eure Eltern! Und, liebe Eltern, wenn Sie etwas nicht verstanden haben sollten, fragen Sie Ihre Kinder!

Übungen

a. Ersetzen Sie das fettgedruckte Verb durch die Verben in Klammern:
   1. Fritz, **lerne** mit mir! (turnen, tanzen, singen, fahren, gehen, kommen)

[2] nicht zuhören

2. Fritz und Hans, **bleibt** zu Hause! (lernen, essen, fragen, lesen, klagen)
3. Herr Professor, bitte **sprechen** Sie mit ihm! (lernen, essen, kommen, singen)
4. **Verstehen** Sie es doch bitte! (vergessen, begreifen, bewegen, ergreifen, verstecken, wiederholen, überdenken)
5. **Essen** Sie es doch bitte **auf**! (ablegen, zugeben, abdrehen, aufschlagen, zumachen, anziehen)
6. Man **fahre** nicht so schnell! (essen, sprechen, wiederholen, vergessen, lesen, abfahren)
7. **Bleiben** wir doch heute zu Hause! (arbeiten, essen, lernen, spielen)

b. Lesen Sie folgende Sätze im Präsens, Imperfekt und im Perfekt:
1. Sie vergessen ihre Kindheit wie eine Telefonnummer.
2. Wer weiß, ob ihr mich versteht!
3. Das Leben besteht nicht nur aus Schularbeiten.
4. Wer das Gegenteil behauptet, lügt.
5. Ich mißtraue manchmal meinen Schulbüchern.
6. Sie entstehen meistens aus alten Schulbüchern.

c. Lesen Sie folgende Sätze im Präsens, Imperfekt, Perfekt und abhängig von: Kästner sagt, daß....

z. B. Die meisten Menschen legen ihre Kindheit ab wie einen alten Hut.
Die meisten Menschen legten ihre Kindheit ab wie einen alten Hut.
Die meisten Menschen haben ihre Kindheit abgelegt wie einen alten Hut.
Kästner sagt, daß die meisten Menschen ihre Kindheit wie einen alten Hut ablegen.

1. Ihr Leben kommt ihnen vor wie eine Dauerwurst, die sie allmählich aufessen.
2. Die Faulen hören weg.
3. Sie sieht sehr schön aus.
4. Wir beten den Lehrer nicht an.

d. Bilden Sie Sätze im Präsens:
1. Wurm den Tisch aufzehren.
2. Jungen ihm auflauern.
3. Blumen ihn bewundern.

4. Zug pünktlich abfahren.
5. Studenten den Satz wiederholen.
6. Bitte Tür nicht zuschlagen!

e. Bilden Sie Sätze mit folgenden Ausdrücken:
   1. Es fiel ihm ein.
   2. Es freut mich.
   3. Es hat mir nicht gefallen.
   4. Es geschah.
   5. Es schadet nichts.
   6. Es macht nichts.
   7. Es ist mir egal.
   8. Es gelang ihr.

f. Beantworten Sie folgende Fragen:
   1. Welche Lehren gibt Erich Kästner? (Gebrauchen Sie die direkte Rede!)
   2. Was ist die Aufgabe des Lehrers?
   3. Mit wem vergleicht Kästner den Lehrer?
   4. Welcher Lehrer verdient unsere Zuneigung?
   5. Erklären Sie kurz den Satz: „Der Mensch soll lernen, nur die Ochsen büffeln"!
   6. Erklären Sie die beiden Bedeutungen des Wortes **verdienen** und bilden Sie mit jeder einen Satz!
   7. Warum soll man nicht alles glauben, was in den Schulbüchern steht?

g. Übersetzen Sie:
   1. I tried to open the window.
   2. I am glad that you will come.
   3. She promised to get up soon.
   4. His mother looks very well.
   5. The flowers admired him for they could move their leaves only in the wind.
   6. They did not care that he could not see the sky anymore.
   7. Take off your coat, please!
   8. He had eaten up everything before he fell asleep.
   9. Please listen attentively!
   10. The train stopped when it arrived at the station.

11. He turned off the light and turned on the radio.
12. He has introduced his friend to me.
13. She said that the lecture started on time.[3]
14. The professor repeated that he had not translated this poem.
15. We looked at the room but disliked it.

[3] pünktlich

5

Wiederholung (1, 2, 3, 4)

a. Wiederholen Sie die fettgedruckten Nummern 1, 2, 3, 4, 5, 6, 7, 8, 9, 10, 12, 13, 14!

b. Was macht der Lehrer? *Antwort*: Der Lehrer **schreibt**. Fragen Sie und antworten Sie ebenso:
denken, befehlen, ankommen, beschließen, erzählen, aufstehen, essen, kommen, lesen, lehren, anfangen, reden, sitzen, sprechen, schauen, wiederholen, zeigen, vergessen, verstehen, begreifen, wissen

c. Was hat der Student gemacht? *Antwort*: Der Student **hat geschrieben**. (Fortsetzung wie oben)

d. Suchen Sie zu den Sätzen unter A die entsprechenden idiomatischen Ausdrücke unter B:

A	B
1. Ich fühle mich nicht wohl.	1. Es wundert mich.
2. Das ist zu bedauern.	2. Es war mir nichts erspart.
3. Es hat nichts zu bedeuten.	3. Es liegt daran.
4. Ich bin erstaunt darüber.	4. Es ist schade.
5. Es ist mir einerlei.	5. Es fällt mir ein.
6. Ich mag es.	6. Es gefällt mir.
7. Ich wurde nicht geschont.	7. Es geht mir schlecht.
8. Ich bedaure es.	8. Es gelingt mir.
9. Es kommt mir in den Sinn.	9. Es schadet nichts.

WIEDERHOLUNG 41

10. Es ändert nichts.
11. Ich habe Erfolg.
12. Es kommt davon.

10. Es tut mir leid.
11. Es macht nichts.
12. Es ist mir egal.

e. Nennen Sie alle Wörter derselben Wortfamilie, die Ihnen einfallen, oder gebrauchen Sie das Wörterbuch:

z. B. schlafen: der Schlaf, der Schläfer, schläfrig, einschlafen, verschlafen, der Schlafwagen

ärgern, befehlen, denken, drehen, essen, finden, fliegen, fahren, fallen, geben, gehen, graben, kommen, lesen, laufen, lehren, reden, rufen, setzen, sagen, schlagen, sehen, setzen, singen, tragen, zählen

f. Versuchen Sie, jeden dieser Sätze mit anderen Worten zu sagen:

z. B. Es ist mir klar, daß ich mehr lesen muß.
Ich weiß, daß ich mehr lesen muß.

1. Es gelang mir, das Buch in drei Tagen zu lesen.
2. Es mißfiel ihr, daß ich „du" zu ihm sagte.
3. Es ist schade, daß Sie Ihren Ring verloren haben.
4. Es schadet nichts, daß Sie Ihre Reise verlängert haben; aber es tut mir leid, daß Sie krank wurden.
5. Sie haben unrecht, wenn Sie das glauben.
6. Ich war vor zwei Wochen auf Besuch bei meinen Großeltern.
7. Es freut mich, Sie kennenzulernen.
8. Der Kranke hatte heute zum erstenmal guten Appetit.
9. Er hatte keine Lust, mit uns ins Kino zu gehen.
10. Nach langem Zureden gelang es ihr, sie zu beruhigen.

g. Lesen Sie einen Satz im Imperfekt und den nächsten im Perfekt:
1. Immer wenn er seinen Namen hört, steht er auf.
2. Immer wenn es läutet, geht sie an die Tür.
3. Immer wenn die Sonne scheint, gehen wir spazieren.
4. Immer wenn es im Zimmer still ist, schläft der Großvater ein.
5. Immer wenn wir zu laut sind, geht sie hinaus.
6. Immer wenn ich müde bin, lege ich mich hin.

7. Immer wenn er Kopfweh hat, geht er nach Hause.
8. Immer wenn wir baden gehen, regnet es.
9. Immer wenn er aufhört zu sprechen, fängt sie an.
10. Immer wenn du hinausgehst, läßt du die Tür offen.

h. Nennen Sie die Grundformen folgender Verben, übersetzen Sie sie und gebrauchen Sie jedes Verbum in einem Satz: legen, liegen, setzen, sitzen, kennen, können, beten, bieten, bitten.

i. Übersetzen Sie:
1. We have been in this country for three years.
2. It happened two weeks ago.
3. "How are you, Miss Schneider?" "Thank you, I am fine."
4. He ordered something to eat. "Please bring me soup, meat, potatoes, and salad."
5. Someone was knocking and I called: "Come in!"
6. We like your new house. We don't have one.
7. I know her and I know also how old she is.
8. He postponed the reading of this book.
9. She always saw the good in every person.
10. I am in a hurry to go home.
11. The prisoners were hungry and thirsty.
12. It is a pity that she always speaks softly.
13. Time passes slowly, and I have no desire to wait longer.
14. Read the paper, John, and tell me the news.
15. He has brought a girl friend along who looks like his sister.
16. There is only one such table[1] in the whole world.
17. Always learn the article and the plural! Then you will make no mistakes.
18. A tree is a plant.
19. I was very sorry to hear that you were not well.
20. He took off his hat and his gloves.

[1] ein solcher Tisch

6

Das Personal- und Reflexivpronomen, das reflexive Verb

DEKLINATION

	Personalpronomen					Reflexivpronomen
		Singular				
N	ich	du	er	sie	es	
G	meiner	deiner	seiner	ihrer	seiner	
D	mir	dir	ihm	ihr	ihm	sich
A	mich	dich	ihn	sie	es	
		Plural				
N	wir	ihr	sie	Sie (*you*)		
G	unser	euer	ihrer	Ihrer		
D	uns	euch	ihnen	Ihnen		sich
A	uns	euch	sie	Sie		

▶ *Beachten Sie:*

15. Das Reflexivpronomen gleicht in allen Fällen dem Personalpronomen außer im Dativ und Akkusativ der 3. Person Singular und Plural: in diesen Fällen ist das Reflexivpronomen **sich**.

16. Der Genitiv des Personalpronomens wird nur nach einigen Verben und der Präposition **statt** gebraucht:

Ich erinnere mich *seiner*.   *I remember him.*
Ich bin (an)statt *seiner* gekommen.   *I came instead of him.*

Wenn sich das Personalpronomen im Genitiv auf ein *Ding* bezieht, dann wird es im Genitiv maskulin und neutral durch **dessen**, im Genitiv feminin und im Plural durch **deren** ersetzt:

Ich schäme mich *dessen*.   *I am ashamed of it.*

17. Wenn eine Präposition vor einem Personalpronomen steht, das sich auf ein *Ding* bezieht, erhält die Präposition das Präfix **da–** oder **dar–** (vor einem Vokal) und das Personalpronomen wird ausgelassen:

damit   *with it*
darauf   *on it*
darüber   *over it*

18. Das Reflexivpronomen wird immer nur im Dativ oder Akkusativ gebraucht, weil es immer Objekt des Satzes ist:

Ich leiste *mir* etwas.   *I treat myself to something.*
Er wäscht *sich*.   *He washes himself.*

19. Der Dativ des Reflexivpronomens wird oft gebraucht:

DAS PERSONAL- UND REFLEXIVPRONOMEN

1. wenn der bestimmte Artikel an Stelle des Possessivpronomens steht. (Siehe #7, Seite 4.)

    Ich wasche *mir die* Hände.   *I wash my hands.*
    anstatt: Ich wasche *meine* Hände.
    Ich putze *mir die* Zähne.   *I brush my teeth.*

2. wenn das indirekte Objekt (Dativ-Objekt) identisch in der Person mit dem Subjekt ist:

    Er kauft *sich* etwas.   *He buys something for himself.*

Die wichtigsten reflexiven Verben sind (Lernen Sie sie auswendig!):

mit dem *Akkusativ:*

sich amüsieren	*to enjoy oneself*
sich ändern	*to change*
sich anstrengen	*to make an effort* ✓
sich anziehen	*to dress*
sich ärgern (über) + Akk.	*to get angry*
sich aufregen	*to get excited* ✓
sich ausruhen	*to rest* ✓
sich ausziehen	*to undress*
sich beeilen	*to hurry*
sich befinden	*to be situated, to find oneself*
sich begeben	*to proceed*
sich beklagen (über) + Akk.	*to complain* ✓
sich bemühen (um)	*to strive* ✓
sich benehmen	*to behave* ✓
sich bewegen	*to move*
sich beziehen (auf) + Akk.	*to refer* ✓
sich bücken	*to bend*
sich drehen	*to spin, to rotate, to turn*
sich entfernen (von)	*to go away*
sich entscheiden	*to decide*
sich entschließen (zu)	*to decide*
sich entschuldigen	*to apologize*
sich ereignen	*to take place*
sich ergeben (in) + Akk.	*to surrender, to resign* ✓
sich erholen (von)	*to recover*
sich erinnern (an) + Akk.	*to remember* ✓
sich erkälten	*to catch cold*
sich freuen (auf) + Akk.	*to look forward*
sich freuen (über) + Akk.	*to be glad, to be happy*

sich fühlen	to feel
sich fürchten (vor) + Dat.	to be afraid
sich gewöhnen (an) + Akk.	to get used (to)
sich hinlegen	to lie down
sich hinsetzen	to sit down
sich interessieren (für)	to be interested
sich lächerlich machen	to make a fool of oneself
sich rühren	to stir
sich setzen	to sit down
sich sorgen (um)	to worry
sich übergeben	to vomit
sich umblicken	to look around
sich umsehen	to look around
sich umziehen	to change one's clothes
sich unterhalten	to enjoy oneself, to converse
sich verändern	to change
sich verletzen	to hurt oneself
sich verspäten	to be late
sich verstecken	to hide
sich vorstellen	to introduce oneself
sich waschen	to wash oneself
sich weigern	to refuse
sich wundern (über) + Akk.	to be surprised
sich zur Wehr setzen	to offer resistance
sich zuwenden	to turn to

mit dem *Dativ:*

sich einbilden	to imagine
sich (etwas) kaufen	to buy something for oneself
sich leisten	to afford
sich vorstellen	to imagine
sich weh tun	to hurt oneself

Konjugation:

Präsens

ich freue mich	ich kaufe mir (etwas)
du freust dich	du kaufst dir
er freut sich	er kauft sich
sie freut sich	sie kauft sich
es freut sich	es kauft sich
wir freuen uns	wir kaufen uns
ihr freut euch	ihr kauft euch
sie freuen sich	sie kaufen sich

Alle reflexiven Verben brauchen das Hilfsverb **haben**, um das Perfekt, Plusquamperfekt und Futur II zu bilden. (Siehe #9, Seite 21.)

Wolfdietrich Schnurre

Courtesy Inter Nationes

aus: **EIN ZWISCHENFALL**

(gekürzt)

Der General sah sich nach seinem Ordonnanzoffizier um. Der war blaß geworden. Die Schafe, befahl er mit bebender Stimme, hätten sofort zu verschwinden. Die Offiziere am Gefechtsstand sahen sich an. Auch ihnen war die Peinlichkeit der Situation klar. Doch wie sich gegen diese Flut von Schafen zur Wehr setzen? Sie fanden, daß der General es sich etwas leicht machte. Dieser entschuldigte sich jedoch bei den Delegationen, befahl dem Ordonnanzoffizier, ihn zu vertreten, begab sich den Hang hinunter zu seinem Jeep und ließ sich, soweit es ging[1], in das Getümmel der Schafleiber

[1] soweit es möglich war

hineinfahren. Es ging aber nicht so weit, wie er gedacht hatte; er sah ein, daß er sich lächerlich gemacht hatte. Ein maßloser Zorn stieg plötzlich in ihm auf; er spürte, wie ihm das Blut ins Gesicht stieg, er schrie den Chauffeur an, er solle Gas geben und weiterfahren; der Chauffeur gehorchte auch, aber der Wagen rührte sich nicht. Da riß der General, verrückt fast vor Zorn, die Pistole aus dem Gurt und schoß sein Magazin leer. Im selben Augenblick wurde der Wagen auf der einen Seite eine Kleinigkeit gehoben, er schwankte, neigte sich etwas, und ehe noch der General und der Chauffeur sich hätten auf die entgegengesetzte Seite werfen können, stürzte er langsam und fast vorsichtig um.

Es dauerte eine Weile, bis der General die schmerzenden Beine unter der Jeepkante hervorgezogen hatte. Benommen erhob er sich und blickte sich um. Die Welt schien nur aus Schafen zu bestehen, so weit das Auge reichte, reihte sich Wollrücken an Wollrücken. Jetzt erst bemerkte der General, daß sich um ihn und den Jeep ein winziger freier Platz gebildet hatte. Er wollte sich eben dem Chauffeur zuwenden, der sich den Kopf aufgeschlagen hatte und ohnmächtig geworden war, da gewahrte er, daß sich noch jemand innerhalb des Bannkreises befand: ein riesiger, schwer atmender Widder.

Der General wußte sofort: Dieses Tier hatte er vorhin verwundet, und diesem Tier würde er sich jetzt stellen müssen. Er tastete nach seiner Pistolentasche, sie war leer. Langsam, ohne den Widder dabei aus den Augen zu lassen, machte er einen tastenden Schritt zum Jeep hin, den er gern zwischen sich und den Widder gebracht hätte. Doch kaum sah dieser den Gegner sich aus seiner Starre lösen, da raste er heran, der General warf sich zur Seite, und der Kopf des Widders krachte gegen die Karosserie. Er schüttelte sich und starrte einen Augenblick betäubt vor sich nieder. Dem General schlug das Herz[2] bis in den Hals, er spürte, wie ihm Stirn und Handflächen feucht wurden. Sein Zorn war verflogen. Er dachte auch nicht mehr an die Bemerkungen der Herren hinter den Scherenfernrohren, er dachte nur: Er darf mich nicht töten, er darf mich nicht töten. Er war jetzt kein General mehr, er war nur noch Angst, nackte, bebende Angst; nichts anderes hatte mehr in ihm Platz, nur diese Angst. Da warf sich der Widder herum; der General spürte einen wahnsinnigen Schmerz in den Eingeweiden, er mußte

[2] Das Herz des Generals schlug

DAS PERSONAL- UND REFLEXIVPRONOMEN 49

sich übergeben, er stürzte, und noch während er umsank, stieß ihm der Widder abermals das klobige Schneckengehörn in die Bauchgrube, der General spürte, wie etwas, das ihn an diese Erde gebunden hatte, zerriß, dann schwanden ihm die Sinne.

Übungen

a. Bilden Sie Satzreihen mit folgenden Sätzen (Imperfekt, Perfekt, Futur):
   1. Er freut sich über eure Zuneigung.
   2. Ich tue mir weh.
   3. Ihr befindet euch in schlechter Gesellschaft.
   4. Die Blumen neigen sich über den Straßenrand.
   5. Wir verlaufen uns manchmal in der Stadt.
   6. Du machst es dir leicht.

b. Konjugieren Sie im Präsens:
   1. Ich fürchte mich vor (*you*)
      Du   (*him*)
      Er   (*her*)
      Sie   (*it*) (das Kind)
      Es   (*us*)
      Wir   (*you*)
      Ihr   (*them*)
      Sie   (*me*)
   2. Ich freue mich auf (*you*)
      (wie in 1)

c. Setzen Sie alle Verben, Pronomen und Substantive in den Singular:
   1. Wir kauften uns zwei Schallplatten.
   2. Sie weigerten sich, die Briefe zu lesen.
   3. Ihr habt euch an die Studenten nicht erinnert.

d. Setzen Sie alle Verben, Pronomen und Substantive in den Plural:
   1. Er ärgerte sich über den Professor.
   2. Ich fürchte mich vor dem Hund.
   3. Du ziehst dich vor dem Abendessen um.

e. Beantworten Sie folgende Fragen:
  1. Worüber ärgerte sich der General?
  2. Warum dachten die Offiziere, daß der General es sich leicht mache?
  3. Wohin begab sich der General?
  4. Warum rührte sich der Wagen nicht von der Stelle?
  5. Was hatte sich um den Jeep gebildet?
  6. Wer befand sich innerhalb des Bannkreises?
  7. Warum war die Pistolentasche des Generals leer?
  8. Was hätte er gern zwischen sich und den Widder gebracht?
  9. Fürchtete sich der General vor dem Widder?
  10. Was machte der Widder mit ihm?

f. Schreiben Sie das Erlebnis des Generals in der 1. Person als Tagebucheintragung! Wir nehmen an, er ist nicht gestorben, sondern nur schwer verletzt.

g. Bilden Sie neue Sätze mit den folgenden Verben! Variieren Sie die Zeit und die Person:
Sich entschließen, sich verstecken, sich setzen, sich ärgern, sich erinnern, sich wundern, sich einbilden, sich umsehen, sich zur Wehr setzen, sich entschuldigen, sich begeben, sich lächerlich machen, sich rühren, sich leisten, sich erheben, sich befinden, sich stellen, sich zur Seite werfen, sich schütteln, sich übergeben, sich vorstellen (zwei Bedeutungen)

h. Ersetzen Sie alle Substantive durch Pronomen!
  1. Der General sah sich nach seinem Ordonnanzoffizier um.
  2. Das Leben besteht nicht nur aus Schularbeiten.
  3. Die Menschen zeigten dem Losen die Wegrichtung und schenkten ihm Blumen.
  4. Es ist verdächtig, daß mein Herz so sehr an alten Dingen hängt.
  5. Mein Freund fuhr statt meines Bruders.

i. Ersetzen Sie alle Substantive durch Personalpronomen oder **da** plus Präposition:

z. B. für den Hund — für ihn; für das Zimmer — dafür

DAS PERSONAL- UND REFLEXIVPRONOMEN

mit der Pistole
von dem Mädchen
zu den Jungen
mit dem General
für die Schwester
anstatt des Kindes

in dem Zimmer
gegen die Wand
vor der Stadt
aus der Lade
ohne den Lehrer

j. Übersetzen Sie:
1. After they had arrived, they washed and changed, and enjoyed themselves with their friends.
2. His mother got very excited and complained about us.
3. My sister and I were very much interested in the museums and theaters.
4. He felt sick, but he refused to go to a doctor.
5. I think he caught cold.
6. The officers apologized; they were afraid to make fools of themselves.
7. Father bought himself a hat there.
8. We all like to remember our trip.
9. I introduced myself to her girl friend.
10. She recovered very quickly from her illness.
11. The children did not undress before they went to bed.
12. Don't hurt yourself on the nail!
13. My parents have changed very much in the last five years.
14. They worried too much about us.
15. I am happy about the invitation and am looking forward to the trip.

7

Das Possessivpronomen

Die Possessivpronomen im Deutschen sind:

mein	*my*	
dein	*your*	
sein	*his*	
ihr	*her*	
sein	*its*	adjektivisch
unser	*our*	
euer	*your*	
ihr	*their*	
Ihr	*your*	

Vergleichen Sie damit die Genitive der Personalpronomen. (Siehe Seite 43.) Die Deklination folgt der des unbestimmten Artikels **ein** (im Plural **kein**).

	Singular			Plural
	M	F	N	M F N
N	mein	meine	mein	meine
G	meines	meiner	meines	meiner
D	meinem	meiner	meinem	meinen
A	meinen	meine	mein	meine

DAS POSSESSIVPRONOMEN

▶ *Beachten Sie:*

20. Das Possessivpronomen stimmt mit dem Substantiv in Geschlecht, Zahl und Fall überein.

21. Das Possessivpronomen kann auch substantivisch gebraucht werden. Die Deklination ist dann die des bestimmten Artikels **der, die, das**.

z. B. **Dein** Vater ist jung, *meiner* aber alt.
  (adjektivisch)   (substantivisch)

(Vergleichen Sie mit #3, Seite 3.)

22. Neben dieser Form des substantivisch gebrauchten Possessivpronomens gibt es noch zwei andere Formen:

	Singular			Plural
	M	F	N	MFN
1.	meiner	meine	meines	meine
2.	der mein–e	die mein–e	das mein–e	die mein–en
3.	{ der mein–ig–e	{ die mein–ig–e	{ das mein–ig–e	{ die mein–ig–en

Die zweite und dritte Form wird nach dem bestimmten Artikel wie ein schwaches Adjektiv dekliniert. (Siehe schwaches Adjektiv Seite 59.)
Alle drei Formen haben dieselbe Bedeutung:

z. B.
Dein Bruder ist älter als *meiner*.   ⎫ *Your brother*
Dein Bruder ist älter als der *meine*.   ⎬ *is older*
Dein Bruder ist älter als der *meinige*. ⎭ *than mine.*

23. Das adjektivisch gebrauchte Possessivpronomen hat *keine* Endung im Nominativ maskulin und Nominativ neutral und Akkusativ neutral; in diesen Fällen wird ein folgendes Adjektiv stark dekliniert, in den übrigen Fällen schwach. (Siehe Adjektiv # #25, 27, Seite 60. Vergleichen Sie mit #2, Seite 3.)

z. B. sein *altes* Buch; mein *guter* Freund

24. Wenn das Possessivpronomen mit großem Anfangsbuchstaben geschrieben wird, hat es eine besondere Bedeutung:

    die Seinen (die Seinigen)   *his family*
    das Meine (das Meinige)   *my property, possessions*

Der bestimmte Artikel wird an Stelle des englischen Possessivpronomens vor Namen von Körperteilen und Kleidungsstücken, die sich auf das Subjekt beziehen, gebraucht. (Siehe #7, Seite 4.)

Er hatte *die* Hände in *den* Taskhen.   *He had his hands in his pockets.*

Bertolt Brecht

aus: **DIE UNWÜRDIGE GREISIN**

Meine Großmutter war allein im Haus, als mein Großvater gestorben war. Die Kinder schrieben sich[1] Briefe über das Problem, was mit ihr zu geschehen hätte.[2] Einer konnte ihr bei sich ein Heim

[1] einander
[2] was sie mit ihr machen sollten

DAS POSSESSIVPRONOMEN

anbieten, und der Buchdrucker wollte mit den Seinen zu ihr ins Haus ziehen. Aber die Greisin verhielt sich abweisend zu den Vorschlägen und wollte nur von jedem ihrer Kinder, das dazu imstande war, eine kleine geldliche Unterstützung annehmen. Der Buchdrucker unternahm es auch, seinen Geschwistern mitunter über die Mutter zu berichten. Seine Briefe an meinen Vater, und was dieser bei einem Besuch und nach dem Begräbnis meiner Großmutter zwei Jahre später erfuhr, gaben mir ein Bild von dem, was in diesen zwei Jahren geschah. Sie besuchte ihren Sohn ein- oder zweimal in einem Vierteljahr und half der Schwiegertochter beim Beereneinkochen. Die junge Frau entnahm einigen ihrer Äußerungen, daß es ihr in der kleinen Wohnung des Buchdruckers zu eng war. Dieser konnte sich nicht enthalten, in seinem Bericht ein Ausrufezeichen anzubringen. Auf eine schriftliche Anfrage meines Vaters, was die alte Frau denn jetzt so machte,[3] antwortete er ziemlich kurz, sie besuche das Kino. Dazu kam, daß meine Großmutter nicht nur mit ihrem Sohn am Ort keinen regelmäßigen Verkehr pflegte, sondern auch sonst niemanden von ihren Bekannten besuchte oder einlud.

Bald darauf führte meinen Vater eine Geschäftsreise in die Nähe, und er besuchte seine Mutter. Das einzige, was auf ihr neues Leben hindeutete, war, daß sie nicht mit meinem Vater auf den Gottesacker gehen wollte, das Grab ihres Mannes zu besuchen. „Du kannst allein hingehen", sagte sie beiläufig, „es ist das dritte von links in der elften Reihe. Ich muß noch wohin."[4]

Aber sie schien mit ihrem Familienleben abgeschlossen zu haben und neue Wege zu gehen, jetzt, wo ihr Leben sich neigte. Mein Vater, der eine gute Portion Humor besaß, fand sie „ganz munter" und sagte meinem Onkel, er solle die alte Frau machen lassen, was sie wolle.

Übungen

a. Bilden Sie Satzreihen:

z. B. **Ich** schreibe **meiner** Großmutter.
Du schreibst **deiner** Großmutter.
Er schreibt...

[3] was die alte Frau jetzt mache.
[4] Ich muß noch irgendwohin gehen.

1. Ich hörte von meinen Geschwistern.
2. Ich helfe meiner Schwester.
3. Ich wollte mit den Meinen zu ihr ins Haus ziehen.
4. Meine Großmutter war allein im Haus, als mein Großvater gestorben war.
5. Ich freue mich auf meine Arbeit.
6. Ich dankte meinem Freund; er hat mir sehr geholfen.

b. Bilden Sie Sätze nach folgendem Beispiel:

Das ist nicht **mein** Bekannter, sondern **deiner**.

Wohnung, Problem, Vorschlag, Bild, Bericht, Leben, Lehrerin, Chauffeur, Flöte, Messer, Tisch, Arbeit

c. Ergänzen Sie die Sätze nach folgendem Beispiel:

Ich schreibe nicht mit **meinem** Bleistift, sondern mit **deinem** (oder seinem, usw).

1. Ich lese nicht in meinem Buch.
2. Dies ist nicht mein Leben.
3. Ich gehe heute nicht in meine Vorlesung.
4. Ich setze mich nicht neben meinen Freund.
5. Warum sitzt du nicht auf deinem Stuhl?
6. Ich spreche nicht von meinem Problem.
7. Zeigen Sie mir nicht Ihr Bild!

d. Beantworten Sie diese Fragen, indem Sie das Substantiv durch ein Pronomen ersetzen:

z. B. Haben Sie Ihre Bücher? Ja, ich habe meine.

1. Sitzen Sie an Ihrem Tisch?
2. Bist du gestern mit deinem Wagen gefahren?
3. Seid ihr gestern mit euren Freunden ins Kino gegangen?
4. Ist das Ihre Wohnung?

e. Beantworten Sie folgende Fragen negativ:

z. B. Haben Sie Postkarten? Nein, ich habe keine.

1. Haben Sie einen Bleistift?
2. Lesen Sie ein Buch?

DAS POSSESSIVPRONOMEN

3. Waren Sie je an einer Universität?
4. Kennen Sie einen General?
5. Kaufen Sie eine Dauerwurst?
6. Haben Sie Kinder?
7. Haben Sie eine Wohnung?
8. Verstehen Sie diese Sätze? (Singular)
9. Gibt es einen Wurm in diesem Tisch?
10. Haben Sie einen guten Gedanken?
11. Haben Sie Sorgen?
12. Sprachen Sie mit einer Freundin?

f. Ergänzen Sie folgende Sätze mit dem Possessivpronomen:
1. Ich gehe in mein Zimmer. Er geht in .... Sie geht in ....
2. Das ist dein Mantel; wo ist (mine) *meiner* ......?
3. Ich habe meine Arbeit gemacht, Sie müssen *ihre* ..... machen.
4. Unsere Klassenzimmer sind groß und hell; wie sind (yours) *ihre* ..?
5. Sie hat ihrem Sohn ein Buch geschenkt; ich gebe *meinem* Sohn (none) *keines* *seiner*
6. Der Verkäufer ist zufrieden mit *seiner* Arbeit, mit *seinem* ~~das~~ Gehalt.
7. Wir erinnern uns an *unsere* Eltern, *unsere* Freunde, *unsere* Heimat.
8. Sie besucht *ihre* .. Freundin und kehrt dann in *ihr* ... Haus zurück.
9. Ich muß *meine* Bücher aus . *die* . Tasche bezahlen.
10. Das Kind ist allein auf der Straße. Wo ist *sein* Vater? *seine* Mutter? (his family) *die Seine*
11. Sprecht ihr deutsch mit *ihrem* Lehrer?
12. Die Kinder studieren *ihre* .. Aufgaben.

g. Beantworten Sie folgende Fragen und gebrauchen Sie in jeder Antwort ein Possessivpronomen:
1. Wer wohnte mit der Großmutter in derselben Stadt?
2. Was schlugen die Kinder der Großmutter vor?   *propose*
3. Wovon lebte die Großmutter?
4. Um wieviele Jahre überlebte sie ihren Mann?
5. Wie oft besuchte sie ihren Sohn?

6. Warum kam sie nicht öfter?
7. Was tat sie lieber?
8. Worüber wunderte sich der Vater Brechts, als er seine Mutter besuchte?
9. Was schlug Brechts Vater vor?
10. Wodurch unterscheidet sich diese alte Frau von anderen alten Frauen ihrer Generation?

h. Schreiben Sie einen kurzen Brief, in dem der Buchdrucker seinem Bruder über die Mutter berichtet!

i. Übersetzen Sie:
1. Our car comes from Germany; his is an American.
2. I have been working in their laboratory, because ours is not heated.
3. Brecht's grandmother did not want to see her (family) often.
4. Your problem is more difficult than mine.
5. Your report was much better than mine; but his was the best.
6. I carry all my (possessions) with me.
7. Children, do your homework! Each (one) his (own).
8. She said that their apartment was too small; hers was larger.
9. A business trip brought my father to[1] the neighborhood and he visited his mother.
10. The printer wanted to move with his (family) into her house.
11. Your composition is better than mine.
12. I can see better with her glasses than with his.
13. This is our garden, that is theirs.
14. His new professor is stricter than ours.
15. The salesman is happy with his work.

[1] in

8

Das Adjektiv

Ein Adjektiv kann adverbial, prädikativ oder attributiv gebraucht werden. Das adverbiale und prädikative Adjektiv wird im Deutschen *nie* dekliniert:

Der Junge läuft *schnell.*
Das Mädchen ist *schön.*

Das attributive Adjektiv wird *immer* dekliniert:

der *schnelle* **Läufer**
das *schöne* **Mädchen**

Es gibt zwei Adjektiv-Deklinationen: die starke und die schwache.

DIE STARKE DEKLINATION

	Singular			Plural
	M	F	N	M F N
N	-er	-e	-es	-e
G	-en	-er	-en	-er
D	-em	-er	-em	-en
A	-en	-e	-es	-e

DIE SCHWACHE DEKLINATION

	Singular			Plural
	M	F	N	M F N
N	-e	-e	-e	-en
G	-en	-en	-en	-en
D	-en	-en	-en	-en
A	-en	-e	-e	-en

▶ *Beachten Sie:*

25. Die starke Deklination folgt der des bestimmten Artikels, außer in den Genitiven maskulin und neutral Singular.

26. Nach folgenden Wörtern wird das Adjektiv immer in allen Fällen schwach dekliniert: **alles** (neutral Singular), **alle** (Plural), **beide, der (die, das), dieser, jeder, jener, mancher,**[1] **solcher, welcher.** Diese Wörter werden wie **der, die, das** dekliniert. (Siehe Seite 1.)

Lernen Sie sie auswendig!

dieser schöne Hut   diese schönen Hüte
dieses schönen Hutes   dieser schönen Hüte
diesem schönen Hut   diesen schönen Hüten
diesen schönen Hut   diese schönen Hüte

mancher junge Mann   alle jungen Männer
manches jungen Mannes   aller jungen Männer
manchem jungen Mann   allen jungen Männern
manchen jungen Mann   alle jungen Männer

Das Adjektiv wurde in allen Fällen schwach dekliniert, weil **dieser, mancher** (Singular), und **alle** zur Wortliste #26 gehören.

Der– (die–, das–)selbe und **der– (die–, das–)jenige** werden *immer* schwach dekliniert:

derselbe Arzt   dieselben Ärzte
desselben Arztes   derselben Ärzte
demselben Arzt   denselben Ärzten
denselben Arzt   dieselben Ärzte

diejenige Person   diejenigen Personen
derjenigen Person   derjenigen Personen
derjenigen Person   denjenigen Personen
diejenige Person   diejenigen Personen

27. Auch wird das Adjektiv schwach dekliniert nach **ein, kein** und allen Possessivpronomen, *wenn diese*

---

[1] das folgende Adjektiv wird nur im Singular schwach dekliniert, im Plural stark.

DAS ADJEKTIV

Endungen haben, d. h. in allen Fällen, außer im Nominativ maskulin, Nominativ neutral und Akkusativ neutral, wo **ein** keine Endung hat. In diesen drei Fällen wird das Adjektiv stark dekliniert. (Siehe #2, Seite 3 und #23, Seite 53.)

mein neues Buch (*stark*)
meines neuen Buches (schwach)
meinem neuen Buch (schwach)
mein neues Buch (*stark*)
meine neuen Bücher (schwach)
meiner neuen Bücher (schwach)
meinen neuen Büchern (schwach)
meine neuen Bücher (schwach)

28. In allen anderen Fällen (wenn dem Adjektiv keines der oben genannten Wörter vorangeht) wird das Adjektiv immer stark dekliniert.

viele kleine Kinder   alte Leute
vieler kleiner Kinder   alter Leute
vielen kleinen Kindern   alten Leuten
viele kleine Kinder   alte Leute

In beiden Fällen wurde das Adjektiv stark dekliniert, weil **viel** nicht zur Wortliste #26 gehört. Wir haben hier zwei Adjektive, die beide stark dekliniert werden müssen. (Siehe #29.)

29. Zwei oder mehrere Adjektive folgen immer der Deklination des ersten Adjektivs.

einige andere junge Männer
einiger anderer junger Männer
einigen anderen jungen Männern
einige andere junge Männer

dieses große rote Buch
dieses großen roten Buches
diesem großen roten Buch
dieses große rote Buch

In **einige andere junge Männer** wurden alle drei Adjektive stark dekliniert; in **dieses große rote Buch** wurden die beiden Adjektive schwach dekliniert.

30. Adjektive können auch substantivisch gebraucht werden, behalten aber die Deklination der Adjektive. (Siehe **7**, Seite 13.)

der Alte	die Alten
des Alten	der Alten
dem Alten	den Alten
den Alten	die Alten

31. Das Partizip Präsens und das Partizip Perfekt können adjektivisch gebraucht werden. Man erhält das Partizip Präsens, indem man ein **–d** an den Infinitiv hängt: **kochen–d** *boiling*

z. B.
das kochende Wasser *the boiling water*
das gekochte Ei *the boiled egg*

Hermann Hesse

Courtesy Presse- und Informationsamt der Bundesregierung

aus: **HERBST**

Ein satter, leise glühender Oktobertag. An den Hügeln leuchteten die Weinberge goldgelb, die Wälder spielten in den kräftigen, bräunlich metallischen Farben der Laubwelke, in den Bauerngärten

DAS ADJEKTIV

blühten Astern von allen Arten und Farben, weiße und violette, einfache und gefüllte. Es war eine Lust, durch die Dörfer zu schlendern. Ich tat es, Arm in Arm mit meinem damaligen Schatz, ein paar unvergeßliche Tage lang.

Überall roch es nach reifen Trauben und jungem Wein. Jedermann war draußen beim Lesen oder Keltern; in den steilen Weinbergen sah man Männer in Hemdärmeln und Weiber und Mädchen in farbigen Röcken und weißen oder roten Kopftüchern arbeiten. Alte Leute saßen vor den Häusern, sonnten sich, rieben die braunen, runzligen Hände ineinander und lobten den schönen Herbst.

Freilich, in vergangenen Zeiten hatte es noch ganz andere Herbste gegeben! Man mußte nur die Siebzigjährigen hören. Sie sprachen ernsthaft und belehrend von fabelhaften Jahrgängen, in denen der Wein so reichlich und so honigsüß gewesen sei, wie es heutzutage gar nimmer vorkomme. Man muß sie reden lassen, die Alten, und in der Stille die Hälfte davon abziehen. Wenn wir selber einmal siebzig und achtzig sind, werden wir, meine ich, vom heurigen Jahr gerade so reden. Wir werden es im unsäglich köstlichen Gold der unerreichbaren Ferne sehen und werden unsere Dankbarkeit und unser Altersleid und unser Jugendheimweh in unsere Erinnerungen mischen.

Wir beiden jungen[2] Leute liefen lachend und staunend mit großen Augen in dem Glanze und der Fülle herum, sahen von Berghöhen jauchzend und schweigend in das reiche, grüne Elsaß und auf den ruhig strömenden Rhein hinab und legten manchen Wiesenweg und manches gute Stück der ebenen Landstraßen Hand in Hand im Tanzschritte zurück. Ernteböller krachten hinter frisch geleerten Obstbäumen, Herbstjuchzer und langgezogene Jodler tönten prächtig durch das fröhlich belebte Land.

Übungen

a. Lesen Sie folgende Wortverbindungen mit den Adjektivendungen: dieser groß... Fluß, die jung... Dame, jede gut... Hausfrau, welcher alt... Mann, beide jung... Leute, viele groß... Äpfel, bunt... Papier, manches krank... Kind,

[2] Nach **wir** werden die Adjektive immer schwach dekliniert.

frisch... Butter, meinem lieb... Bruder, kein richtig... Satz, ihre blond... Haare, unseres neu... Hauses, einige arm... Leute, jener reich... alt... Mann, etwas Gut..., nichts Wichtig..., ein gebraten... Huhn, vier fleißig... Studentinnen, keine schwarz... Schuhe, das weinend... Kind, manche alt... Postkarten

b. Lesen Sie folgende Sätze noch einmal und setzen Sie die Adjektive ein:

z. B. In den Gärten blühten Astern. (weiß, violett)
In den Gärten blühten weiße und violette Astern.

1. Es roch nach Trauben und Wein. (reif, jung)
2. Die Mädchen trugen Kopftücher. (weiß, rot)
3. Die Alten rieben ihre Hände. (braun, runzelig)
4. Die Kinder schrieben sich Briefe über das Problem. (lang, schwierig)
5. Sie wollte nur eine Unterstützung annehmen. (klein, geldlich)
6. Sie wollte nicht in die Wohnung des Buchdruckers ziehen. (klein, eng)
7. Er erhielt eine Anfrage. (lang, schriftlich)
8. Der General befahl mit Stimme. (laut, bebend)
9. Um den Jeep hatte sich ein Platz gebildet. (winzig, frei)
10. Er war nur noch Angst. (nackt, bebend)

c. Bilden Sie das Partizip Präsens nach folgendem Beispiel:

Der Oktobertag glüht; der glühende Oktobertag; ein glühender Oktobertag; die glühenden Oktobertage; glühende Oktobertage

die Fichte rauscht; das junge Mädchen lacht; der junge Mann staunt; der Ernteböller kracht; der Jodler tönt; der Chauffeur gehorcht; die Beine schmerzen; der Widder atmet schwer

d. Ändern Sie die Wortstellung nach folgendem Beispiel:

Das Land ist fröhlich belebt — das fröhlich belebte Land

1. Die Obstbäume sind frisch geleert.
2. Die Zeiten sind vergangen.
3. Die Briefe sind geschrieben.

DAS ADJEKTIV 65

4. Der Offizier ist verschwunden.
5. Die Vorschläge sind abgewiesen.
6. Das Tier ist verwundet.
7. Die Seite ist entgegengesetzt.
8. Die Telefonnummer ist vergessen.

e. Beantworten Sie folgende Fragen mit dem bestimmten und mit dem unbestimmten Artikel:
1. Was für ein Buch haben Sie gelesen? (neu)
2. Welchen Apfel essen Sie lieber? (rot)
3. In welcher Stadt wohnen Sie? (klein)
4. Was für ein Lehrer ist er? (gut)
5. In welches Kino gehen Sie gern? (groß)
6. Was für ein Mensch kann nicht laufen? (krank)
7. Was für ein Kleid haben Sie ihr gegeben? (weiß)
8. Welcher Wein ist teuer? (alt)
9. Welchem Freund haben Sie das Gedicht vorgelesen? (treu)
10. An welche Reise erinnern Sie sich gern? (letzte)

f. Ergänzen Sie:
auf dem hoh... Hügel
ein grün... Kleid
eines groß... Hauses
unser neu... Auto
klein... Stücke
dieses fleißig... Knaben
alle jung... Damen
welche modern... Stadt?

für jenen alt... Mann
schön..., jung... Frauen
von klein... Kindern
viele rot... Blumen
euer alt... Lehrer
meinem krank... Kind
ohne sein alt... Radio

g. Ergänzen Sie die Endungen:
1. Man muß die Alt... reden lassen.
2. Haben Sie schon einmal mit einem Siebzigjährig... gesprochen?
3. Mein Vater war damals Reisend...
4. Die Verstorben... hatte viele Freunde.
5. Ich habe gestern einen Deutsch... kennengelernt.
6. Die Jung... wollen das immer besser wissen.
7. In diesem Haus gibt es viele Krank...
8. Nicht jeder Blind... hat einen Hund.

9. Sein Vater ist ein berühmter Gelehrt. . ..
10. Der deutsche Gesandt. . . in Washington hat das gesagt.
11. Wir Deutsch. . . reisen sehr gern.
12. Unsere Angestellt. . . sind alle versichert.

h. Beschreiben Sie einen Tag im Herbst und gebrauchen Sie folgende Adjektive:

fabelhaft, farbig, frisch, fröhlich, früh, gelblich, glühend, grün, honigsüß, kräftig, reichlich, rot, schweigend, spät, steif, still, strömend, unvergeßlich, vergangen, violett

i. Übersetzen Sie:
1. The old people praised the beautiful autumn.
2. We saw ripe grapes in the steep vineyards.
3. My young friend spoke of the fabulous vintage.
4. We sat in front of the house in the warm sunshine.
5. Every young girl wore a colorful skirt and a white or red kerchief.
6. Children sat in the full fruit trees and ate the sweet blue plums.
7. My little daughter and this little boy picked flowers of all sorts and colors.
8. We walked happily through (the) rich green Alsace.
9. A boundless anger mounted in the old general.
10. He said in a trembling voice that the sheep should immediately disappear.
11. We saw several old towns with many interesting buildings in Europe.
12. That is nothing unusual.
13. January is the first month of the year and December the last.
14. I never see the same movie twice.
15. There were many sick and crying children in that hospital.

9

Die Komparation des Adjektivs und Adverbs

Wie im Englischen gibt es auch im Deutschen drei Stufen der Komparation: Positiv, Komparativ, Superlativ. Die meisten deutschen Adjektive bilden den Komparativ mit dem Positiv plus **–er**, den Superlativ mit dem Positiv plus **–(e)st**.

Positiv	*Komparativ*	*Superlativ*
schön	schöner	am schönsten; der (die, das) schönste

Der Superlativ hat zwei Formen: die 1. Form (**am schönsten**) wird immer adverbial und prädikativ gebraucht, die Form mit dem bestimmten Artikel wird attributiv gebraucht.

	Positiv	*Komparativ*	*Superlativ*
a. adverbial	schön	schöner	am schönsten
b. prädikativ	schön	schöner	der, die, das schönste; am schönsten
c. attributiv	schön + Endung	schöner + Endung	schönst + Endung

a. Die Frau singt schön (schöner, am schönsten).
b. Die Frau ist schön (schöner, am schönsten/die schönste).
c. Die schöne (schönere, schönste) Frau singt.

Äußerst plus Positiv (**äußerst schön**) wird als Adverb und prädikativ gebraucht, wenn kein Vergleich vorhanden ist:

Sie sang äußerst schön. *She sang most beautifully.*
Sie ist äußerst schön. *She is most beautiful.*

▶ Beachten Sie:

32. Wie im Positiv werden auch im Komparativ und Superlativ nur attributiv gebrauchte Adjektive dekliniert. (Siehe Adjektiv, Seite 59.)

33. Die meisten einsilbigen Adjektive ändern ein **a**, **o**, oder **u** (nicht **au**) zu **ä**, **ö**, und **ü** im Komparativ und Superlativ:

z. B.
arm   ärmer   am ärmsten
groß   größer   am größten
klug   klüger   am klügsten

Adjektive mit den Endungen **–el** und **–er** lassen das **e** ihrer Endung im Komparativ aus:

dunkel   dunkler
tapfer   tapfrer

34. Bei einer Komparation im Positiv wird **so ... wie** gebraucht; im Komparativ **als**.

z. B.
Er ist so groß *wie* sie.   *He is as tall as she.*
Er ist größer *als* sie.   *He is taller than she.*

35. *More and more* wird übersetzt mit **immer +** Komparativ.

z. B.
immer wichtiger   *more and more important*
immer schneller   *faster and faster*

DIE KOMPARATION DES ADJEKTIVS UND ADVERBS

Adjektive mit unregelmäßiger Komparation:
Lernen Sie sie auswendig!

bald	eher	am ehesten	*soon*
gern	lieber	am liebsten	*gladly*
groß	größer	am größten	*big*
gut	besser	am besten	*good*
hoch	höher	am höchsten	*high*
nah	näher	am nächsten	*near*
viel	mehr	am meisten	*much, many*

Luise Rinser

Courtesy Inter Nationes

aus: **DIE ROTE KATZE**

Ich muß immer an diesen roten Teufel von einer Katze denken, und ich weiß nicht, ob das richtig war, was ich getan hab. Es hat damit angefangen, daß ich auf dem Steinhaufen neben dem Bombentrichter in unserm Garten saß. Der Steinhaufen ist die größere Hälfte von unserm Haus. Die kleinere steht noch, und da wohnen wir, ich und die Mutter und Peter und Leni, das sind meine kleinen Geschwister. Also, ich sitz da auf den Steinen, da wächst überall schon Gras und Brennesseln und anderes Grünes. Ich halt ein Stück Brot in der Hand, das ist schon hart, aber meine Mutter sagt, altes Brot ist gesünder als frisches. In Wirklichkeit ist es deswegen, weil sie meint, am alten Brot muß man länger kauen und dann wird man von weniger satt. Bei mir stimmt das nicht.[1] Plötzlich fällt mir ein Brocken herunter. Ich bück[2] mich, aber im nämlichen Augenblick fährt[3] eine rote Pfote aus den Brennesseln und angelt sich das Brot. Ich hab nur dumm schauen können, so schnell ist es gegangen. Und da seh ich, daß in den Brennesseln eine Katze hockt, rot wie ein Fuchs und ganz mager. „Verdammtes Biest", sag ich und werf einen Stein nach ihr. Ich hab sie gar nicht treffen wollen, nur verscheuchen. Aber ich muß sie doch getroffen haben, denn sie hat geschrien, nur ein einziges Mal, aber so wie ein Kind. Fortgelaufen ist sie nicht. Da hat es mir leid getan, daß ich nach ihr geworfen hab, und ich hab sie gelockt. Aber sie ist nicht aus den Nesseln rausgegangen.[4] Sie hat ganz schnell geatmet. Ich hab gesehen, wie ihr rotes Fell über dem Bauch auf und ab gegangen ist. Sie hat mich immerfort[5] angeschaut mit ihren grünen Augen. Da hab ich sie gefragt: „Was willst du eigentlich?" Das war verrückt, denn sie ist doch kein Mensch, mit dem man reden kann. Dann bin ich ärgerlich geworden über sie und auch über mich, und ich hab einfach nicht mehr hingeschaut und hab ganz schnell mein Brot hinuntergewürgt. Den letzten Bissen, das war noch ein großes Stück, den hab ich ihr hingeworfen und bin ganz zornig fortgegangen.

Im Vorgarten, da waren Peter und Leni und haben Bohnen geschnitten. Sie haben sich die grünen Bohnen in den Mund gestopft, daß es nur so geknirscht hat,[6] und Leni hat ganz leise gefragt, ob ich nicht noch ein Stückchen Brot hab. „Na", hab ich gesagt, „du hast doch genau so ein großes Stück bekommen wie ich und du bist erst neun, und ich bin dreizehn. Größere brauchen mehr." — „Ja", hat sie gesagt, sonst nichts. Da hat Peter gesagt: „Weil sie ihr Brot doch der Katze gegeben hat." — „Was für einer

[1] *that does not hold true for me*
[2] In der Umgangssprache wird die „e" Endung der 1. Person Singular ausgelassen.
[3] schießt
[4] herausgegangen
[5] immer
[6] daß es geknirscht hat

DIE KOMPARATION DES ADJEKTIVS UND ADVERBS

Katze?" hab ich gefragt. "Ach", sagt Leni, "da ist so eine Katze gekommen, eine rote, wie so ein kleiner Fuchs und so schrecklich mager. Die hat mich immer angeschaut, wie ich mein Brot hab essen wollen." — "Dummkopf", hab ich ärgerlich gesagt, "wo wir doch selber nichts zu essen haben." Aber sie hat nur mit den Achseln gezuckt und ganz schnell zu Peter hingeschaut, der hat einen roten Kopf gehabt, und ich bin sicher, er hat sein Brot auch der Katze gegeben. Da bin ich wirklich ärgerlich gewesen und hab ganz schnell weggehen müssen.

Übungen

a. Ersetzen Sie das fettgedruckte Adjektiv durch die Adjektive in Klammern:
Altes Brot ist **gesünder** als frisches. (köstlich, hart, kräftig, gut)

b. Wie oben:
Das ist die **größere** Hälfte. (einfach, reif, farbig, schön, frisch, richtig, klein, alt)

c. Setzen Sie das Adjektiv in den Komparativ:
z. B. Du hast doch genau so ein großes Stück bekommen wie ich.
Du hast doch ein größeres Stück bekommen als ich.

1. Du hast doch genau so einen reifen Apfel bekommen wie ich; du hast doch genau so eine schöne Katze wie ich; du hast doch genau so schlechte Augen wie ich; du hast doch genau so einen kleinen Bruder wie ich.
2. Du bist doch genau so mager wie ich; du bist doch genau so verrückt wie ich; du bist doch genau so zornig wie ich; du bist doch genau so groß wie ich.

d. Gebrauchen Sie das Adjektiv mit und ohne Artikel:
Größere brauchen mehr. Die Größeren brauchen mehr.

jung, reif, schön, reich, gut, gesund, lang, alt, klein

e. Bilden Sie Sätze mit adverbial oder prädikativ gebrauchtem Komparativ und Superlativ:

z. B. tief: der Fluß, der See, das Meer
Der Fluß ist tief, der See ist tiefer, das Meer ist am tiefsten.

1. schnell: das Motorrad, das Auto, das Flugzeug
2. gern (trinken): der Tee, der Kaffee, die Milch
3. hoch: das Haus, der Turm, der Berg
4. billig: das Fleisch, das Gemüse, das Brot
5. interessant: die Zeitung, der Vortrag, der Essay
6. groß: die Schweiz, Österreich, Deutschland
7. kalt: der November, der Dezember, der Januar

f. Bilden Sie Sätze mit attributiv gebrauchtem Komparativ und Superlativ:

z. B. teures Metall: Silber, Gold, Platin
Silber ist ein teures Metall, Gold ist ein teureres Metall, Platin ist das teuerste Metall.

1. gutes Auto: der Volkswagen, der Chevrolet, der Cadillac
2. heißer Monat: der Mai, der Juni, der Juli
3. große Geschwindigkeit: der Sturm, der Schall, der Blitz
4. warmes Klima: Süddeutschland, Italien, Afrika
5. hoher Berg: die Zugspitze,[7] der Mont Blanc,[8] der Mount Everest
6. langer Fluß: der Rhein, die Wolga, der Mississippi
7. gefährliche Waffe: das Messer, der Revolver, die Bombe

g. Setzen Sie folgende Sätze in den Komparativ und Superlativ:
1. Sie spielte das lange Solo gut, aber das kurze schlecht.
2. Die kleinen Kinder bekamen billige Geschenke, die großen teure.
3. Der junge Hund lief schnell, aber der alte sehr langsam.
4. Die großen Häuser im neuen Stadtteil sind teuer.

[7] höchster Berg Deutschlands
[8] höchster Berg Frankreichs

DIE KOMPARATION DES ADJEKTIVS UND ADVERBS

h. Ergänzen Sie:
1. Ich bin viel (alt) als Sie; aber ich bin nicht so reich . . . Sie.
2. Wien und Hamburg haben die (modern) Opernhäuser.
3. Die (berühmt) . . . Sängerin sang (schön) . . .
4. Er freute sich (viel) . . . über das Geschenk als sein Bruder.
5. Aber seine Uhr ist genau so gut . . . die seines Bruders.
6. Wir könnten kein (schön) . . . Wetter haben!
7. New York hat (hoch) . . . Gebäude als Berlin.
8. Sie wollte (bald) . . . kommen als ihre Freundin.
9. Er ißt gern Kuchen, aber . . . Obst, und . . . Fleisch.

i. Beantworten Sie folgende Fragen:
1. Waren die Geschwister genau so alt wie der Junge, der die Geschichte erzählt?
2. Woraus bestand die größere Hälfte des Hauses?
3. Was für ein Brot sollten die Kinder essen und warum?
4. Was für eine Katze sprang plötzlich aus den Brennesseln?
5. Warum warf der Junge einen Stein nach ihr?
6. Wie zeigte der Junge, daß ihm die Katze doch leid tat?
7. Was taten die kleineren Geschwister im Vorgarten?
8. Was antwortete der Junge, als Leni um ein Stückchen Brot bat?
9. Was hatte sie mit ihrem Brot gemacht?
10. Warum bekam Peter einen roten Kopf?

j. Übersetzen Sie:
1. Are you younger than your friend? No, I am just as old as he.
2. He became more and more famous.
3. She was the richest woman in the whole town, much richer than her mother.
4. The river is narrowest here.
5. I like Schubert, but I prefer Mozart, and I like Beethoven best of all.
6. In the last auto race the Mercedes was the fastest.
7. I tried to come sooner, but the road became worse and worse.
8. The better salesmen receive better salaries.

9. This was the worst performance.
10. Some people always want to have the biggest and the best of everything.
11. The older children need more to eat than the younger ones.
12. The earlier performance was completely sold out.
13. She is just as charming as her older sister.
14. The larger part of the house consisted of a heap of stones.
15. The smaller cars are usually cheaper than the bigger ones.

10

Wiederholung (6, 7, 8, 9)

a. Wiederholen Sie die fettgedruckten Nummern **1, 2, 3, 6, 7, 15, 17, 19, 21, 22, 23, 25, 26, 27, 28, 29, 30, 31, 32, 33, 34, 35!**

b. Ergänzen Sie die Pronomen:
   Das Kind liebt seinen Vater; es kommt zu ...... und fragt ...... um Rat; es gehorcht ......; es denkt an ...... und schreibt ...... Briefe; es bittet ...... um Hilfe; es wohnt bei ...... und sieht ...... jeden Tag.

c. Sagen Sie denselben Satz von b mit 1. der Mutter, 2. den Eltern!

d. Bilden Sie Sätze nach folgendem Beispiel (ändern Sie auch das Possessivpronomen):

   Das ist nicht mein Hut, sondern deiner.

   Zimmer, Handschuhe, Apfel, Buch, Schreibmaschine, Augengläser, Füllfeder, Proberöhre, Mantel, Feuerzeug, Ausweis, Katze

e. Wiederholen Sie die Sätze von d. mit einem Adjektiv:

   Das ist nicht mein neuer Hut, sondern deiner.

f. Ergänzen Sie:

Das Theater

Mein groß..... Bruder, meine klein..... Schwester und ich gehen ins Theater. Wir sehen schon vor dem Theater viele gut angezogen..... Menschen. Da sind Damen in lang....., schön..... Abendkleidern und Herren im schwarzen Smoking. Viele elegante Leute kommen im eigenen Auto und manche im gemieteten Taxi. Wir gehen die großen, breiten Stufen hinauf und treten in eine hell erleuchtete Halle. In der linken Garderobe geben wir unsere warmen Mäntel ab. Draußen ist nämlich kaltes Winterwetter. Ein junger Platzanweiser führt uns dann zu unseren Plätzen auf der rechten Seite. Mein Bruder erklärt mir, daß die grünen Karten für die ersten zehn Reihen sind. Die Bühne wird vom Zuschauerraum durch den großen, bunten, eisernen Vorhang getrennt. Er ist eisern wegen der großen Feuergefahr im Theater. Hinter diesem ist aber noch ein roter Samtvorhang, der jetzt aufgeht. Da liegt die Bühne in strahlendem Licht vor uns. Wir werden in diesem modernen Stück einige bekannten Schauspieler sehen. Meine kleine Schwester ist sehr aufgeregt.

g. Übersetzen Sie:
1. An intelligent, industrious student will get a scholarship.
2. That is my money; I can buy myself a car with it.
3. His new record-player is much better than her old one.
4. I know no happier woman than she.
5. That is nothing important.
6. The days are longest in summer and shortest in winter.
7. The shortest days are also the coldest.
8. He bought several tall old trees from his neighbor.
9. All our old friends helped us.
10. He is famous because of his many good books.
11. Munich is smaller than Vienna, but Berlin is much larger.
12. Berlin is the largest city in Germany.
13. Hamburg is about as large as Vienna.
14. I like several small cities in Germany, but I prefer Heidelberg.
15. Your older brother and my younger sister are great[1] friends.
16. I imagined that my trip to Vienna would be very interesting.
17. My mother says old bread is healthier than fresh.
18. Have you washed your hands, children?
19. I have lost my pencil; may I borrow yours?
20. She got angry with her younger brothers and sisters.

[1] gut

11

Die Präpositionen

Die wichtigsten Präpositionen mit dem *Genitiv* sind:

(an)statt*	*instead of*
außerhalb	*outside*
innerhalb	*inside, within*
oberhalb	*above*
unterhalb	*below*
diesseits	*on this side of*
jenseits	*beyond*
infolge	*as a result of, due to* ✓
inmitten	*in the midst of*
mittels	*by means of*
trotz*	*in spite of*
um... willen	*for the sake of*
während	*during*
wegen*	*because of*

(an)statt

Er gab ihm Geld anstatt eines Fußballs.   *He gave him money instead of a football.*

außerhalb

Der Park ist außerhalb der Stadt.   *The park is outside the city.*

* **statt, trotz** und **wegen** werden auch mit dem Dativ gebraucht

innerhalb

Wir gingen innerhalb des Dorfes spazieren. — We took a walk within the village.

oberhalb

Die Kapelle befindet sich oberhalb des Sees. — The chapel is situated above the lake.

unterhalb

Australien liegt unterhalb des Äquators. — Australia lies below the equator.

diesseits

Diesseits der Grenze ist die Höchstgeschwindigkeit 50 km. — On this side of the border the speed limit is 50 km.

jenseits

Jenseits des Flusses gibt es zwei Bauernhöfe. — There are two farm houses on the other side of the river.

infolge

Er verlor das Bein infolge eines Autounfalles. — He lost his leg as a result of a car accident.

inmitten

Man kann inmitten des Verkehrs nicht stehenbleiben. — One cannot stop in the midst of traffic.

mittels

Sie können Deutschland mittels eines Kurzwellenradios hören. — You can hear Germany by means of a shortwave radio.

trotz

Er ging trotz des Wetters aus.
Oder: Er ging trotz dem Wetter aus. — He went out in spite of the weather.

DIE PRÄPOSITIONEN

um... willen

Um seiner Familie willen blieb er auf dem Land.	He stayed in the country for the sake of his family.
Aber: Um seinetwillen blieb sie. (Siehe #36, Seite 83.)	She stayed for his sake.

während

Während des Sommers ist das Theater geschlossen.	The theater is closed during the summer.

wegen

Sie blieb wegen der Hitze zu Hause.	She stayed at home because of the heat.
Aber: Meinetwegen kannst du gehen. (Siehe #36, Seite 83.)	As far as I am concerned, you can go.

Die Präpositionen mit dem *Dativ* sind:

aus	*out of, from, of*
außer	*except, besides*
bei	*at, near, at the home of*
entgegen	*towards*
gegenüber	*opposite*
mit	*with*
nach	*after, to(wards), according to*
seit	*since, for*
von	*from, of, by* (Passiv)
zu	*to*

aus

Er nahm das Geld aus der Lade.	He took the money out of the drawer.
Er kommt aus Berlin.	He comes from Berlin.
Die Uhr ist aus Gold.	The watch is (made) of gold.

außer

Außer mir waren noch fünf Leute da.	Besides me there were five people there.

bei

Er ist beim Arzt.	He is at the doctor's.
Bei der Kirche ist auch eine Schule.	There is also a school next to the church.
Sie wohnt bei ihren Eltern.	She lives at her parents' house.
Er half mir beim Einsteigen.	He helped me in boarding (a vehicle).

entgegen

Das Kind läuft dem Vater entgegen. (Siehe #37, Seite 83.)	The child is running towards his father.

gegenüber

Ich wohne dem Kino gegenüber. (Siehe #37, Seite 83.)	I live opposite the movie theater.

mit

Er spielte mit seinen Kindern.	He played with his children.
Er kommt mit dem Auto (mit dem Flugzeug, mit der Eisenbahn).	He comes by car, (plane, train).

nach

Nach der Klasse gehe ich nach Hause.	After class I go home.
Sie fuhr nach Hamburg.	She went to Hamburg.
Dem Buche nach hat er recht. (Siehe #37, Seite 83.)	According to the book he is right.

seit

Ich wohne seit meiner Kindheit in Deutschland.	Since my childhood I have been living in Germany.
Seit einer Woche ist sie krank.	She has been sick for a week.

von

Dieser Brief kommt von meinem Freund.	This letter comes from my friend.
Wir hatten eben von ihm gesprochen.	We just spoke of him.
Es wurde von den Studenten gelesen.	It was read by the students.

DIE PRÄPOSITIONEN

zu

Ich gehe morgen zu meinem Bruder. — *Tomorrow I am going to my brother's.*

Die Präpositionen mit dem *Akkusativ* sind:

durch	*through, by* (Passiv)
entlang	*along*
für	*for*
gegen	*against, towards*
ohne	*without*
um	*(a)round, at* (Uhrzeit)
wider	*against*

durch

Sie geht durch den Garten. — *She goes through the garden.*
Er wurde durch einen Stein verletzt. — *He was hurt by a stone.*

entlang

Er geht den Fluß entlang. — *He goes along the river.*

für

Er kaufte ein Geschenk für seinen Vater. — *He bought a present for his father.*

gegen

Er kämpfte gegen den Feind. — *He fought against the enemy.*
gegen Norden, gegen Abend — *towards North, towards evening*

ohne

Er ging ohne mich. — *He went without me.*

um

Die Familie sitzt um den Tisch. — *The family is sitting around the table.*
um 6 Uhr — *at 6 o'clock*

wider

Es geschah wider meinen Willen. *It happened against my will.*

Die Präpositionen mit dem *Dativ oder Akkusativ* sind:

(Der *Akkusativ* zeigt Bewegung *zu* einem Ort; der *Dativ* zeigt Ruhe oder Bewegung *an* einem Ort.)

an	*at, on* (vertikal), *to*
auf	*on* (horizontal)
hinter	*behind*
in	*in, into*
neben	*beside*
über	*over*
unter	*under, among*
vor	*before, in front of, ago*
zwischen	*between*

an

Er wartete an der Ecke.	*He was waiting at the corner.*
Er lief an die Ecke.	*He ran to the corner.*
Das Bild hängt an der Wand.	*The picture is hanging on the wall.*

auf

Das Buch lag auf dem Tisch.	*The book lay on the table.*
Er legte das Buch auf den Tisch.	*He put the book on the table.*

hinter

Sie steht hinter dem Baum.	*She stands behind the tree.*
Sie läuft hinter den Baum.	*She runs behind the tree.*

in

Sie sind in dem Haus.	*They are in the house.*
Sie gehen in das Haus.	*They go into the house.*

DIE PRÄPOSITIONEN

neben

Sie sitzt neben mir. *She is sitting beside me.*
Sie setzt sich neben mich. *She sits down beside me.*

über

Das Flugzeug flog über die Stadt. *The airplane flew over the city.*
Das Flugzeug kreiste über der Stadt. *The airplane circled over the city.*

unter

Wir saßen unter dem Dach. *We sat under the roof.*
Wir liefen unter das Dach. *We ran under the roof.*
Unter den Kindern waren zwei Brüder. *Among the children were two brothers.*

vor

Vor dem Haus stehen Bäume. *Trees stand in front of the house.*
Ich trage den Stuhl vor das Haus. *I carry the chair in front of the house.*
Ich sah ihn vor drei Jahren. *I saw him three years ago.*

zwischen

Er saß zwischen dir und mir. *He sat between you and me.*
Er setzte sich zwischen sie und ihren Mann. *He sat down between her and her husband.*

▶ *Beachten Sie:*

> **36.** Die Genitivpräpositionen **um... willen** und **wegen** ändern den Genitiv des Possessivpronomens zu **meinet–, deinet–, seinet–, ihret–, seinet–, unseret–, euret–, ihretwillen (wegen).**
> **Meinetwegen** hat zwei Bedeutungen: *because of me, as far as I am concerned.*

> **37. Nach** in der Bedeutung *according to*, **entgegen**, **gegenüber** und **entlang** werden meistens dem Substantiv nachgestellt.

38. Im Deutschen folgt nach einer Präposition meistens ein Artikel. (Vergleichen Sie mit #6, Seite 4.)

nach der Schule   *after school*

39. Präpositionen + Artikel werden oft als ein Wort geschrieben:

am — an dem   ins — in das
ans — an das   aufs — auf das
im — in dem   vom — von dem

Friedrich Dürrenmatt

Courtesy Photopress, Zürich

aus: **DIE FALLE**

Es war auf der Straße, als ich mitten in der Menge seinen Blick zum ersten Mal spürte. Ich blieb stehen; wie ich mich jedoch wandte, bemerkte ich niemand, der mich beobachtete. Es zogen nur die Menschen an mir vorüber, die an den Spätnachmittagen die Straßen der Städte füllten: Geschäftsleute, sich in die Gasthöfe verlierend, Verliebte vor Schaufenstern, Frauen mit Kindern,

DIE PRÄPOSITIONEN 85

Studenten, Dirnen bei ihrem ersten, noch zögernden Gang vor dem Einbrechen des Abends,[1] und Schüler, die sich in Rudeln aus ihren Schulen ergossen; doch verließ mich von da an die Gewißheit nicht mehr, von ihm beschattet zu sein. Oft fuhr ich zusammen, wenn ich aus dem Hause trat, denn ich wußte, daß er nun den Kellereingang verließ, in welchem er sich barg, oder die Laterne, an die er sich lehnte, daß er die Zeitung faltete, die er scheinbar gelesen, entschlossen, die Verfolgung wieder aufzunehmen, mich manchmal umkreisend, um dann, wenn ich unvermutet stehen blieb, ein neues Versteck aufzusuchen. Auch bin ich oft an derselben Stelle Stunde um Stunde bewegungslos verharrt, oder ich bin den Weg zurückgegangen, um ihn zu treffen. Dann begann ich, wenn auch Wochen später, an die unbestimmte Furcht gewöhnt, die er mir einflößte, Fallen zu stellen; das Wild wurde nun selbst zum Jäger. Doch war er geschickter als ich und entkam immer wieder meiner List, bis mir in einer Nacht der Zufall die Möglichkeit gab, ihn zu stellen.[2] Ich war die Altstadt hinuntergeeilt. Nur wenige Lichter brannten. Die Sterne leuchteten in einem schrecklichen Feuer, obgleich der Morgen nicht fern war. Ich war aus den Lauben getreten und hatte eine Straßenkreuzung überquert, als ich im Gehen innehielt, durch den Nebel verwirrt, der unmittelbar vor mir aufragte, eine unbestimmte, dichte Wand aus Glas, in der die Sterne flackernd versanken. In diesem Augenblick des Verweilens hörte ich zum ersten Mal seine Schritte hinter mir. Sie waren wie die meinen und mit einer solchen Kunst angeglichen, daß ich sie vom Widerhall der meinen nicht mehr hätte unterscheiden können. Sie waren so nah, daß ich im Geiste seine Gestalt aus dem Laubenbogen auf die hellere Straße treten sah. Da schrak der Fremde zurück. Er erblickte meine Silhouette, die sich vom Nebel abhob. Er stand mir unschlüssig im Laubenbogen gegenüber, doch war er im Schatten nicht sichtbar. Als ich mich langsam gegen ihn bewegte, wandte er sich jäh, worauf ich schnell auf den Bogen zuschritt. Ich hoffte den Unbekannten zu erblicken, wenn er aus dem Dunkel in das Licht der Laterne treten würde, die weiter oben brannte. Er wich aber in eine kleine Gasse zurück, die an einer Tür endete, so daß er sich durch seine Flucht in meine Macht begab. Ich hörte ihn an die Tür prallen und an der Falle

[1] *before nightfall*
[2] *to corner*

rütteln, während ich vor der Mündung des Gäßchens stehen blieb. Er atmete schwer und schnell. „Wer sind Sie?" fragte ich. Er gab keine Antwort.

„Warum verfolgen Sie mich?" fragte ich wieder. Er schwieg. Wir standen da und der Morgen kam bei sinkendem Nebel draußen schon herauf. Langsam erkannte ich in der Finsternis der Gasse eine dunkle Gestalt, beide Arme wie gekreuzigt an der Türe. Es war mir jedoch unmöglich, die Gasse zu betreten. Zwischen mir und dem Menschen, der sich im Anblick des ungewissen Morgens mit dem Rücken gegen die Türe preßte, gab es einen Abgrund, den zu überbrücken ich nicht wagte, weil wir uns nicht als Brüder hätten treffen können, sondern so wie der Mörder sein Opfer trifft. Da ließ ich von ihm und ging, ohne mich weiter um ihn zu kümmern.

Übungen

a. Ersetzen Sie das fettgedruckte Wort durch die Wörter in Klammern:
   1. Es war auf **der Straße**. (Fenster, Laterne, Stelle, Rücken, Straßenkreuzung, Gasse, Flucht, Steinhaufen)
   2. Mitten in **der Menge** (Stadt, Bombentrichter, Garten, Gras, Stück)
   3. Verliebte standen vor **den Schaufenstern**. (Gasthof, Haus, Laterne, Kellereingang, Tür, Dorf)
   4. Menschen zogen an **mir** vorüber. (er, Sie, wir, du, der Student, die Kinder, die Frauen, die Schule, die Weinberge, der Siebzigjährige)
   5. vor **dem Abend** (Herbst, Winter, Frühling, Sommer, Nachmittag, die Ferien, Wochenende, der erste Schultag)
   6. Die Kinder kamen aus ihren **Schulen**. (Haus, Gasse, Wagen, Garten, Bank, Versteck)
   7. Er lehnte sich an **die Laterne**. (Baum, Tisch, Stuhl, Wand, Steinhaufen, Zaun, Tür)
   8. Ich war durch **den Nebel** verwirrt. (Widerhall, Zufall, Schatten, Antwort, Finsternis, Möglichkeit)
   9. Ich hörte seine Schritte hinter **mir**. (Wand, Tür, Steinhaufen, Turm)

DIE PRÄPOSITIONEN

10. Ich bewegte mich langsam gegen **ihn**. (Sie, du, Fremde, Kellereingang, Blinde, Student, Gestalt, Mensch)
11. Er stand **mir** gegenüber. (Sie, er, du, wir, Mörder, Mädchen, Alte, Greisin)
12. Nach **der Schule** gehen sie nach Hause. (Arbeit, Essen, Konzert, Kino, Klasse, Vorlesung)
13. Zwischen mir und **dem Fremden** gab es einen Abgrund. (Professor, Mensch, meine Freundin, meine Geschwister)

b. Ersetzen Sie die Präposition durch die Präpositionen in Klammern:
  1. Die Kinder saßen auf dem Steinhaufen. (*in front of, behind, next to, below*)
  2. vor dem Einbrechen des Abends (*after, during, in spite of*)
  3. Der Fremde lief aus dem Haus. (*into, in front of, behind, toward, around, to*)
  4. Er tat es für mich. (*because of, without, against, with, after, instead of*)
  5. Wo liegt das Museum? Neben dem Bahnhof. (*across, behind, in front of*)

c. Beantworten Sie die Fragen mit den Wörtern in Klammern:
  1. Bei wem wohnen Sie? (Eltern, Freundin, eine alte Frau)
  2. Seit wann ist Hans krank? (zwei Tage, eine Woche, vierzehn Tage, ein Monat, 10. September, heute früh)
  3. An wen schrieben Sie heute? (Freundin, Professor, Mutter, Arzt, Buchdrucker, guter Freund)
  4. Womit schreiben Sie? (Kugelschreiber, Bleistift, Füllfeder, Kreide)
  5. Wo sitzt der Vogel? (Steinhaufen, Baum, Dach, Turm)
  6. Wohin legten Sie den Bleistift? (auf — Tisch, Zeitung, Buch; neben — Radio, Vase, Schlüssel)
  7. Wann haben Sie Ferien? (in — Juli, August, September; an 24. Dezember, Sonntag, Nachmittag; während — Sommer, Frühling)

d. Ergänzen Sie die fehlenden Präpositionen:
  1. Ärgern Sie sich nicht ..... den Lehrer!
  2. Beziehen Sie sich ..... sein Buch?
  3. Haben Sie sich ..... einer Operation entschlossen?

4. Die Kinder beklagen sich oft über. die Eltern.
5. Ergeben Sie sich in.. Ihr Schicksal!
6. Viele Studenten interessieren sich für.. Naturwissenschaften.
7. Ich freue mich auf.. meinen Geburtstag.
8. Ich freue mich über.. das schöne Geschenk.
9. Wie weit hatten Sie sich von.. dem Bahnhof entfernt?
10. Ich konnte mich nicht mehr. an.. ihn erinnern.
11. Viele Studenten fürchten sich vor.. ihm.
12. Sie kann sich nicht an dieses Klima gewöhnen.
13. Hat er sich. von. seiner Krankheit ganz erholt?
14. Ich wundere mich nicht mehr über. sie.

e. Ergänzen Sie die Präpositionen und machen Sie alle nötigen Änderungen:
1. Der Rhein kommt. aus. (den) Schwarzwald und fließt in.. (die) Nordsee.
2. nach. (dem) Ball fuhr er mit.. (seinem) Auto nach Hause und ging. in.. (sein) Zimmer.
3. An... (die) Wand hingen Bilder von.. (alten) Meister.n
4. Er ging mit.. (seinem) Freund zu... (der) See, aber er kam. ohne. (seinen) Freund zurück.
5. Ich setze mich zwischen (die) beiden Brüder. Eine von. (ihre) Frauen saß neben. (ich).
6. Er nahm den Garageschlüssel mit... (dem) Hausschlüssel.
7. Die Mutter stellte den Stuhl neben. (den) Tisch und ging dann. zu.. (das) Fenster.
8. Drei Bücher lagen. auf... (dem) Schreibtisch, das vierte legte er. auf.. (das) Klavier.
9. Verbrecher verstoßen. gegen. (die) Gesetze.
10. außer. (die) beiden Schauspielern war niemand auf der Bühne.
11. Die Studenten wohnten bei.. (ihren) Landsleuten.. in. Bonn.
12. Sie arbeitete während (des) Sommers als Kellnerin.

f. Ersetzen Sie die Nebensätze durch präpositionale Ausdrücke:
z. B. Nachdem die Vorlesung beendet war, gingen wir nach Hause. Nach der Vorlesung gingen wir nach Hause.

DIE PRÄPOSITIONEN 89

1. Nachdem sie gegessen hatten, spielten sie Platten.
2. Bevor das Konzert begann, sahen wir die Sängerin.
3. Seitdem er krank war, habe ich ihn nicht mehr gesehen.
4. Obwohl er Fieber hatte, ging er ins Kino. (trotz)
5. Wie die Zeitung sagt, schneite es in den Bergen. (nach)
6. Wenn das Wetter schön ist, gehen wir morgen baden. (bei)
7. Er sang ein Lied, um die Gäste zu unterhalten. (zu)
8. Das Kind wurde ganz rot, weil es sich so freute. (vor)
9. Wo die Elbe (in die Nordsee) mündet, liegt Hamburg. (an)
10. Wir überquerten die Donau, während es stark regnete. (bei)
11. Sie gestand ihre Lüge, während sie laut weinte. (unter)
12. Weil das Wetter schlecht war, blieben wir zu Hause. (wegen)

g. Suchen Sie die passenden Ergänzungen zu den begonnenen Sätzen:

1. Es war vor.
2. Viele Menschen gingen.
3. Die Geschwister saßen.
4. Der General zog die Beine.
5. Bitte gehen Sie.
6. Die Katze saß.
7. Die Großmutter lebte in.
8. Der Buchdrucker berichtete manchmal.
9. Er warf einen Stein.
10. Wir schrieben viele Briefe.

1. an die Tafel.
2. über die Mutter.
3. an unsere Verwandten.
4. dem Einbrechen des Abends.
5. auf dem Steinhaufen.
6. unter den Brennesseln.
7. nach der Katze.
8. an mir vorüber.
9. ihrer kleinen Wohnung.
10. unter dem Auto hervor.

h. Beantworten Sie folgende Fragen so, daß Ihre Antwort eine Präposition enthält:
1. Wo spürte D. den Blick des Fremden zum ersten Mal?
2. Um welche Tageszeit war dies?
3. Wohin gingen die Geschäftsleute und wo standen die Verliebten?
4. Woher kamen die Schüler?
5. Wodurch wurde D. verwirrt?
6. Wo befand sich die Nebelwand?

7. Wo stand der Fremde?
8. Wohin wich der Fremde zurück?
9. Was hörte D.?
10. Beschreiben Sie, wie der Fremde an der Tür lehnte!

i. Übersetzen Sie:
1. As far as I am concerned, you can have it.
2. According to the law, he is wrong.
3. There is bad weather beyond the mountains.
4. In spite of his illness he bought the house opposite the library.
5. She walked along the street at four o'clock.
6. I kept myself awake by means of strong coffee.
7. We flew to Frankfurt to our parents'.
8. Among the passengers were three children without their mothers.
9. Because of our little son we could not go by plane.
10. We built our house on a little hill above the river.
11. I have to pay for my car within one year.
12. We took a walk through the woods and rested at a little restaurant outside the city.
13. There is a window above the entrance.
14. The children ran behind the house and through the garden.
15. The bird flew onto the roof of the house.

12

Die Wortfolge, die koordinierenden und subordinierenden Konjunktionen

DER HAUPTSATZ

Die Personalform des Verbs steht immer an zweiter Stelle im Hauptsatz. Meistens ist das Subjekt das erste Element:

NORMALE WORTFOLGE

Subjekt	Personalform	Objekte oder adverbiale Ausdrücke	Partizip Perfekt, Infinitiv, trennbares Präfix
Der Vater	gibt	dem Sohn jeden Monat das Geld.	
Der Vater	hat	dem Sohn jeden Monat das Geld	gegeben.
Der Vater	wird	dem Sohn jeden Monat das Geld	geben.
Der Vater	gibt	das Geld	aus.

Es kann aber auch *eines* der Objekte oder *ein* adverbialer Ausdruck an erster Stelle stehen (emphatisch); das Subjekt folgt dann der Personalform:

INVERSION

Objekt oder adverbialer Ausdruck	Personalform	Subjekt	Objekte oder adverbiale Ausdrücke	Part. Perfekt, Inf., trennb. Präfix
Dem Sohn	gibt	der Vater	jeden Monat Geld.	
Jeden Monat	gibt	der Vater	dem Sohn Geld.	
Geld	hat	der Vater	jeden Monat dem Sohn	gegeben.
Geld	wird	der Vater	jeden Monat dem Sohn	geben.
Geld	gibt	der Vater		aus.

Ausnahmen:

Fragesätze ohne Interrogativpronomen:

Gibt der Vater dem Sohn Geld?

Befehle:

Gib dem Sohn Geld!

Hauptsätze, die einem Nebensatz folgen:

Da er reich ist, *gibt* er dem Sohn Geld.

▶ *Beachten Sie:*

40. Die Personalform des Verbs steht immer an zweiter Stelle und das Partizip Perfekt, der Infinitiv oder das trennbare Präfix eines Verbs stehen immer am Ende des Hauptsatzes.

DER NEBENSATZ

Die Personalform des Verbs steht immer am Ende des Nebensatzes.

Konjunkt. oder Relativpronomen	Subjekt	Objekte oder adverbiale Ausdrücke	Part. Perf. oder Infinitiv	Personalform
Ich weiß,				
daß	der Vater	dem Sohn jeden Monat Geld		gibt.
daß	der Vater	dem Sohn jeden Monat Geld	gegeben	hat.
daß	der Vater	dem Sohn jeden Monat Geld	geben	wird.
daß	der Vater	Geld		ausgibt.
Der Vater, der		dem Sohn jeden Monat Geld		gibt

▶ *Beachten Sie:*

41. Wenn der Nebensatz vor dem Hauptsatz steht, beginnt der Hauptsatz mit der Personalform des Verbs.

Da er reich ist, *gibt er* dem Sohn Geld.

Die Wortfolge der direkten und indirekten Objekte:

Das indirekte Objekt (Dativobjekt) steht zuerst, außer wenn das direkte Objekt (Akkusativobjekt) ein Pronomen ist:

Er gibt *dem Sohn* Geld.
Er gibt *ihm* das Geld.
Er gibt *es* dem Sohn.
Er gibt *es* ihm.

Die Wortfolge der Adverbien:

	1. Adverb der Zeit	2. Modaladverb	3. Adverb des Ortes
Ich gehe	jetzt	gern	nach Hause.

DIE KOORDINIERENDEN KONJUNKTIONEN

aber	but ✓
allein	but, only
denn	for ✓
oder	or ✓
sondern	but, on the contrary ✓
und	and ✓
entweder ... oder	either ... or ✓
weder ... noch	neither ... nor ✓
je ... desto	the ... the ✓
sowohl ... als (auch)	as well ... as
nicht nur ... sondern auch	not only ... but also ✓

▶ *Beachten Sie:*

42. Eine koordinierende Konjunktion ändert nicht die Wortfolge des folgenden Satzes:

Er hat einen Brief geschrieben, denn *er konnte* nicht kommen.

43. **Sondern** kann nur nach einer Negation gebraucht werden und der zweite Satzteil muß das Gegenteil des ersten ausdrücken:

Sie ist *nicht groß*, sondern *klein*.

DIE SUBORDINIERENDEN KONJUNKTIONEN

als	*when*	da	*since, as*
als ob	*as if*	damit	*so that (in order to)*
bevor	*before*	daß	*that*
bis	*till, until*	ehe	*before*

DIE WORTFOLGE, DIE KONJUNKTIONEN

falls	*in case*	so bald	*as soon as*
indem	*while*	solange	*as long as*
nachdem	*after*	sooft	*whenever*
ob	*whether, if*	sowie	*as soon as*
obgleich	*although*	trotzdem	*despite the fact that*
obwohl	*although*	während	*while*
seit (dem)	*since*	weil	*because*
so daß	*so that*	wenn	*when, if*
	(consequently)		

▶ Beachten Sie:

44. Eine subordinierende Konjunktion beginnt immer einen Nebensatz; die Personalform des Verbs steht immer am Ende des Nebensatzes:

Er kam nach Hause, nachdem er gearbeitet hatte.

Ausnahme: der Doppelinfinitiv (Siehe #57, Seite 130.)

45. Ein trennbares Verb wird nie im Nebensatz getrennt:

Ich sah sie, als sie *ankam*.

Siehe Seite 33 (2. Das trennbare Präfix).

46. *When* kann mit **als, wenn** oder **wann** übersetzt werden:

als für eine *einmalige* Handlung im *Imperfekt* (Perfekt oder Plusquamperfekt):

Als ich nach Hause kam, kochte ich Tee.
When I came home, I made tea.

wann ist das Interrogativpronomen:

Sie fragte mich, *wann* ich nach Hause kam.
She asked me, when (at what time) I came home.

wenn wird in allen anderen Fällen gebraucht, d.h. im Präsens, Futur oder für eine *wiederholte Handlung* im Imperfekt, (Perfekt oder Plusquamperfekt):

Wenn ich nach Hause komme, koche ich Tee.
When I come home, I make tea.

Wenn ich in Salzburg war, regnete es immer.
Whenever I was in Salzburg, it was (always) raining.

Kurt
Tucholsky

Courtesy Inter Nationes

RATSCHLÄGE FÜR EINEN SCHLECHTEN REDNER

aus: *ZWISCHEN GESTERN UND MORGEN*

Fang nie mit dem Anfang an, sondern immer drei Meilen vor dem Anfang! Etwa so:
„Meine Damen und meine Herren! Bevor ich zum Thema des heutigen Abends komme, lassen Sie mich Ihnen kurz..."
Hier hast du schon so ziemlich alles, was einen schönen Anfang

DIE WORTFOLGE, DIE KONJUNKTIONEN

ausmacht:[1] eine steife Anrede; der Anfang vor dem Anfang; die Ankündigung, daß und was du zu sprechen beabsichtigst, und das Wörtchen kurz. So gewinnst du im Nu die Herzen und die Ohren der Zuhörer.

Sprich nicht frei — das macht einen so unruhigen Eindruck. Am besten ist es: du liest deine Rede ab. Das ist sicher, zuverlässig, auch freut es jedermann, wenn der lesende Redner nach jedem viertel Satz mißtrauisch hochblickt, ob auch noch alle da sind.

Wenn du gar nicht hören kannst, was man dir so freundlich rät, und du willst durchaus und durchum[2] frei sprechen... du Laie! Du lächerlicher Cicero! Nimm dir doch ein Beispiel an unsern professionellen Rednern — hast du die schon mal[3] frei sprechen hören? Die schreiben sich sicherlich zu Hause auf, wann sie ,,Hört! hört!" rufen... ja, also wenn du denn frei sprechen mußt:

Sprich, wie du schreibst. Und ich weiß, wie du schreibst.

Sprich mit langen, langen Sätzen — solchen, bei denen du, der du dich zu Hause, wo du ja die Ruhe, deren du so sehr benötigst, deiner Kinder ungeachtet, hast, vorbereitest, genau weißt, wie das Ende ist, die Nebensätze schön ineinandergeschachtelt, so daß der Hörer, ungeduldig auf seinem Sitz hin und her träumend, sich in einem Kolleg[4] wähnend, in dem er früher so gern geschlummert hat, auf das Ende solcher Periode wartet... nun, ich habe dir eben ein Beispiel gegeben. So mußt du sprechen.

Fang immer bei den alten Römern an und gib stets, wovon du auch sprichst, die geschichtlichen Hintergründe der Sache. Das ist nicht nur deutsch — das tun alle Brillenmenschen.[5] Ich habe einmal in der Sorbonne[6] einen chinesischen Studenten sprechen hören, der sprach glatt und gut französisch, aber er begann zu allgemeiner Freude so: ,,Lassen Sie mich Ihnen in aller Kürze die Entwicklungsgeschichte meiner chinesischen Heimat seit dem Jahre 2000 vor Christi Geburt..." Er blickte ganz erstaunt auf, weil die Leute so lachten.

So mußt du das auch machen. Du hast ganz recht: man versteht es ja sonst nicht, wer kann denn das alles verstehn, ohne die

[1] macht
[2] *absolutely and positively*
[3] einmal
[4] die Vorlesung
[5] Menschen, die Brillen tragen (*intellectuals*)
[6] Universität in Paris

geschichtlichen Hintergründe ... sehr richtig! Die Leute sind doch nicht in deinen Vortrag gekommen, um lebendiges Leben zu hören, sondern das, was sie auch in den Büchern nachschlagen können ... sehr richtig! Immer gib ihm Historie, immer gib ihm.

Kümmere dich nicht darum, ob die Wellen, die von dir ins Publikum laufen, auch zurückkommen — das sind Kinkerlitzchen.[7] Sprich unbekümmert um die Wirkung, um die Leute, um die Luft im Saale; immer sprich, mein Guter, Gott wird es dir lohnen.

Du mußt alles in die Nebensätze legen. Sag nie: „Die Steuern sind zu hoch." Das ist zu einfach. Sag: „Ich möchte zu dem, was ich soeben gesagt habe, noch kurz bemerken, daß mir die Steuern bei weitem ..." So heißt das.

Trink den Leuten ab und zu ein Glas Wasser vor — man sieht das gern.

Wenn du einen Witz machst, lach vorher, damit man weiß, wo die Pointe ist.

Zu dem, was ich soeben über die Technik der Rede gesagt habe, möchte ich noch kurz bemerken, daß viel Statistik eine Rede immer sehr hebt. Das beruhigt ungemein, und da jeder imstande ist, zehn verschiedene Zahlen mühelos zu behalten, so macht das viel Spaß.

Kündige den Schluß deiner Rede lange vorher an, damit die Hörer vor Freude nicht einen Schlaganfall bekommen. Dann beginne deine Rede von vorn und rede noch eine halbe Stunde. Dies kann man mehrere Male wiederholen.

Sprich nie unter anderthalb Stunden, sonst lohnt es gar nicht erst anzufangen.

Wenn einer spricht, müssen die andern zuhören — das ist deine Gelegenheit! Mißbrauche sie!

Übungen

a. Lösen Sie folgende Satzgefüge in Hauptsätze auf:

z. B. Das beruhigt ungemein, und da jeder imstande ist, zehn verschiedene Zahlen mühelos zu behalten, so macht das viel Spaß. Das beruhigt ungemein. Jeder ist imstande, zehn verschiedene Zahlen mühelos zu behalten. Das macht viel Spaß.

[7] *trifles*

DIE WORTFOLGE, DIE KONJUNKTIONEN

1. Die Leute sind doch nicht in deinen Vortrag gekommen, um lebendiges Leben zu hören, sondern das, was sie auch in den Büchern nachschlagen können.
2. Oft fuhr ich zusammen, wenn ich aus dem Hause trat, denn ich wußte, daß er nun den Kellereingang verließ, in welchem er sich barg, oder die Laterne, an die er sich lehnte, daß er die Zeitung faltete, die er scheinbar gelesen, entschlossen, die Verfolgung wieder aufzunehmen, mich manchmal umkreisend, um dann, wenn ich unvermutet stehen blieb, ein neues Versteck aufzusuchen.
3. Ich war aus den Lauben getreten und hatte eine Straßenkreuzung überquert, als ich im Gehen innehielt, durch den Nebel verwirrt, der unmittelbar vor mir aufragte, eine unbestimmte, dichte Wand aus Glas, in der die Sterne flackernd versanken.
4. Zwischen mir und dem Menschen, der sich im Anblick des ungewissen Morgens mit dem Rücken gegen die Tür preßte, gab es einen Abgrund, den zu überbrücken ich nicht wagte, weil wir uns nicht als Brüder hätten treffen können, sondern so wie der Mörder sein Opfer trifft.

b. Bilden Sie Nebensätze aus den Partizipien:
1. Wir beiden jungen Leute liefen **lachend und staunend** mit großen Augen in dem Glanze und der Fülle herum.
2. Wenn er trotzdem **allwissend** tut, so seht es ihm nach!
3. Da riß der General, **verrückt fast vor Zorn,** die Pistole aus dem Gurt.

c. Bilden Sie Nebensätze aus den fettgedruckten präpositionalen Ausdrücken:

z. B. Seine Briefe an meinen Vater, und was dieser **bei einem Besuche** erfuhr, gaben mir ein Bild von dem, was in diesen zwei Jahren geschah. Seine Briefe an meinen Vater, und was dieser, **während er zu Besuch war,** erfuhr, gaben mir . . . .

1. Auch freut es jedermann, wenn der lesende Redner **nach jedem Satz** mißtrauisch hochblickt.
2. Er begann **zu allgemeiner Freude** so: ,,Lassen Sie mich . . ."
3. Er blickte **unter lautem Gelächter** der Leute ganz erstaunt auf.

4. Wer kann denn das alles **ohne die geschichtlichen Hintergründe** verstehen!
5. Kündige den Schluß deiner Rede lange vorher an, damit die Hörer **vor Freude** nicht einen Schlaganfall bekommen!
6. Verliebte standen **vor dem Einbrechen des Abends** vor Schaufenstern.
7. Dann begann ich, **an die unbestimmte Furcht gewöhnt**, Fallen zu stellen.
8. **In diesem Augenblick des Verweilens** hörte ich zum ersten Mal seine Schritte hinter mir.
9. Er begab sich **durch seine Flucht** in meine Macht.
10. Ich hörte ihn **an die Tür prallen** und **an der Falle rütteln**.
11. Der Morgen kam **bei sinkendem Nebel** draußen schon herauf.
12. Seine Briefe an meinen Vater, und was dieser **nach dem Begräbnis** meiner Großmutter erfuhr, gaben mir ein Bild von dem, was in diesen zwei Jahren geschah.

d. Machen Sie aus den Hauptsätzen ein Satzgefüge mit Nebensätzen:
1. Jedermann freut sich; der lesende Redner blickt nach jedem Satz hoch; sind auch noch alle da?
2. Er blickte erstaunt auf; die Leute lachten; er wollte in aller Kürze über 4000 Jahre sprechen.
3. Geben Sie immer viel Statistik; jeder ist imstande, zehn verschiedene Zahlen mühelos zu behalten; das macht viel Spaß.
4. Kündigen Sie den Schluß Ihrer Rede vorher an; die Leute bekommen einen Schlaganfall; sie werden überrascht.
5. Es war auf der Straße; ich spürte seinen Blick zum ersten Mal.
6. Ich fuhr zusammen; ich trat aus dem Haus; es fiel mir ein; er verließ nun den Kellereingang; er faltete die Zeitung.
7. Ich bewegte mich langsam gegen ihn; er wandte sich jäh.
8. Ich hoffte den Unbekannten zu erblicken; er trat aus dem Dunkel in das Licht.
9. Ich blieb am Eingang stehen; er atmete schwer und schnell.
10. Ich wagte nicht den Abgrund zu überbrücken; wir hätten uns nicht als Brüder treffen können.

DIE WORTFOLGE, DIE KONJUNKTIONEN

e. Verbinden Sie folgende Sätze mit den Konjunktionen in Klammern:
   1. Sie gingen baden. Es war ziemlich kühl. (obwohl, trotzdem, aber)
   2. Die Kinder hatten nichts zu essen. Die Katze fraß ihr Brot. (während, da, sooft, denn)
   3. Er ißt nie etwas. Er geht zur Vorlesung. (bevor, bis, wenn)
   4. Ich werde Ihnen schreiben. Ich weiß mehr darüber. (sobald, wenn, denn)
   5. Das Publikum klatschte. Der Redner lachte. (bevor, als, während, aber, denn, weil)

f. Ergänzen Sie die Konjunktionen:
   1. Er konnte nicht kommen, ... er war krank.
   2. Er kam, ... er krank war.
   3. Es war nicht hell, ... es war dunkel.
   4. Ich aß mein Frühstück, ... ich aufgestanden war.
   5. Ich gab dir das Geld, ... du die Gebühren bezahlen kannst.
   6. . . . . . . er zur Vorlesung ging, traf er seinen Freund.
   7. Ich ging nicht mit, ... ich keine Zeit hatte.
   8. Sie kaufte sich das weiße Kleid, ... nicht das schwarze.
   9. . . . . . . ihr Mann im Krieg war, mußte die Frau in einer Fabrik arbeiten.
   10. Ich rauche nicht, ... ich im Laboratorium arbeite.

g. Verbinden Sie folgende Sätze sinnvoll mit der Konjunktion; 1. Hauptsatz zuerst, 2. Nebensatz zuerst.

   z. B. (weil) Sie ist krank; ich habe sie nicht gesehen.
   Ich habe sie nicht gesehen, weil sie krank ist.
   Weil sie krank ist, habe ich sie nicht gesehen.

   1. (als) Er freute sich; er öffnete das Paket.
   2. (obgleich) Es regnet; ich gehe in die Stadt.
   3. (bevor) Sie verließ das Haus; sie drehte das Licht ab.
   4. (trotzdem) Er spricht kein Wort; er kann Deutsch.
   5. (nachdem) Wir hatten das Frühstück gegessen; wir gingen in die Schule.
   6. (weil) Ich arbeite; ich will lernen.

h. Ergänzen Sie **wenn**, **wann** oder **als**:
   1. ...... er den Brief bekam, war er in Berlin.
   2. Er will wissen, ... ich meine Prüfung machte.
   3. Ich traf sie am Bahnhof, ... ich nach München fuhr.
   4. Sie war immer freundlich, ... ich sie um Hilfe bat.
   5. Sie ist nie zu Hause, ... er kommt.

i. Übersetzen Sie:
   1. In summer many people go to the country because it is too hot in the city.
   2. He always gives presents to his secretary, because she often works overtime.[8]
   3. As soon as I read the letter, I knew that she was sick.
   4. She works every evening since she started going[9] to the university.
   5. When you study physics, you must also learn chemistry.
   6. When I asked him for the formula, he had forgotten it.
   7. Although Peter was very hungry, he gave his bread to the cat.
   8. In case you don't pass the examination, you must repeat the course.
   9. He showed the newspaper to her before he threw it away.
   10. I gave it to them after I arrived.
   11. They lived on Castle Street as long as they were in Heidelberg.
   12. He worked in a factory so that he could pay his tuition.
   13. The longer you work the more money you will earn.
   14. Neither he nor his sister reads the magazine.
   15. You go to Europe either by plane or by boat.

[8] Überstunden machen
[9] *since she goes*

13

Das Relativpronomen und das Interrogativpronomen

DAS RELATIVPRONOMEN

Das am meisten gebrauchte Relativpronomen ist **der, die, das**.

DEKLINATION

	Singular			Plural
	M	F	N	MFN
N	der	die	das	die
G	dessen	deren	dessen	deren
D	dem	der	dem	denen
A	den	die	das	die

Anstatt **der, die, das** kann auch **welcher, welche, welches** gebraucht werden; beide haben dieselbe Bedeutung, aber **der, die, das** wird viel häufiger gebraucht. **Welcher (–e, –es)** wird wie der bestimmte Artikel **der (die, das)** dekliniert, (Siehe Seite 1.) hat aber keine Genitivform. Daher gebraucht man im Genitiv: **dessen, deren, dessen, deren**.

DEKLINATION

	M	Singular F	N	Plural MFN
N	welcher	welche	welches	welche
G	(dessen)	(deren)	(dessen)	(deren)
D	welchem	welcher	welchem	welchen
A	welchen	welche	welches	welche

Das Relativpronomen ist **was**, wenn es sich auf ein unbestimmtes Neutrum im Singular (**alles, etwas, nichts, das Beste**, etc.) oder auf einen ganzen Satz bezieht:

Alles, *was* er sagt, ist wahr.   *Everything (that) he says is true.*
Sie geht jeden Tag ins Kino, *was* ich dumm finde.   *She goes to the movies every day, (a fact) which I find stupid.*

Das Relativpronomen ist **wer** oder **was**, wenn die Bedeutung *whoever* oder *whatever* ist:

Wer das sagt, lügt.   *Whoever says that is lying.*
Was du auch tust, ist immer gut.   *Whatever you do is always good.*

DEKLINATION

wer	was
wessen	—
wem	—
wen	was

▶ *Beachten Sie:*

47. Das Relativpronomen hat dasselbe Geschlecht und dieselbe Zahl wie das Wort, auf das es sich bezieht:

der Mann, der ...   *the man who ...*

DAS RELATIVPRONOMEN UND DAS INTERROGATIVPRONOMEN

Der Fall wird von seiner Stellung im Relativsatz bestimmt:

der Vater, dessen Söhne ...   *the father, whose sons* ...

48. Ein Relativsatz ist ein Nebensatz, daher steht die Personalform des Verbs immer am Ende:

Der Mann, dem ich das Geld *gab*, ist reich.

★ **49.** Im Englischen wird das Relativpronomen oft ausgelassen, im Deutschen nie:

the letter I wrote yesterday ...   **der Brief, den ich gestern schrieb** ...

50. Das Relativpronomen **der, die, das** ist identisch in der Deklination mit dem bestimmten Artikel, außer in den Genitiven und im Dativ Plural.

51. Ein Relativpronomen, dem eine Präposition vorangeht und das sich auf ein *Ding* bezieht, *kann* durch **wo–** oder **wor–** (vor einem Vokal) plus Präposition ersetzt werden. Ein Interrogativpronomen *muß* ersetzt werden:

wodurch	*through which*	woraus	*out of which*
wofür	*for which*	worauf	*on which*
womit	*with which*		

(Vergleichen Sie mit #17, Seite 44.)

DAS INTERROGATIVPRONOMEN

Wer bezieht sich auf Personen:

Wer kommt?   *Who is coming?*

Was bezieht sich auf Dinge:

Was ist das?   *What is that?*

Die Deklination ist dieselbe wie die der Relativpronomen **wer** und **was**. Der Genitiv und der Dativ von **was** wird nicht gebraucht. **Was** ist immer Subjekt oder direktes Objekt (Akkusativ Objekt) des Verbs.

Welcher, –e, –es wird meistens adjektivisch gebraucht:

Welches Buch lesen Sie? *Which book are you reading?*

Wenn es substantivisch gebraucht wird, fragt es nach einer *bestimmten* Person oder Sache:

Welcher war es? *Which one was it?*

Was für ein (*what sort of*) kann substantivisch oder adjektivisch gebraucht werden:

Was für einer ist er? } *What kind (of man) is he?*
Was für ein Mann ist er? }

Für ist hier keine Präposition und verlangt daher nicht den Akkusativ. Der Plural ist **was für**:

Was für Männer sind sie? *What kind of men are they?*

Andere wichtige Fragewörter sind:

wann	*when*	wo	*where*
warum	*why*	woher	*where (from)*
wie	*how*	wohin	*where (to)*

aus: **DIE LETZTE MATINEE**

Aus fetten schwarzen Wolkenwülsten, die über der letzten Szene aufgezogen waren, schob sich grellweiß, an den Rändern zerfranst, das Wort: Fin;[1] es war ein französischer Film gewesen. Ich tastete mich am Arm meiner Frau ins Freie, senkte den Kopf weit nach vorn, denn mich blendete der strahlende Sonntagvormittag; auch wollte ich nicht sehen lassen, daß mir in den Augen noch das Tränenwasser stand. Ich bückte mich, nestelte am Schuh,

[1] Ende

DAS RELATIVPRONOMEN UND DAS INTERROGATIVPRONOMEN 107

*Martin
Walser*

Courtesy Inter Nationes

keuchte angestrengt und tat, als bemerkte ich nicht, daß meine Frau ungeduldig an mir zerrte.

Inga gehört seit ihrer frühen Jugend zu den Matineebesuchern, ihre Augen, die Augen jedes Matineehasen[2] bestehen den Wechsel vom Kinoraum ins Sonnenlicht ohne Zwinkern; eine Routine, die ich mir in all den unzähligen Matineen, zu denen ich Inga in den vier Jahren unserer Ehe begleiten mußte, nicht anzueignen vermochte.

Der echte Matineebesucher tritt erhobenen Hauptes, mit schräg nach oben gestellter Stirn und Urteile formulierend, rasch und sorglos ans Tageslicht. Da er, darüber hinaus, etwas vom Film versteht, kommt er nicht in die Gefahr, weinen zu müssen. Daß ich so gar kein Talent zum Matineebesucher zeigte, war all die Jahre hindurch ein Anlaß zu Zerwürfnissen zwischen Inga und mir gewesen. Einen Mann zu haben, der immer noch das Gesicht zu Grimassen verzog[3] und wie ein Säugling zwinkerte, wenn er aus dem Kino trat, der hastig die sich immer wieder erneuernden Tränen

[2] *matinée fan*
[3] das Gesicht zu Grimassen verziehen   *to grimace*

aus dem Gesicht wischte und so gut wie kein Wort zur Diskussion beitrug, die noch unter der Kinotür aufbrandete, einen solchen Mann zu haben, war für Inga den anderen Matineefreunden gegenüber peinlich genug. Auch an dem Sonntag unserer letzten gemeinsamen Matinee hatte sich Inga sofort wieder mit einem Maler in eine Debatte verstrickt. Der Maler, ein passionierter Matineebesucher auch er, trug an diesem Tag einen blaugefärbten Lammpelz, der wie eine weite Bluse um seinen schmalen Körper schlenkerte und ihn bedeckte bis zu den Schenkeln hinab. Die Beine staken[4] in engen gelben Tuchschläuchen. Sein Gesicht war gesäumt von einem roten Backenbart, der aufgehängt wirkte und in so unglücklichem Gegensatz zu den jugendlichen Zügen des Malers stand, daß man meinen konnte, der Maler selbst sei ein unglücklicher und darum ein besonders wertvoller Mensch.

Da ich ihm und seinesgleichen[5] immer mit wortloser Verehrung zu begegnen pflegte, stellte ich mich auch jetzt stumm und ergeben hinter die linke Schulter meiner Frau. Mein Gesicht spielte Zuhörer. Wie lange würde es heute wieder dauern? Bis sechs Uhr abends oder bis sieben? Es hatte Sonntage gegeben, da waren wir gegen Mitternacht heimgekommen. Das hing ganz vom Film ab, der zu behandeln war. Ringsum hatten sich auch heute Dutzende von kleineren und größeren Diskussionszirkeln gebildet. Inga und dem Maler hatten sich noch zwei Mädchen und ein junger Herr zugesellt. So dicht und glatt waren die Haare der beiden Mädchen und so weit über die Stirne herabgekämmt, daß man von den Augen nichts mehr sah; wollten die Mädchen sehen, mit wem sie sprachen, so gingen sie unwillkürlich ein bißchen in die Knie,[6] machten sich kleiner, als könnten sie so besser durchsehen unter der pechschwarzen Haarblende. Der junge, noch bartlose Herr, den sie zwischen sich gestellt hatten, bedeckte, wenn er seine Sätze formulierte, die Augen mit der flachen Hand und nahm sie erst weg, wenn er zu Ende gesprochen hatte und nun die Reaktionen der Umstehenden beobachtete; dazu führte er die Hand von den Augen zum Kinn und stützte dieses so lange in die gespannte Gabel von Daumen und Zeigefinger, bis seine Diskussionspartner ihm geantwortet hatten; setzte er zum nächsten Satz an, schwebte die Hand

[4] steckten
[5] *people like him*
[6] in die Knie gehen   *to bend one's knees*

wieder nach oben, um die Augen des sich nun ganz auf sich Konzentrierenden aufs neue zu bedecken. Obwohl ich diesen jungen Mann für ein unerschöpfliches Gefäß von Argumenten gehalten hatte, wurde die Diskussion heute schon nach wenigen Stunden ausgeblasen. Warum, kann ich nicht sagen; ich hatte ja nicht zugehört. Ich spürte bloß, daß mich Inga ärgerlich am Arm ergriff und durch alle Zirkel hindurch hinaus auf die Straße steuerte. Den Heimweg pflasterte sie — wie immer — mit Vorwürfen über meine Art, Diskussionen zu bestehen.

Übungen

a. Ergänzen Sie das Relativ- oder Interrogativpronomen:
1. Die Matineen, zu *der*.. ich meine Frau begleiten mußte, waren sehr langweilig.
2. Einen Mann zu haben, *der*.. immer noch mit den Augen zwinkerte, wenn er aus dem Kino trat, und kein Wort zur Diskussion beitrug, *die*.. noch unter der Kinotür anfing, war für Inga peinlich genug.
3. Der Maler trug einen Lammpelz, *den*. er blau gefärbt hatte.
4. Das hing ganz vom Film ab, *der* zu behandeln war.
5. Wollten die Mädchen sehen, mit *denen* sie sprachen, so gingen sie ein bißchen in die Knie.
6. Der junge Herr, *den*. sie zwischen sich gestellt hatten, bedeckte die Augen.
7. Ich wußte, daß er die Zeitung faltete, *die*. er scheinbar gelesen hatte.
8. Die Leute wollen nicht das hören, *was* sie auch in Büchern nachschlagen können.
9. Die Bücher, *die*.. er geschrieben hatte, sind sehr bekannt.
10. Er dachte nach, *was* er sagen könnte.
11. *Welches* Zimmer fand sie nicht?
12. Das Haus, aus . . . . . . er kam, war auf dem Marktplatz.
13. Die Symphonie, ... ersten Teil ich hörte, ist von Beethoven.
14. . . . . . . Symphonie ist es?
15. . . . . . . das geschrieben hat, ist ein Dichter.

b. Ersetzen Sie die fettgedruckten Wörter durch die Wörter in Klammern und ändern Sie das Relativpronomen:
   1. **Der junge Herr, den** sie zwischen sich gestellt hatten, bedeckte die Augen. (das kleine Mädchen, die junge Frau)
   2. Er kehrte in **das Zimmer** zurück, **das** er vor einer Stunde verlassen hatte. (die Stadt, der Saal, die Wohnung, das Theater, der Laden)
   3. Das ist **die rote Katze, der** Peter das Brot gegeben hat. (der schwarze Hund, das kleine Kind, die schönen Vögel, der intelligente Student)
   4. Das ist **der Junge, dessen** Mutter bei uns arbeitet. (das Mädchen, meine Freundin, die Geschwister, der Amerikaner)

c. Wie oben:
   1. **Einen Mann** zu haben, **der** sich die Tränen aus den Augen wischt, ist peinlich genug. (*a boyfriend, a grandmother, a brother, a girl friend, parents*)
   2. **Der Fremde, der** an der Laterne steht, liest eine Zeitung. (*the student, the girl, the American (fem.), the German*)
   3. Ich weiß nicht, wem **die Katze** gehört, **die** er gesehen hat. (*the dress, the apartment, the dog, the flowers*)
   4. **Der Redner,** mit **dem** ich nach dem Vortrag sprach, verstand nicht Deutsch. (*the printer, the American (fem.), the child, the brothers and sisters, the stranger*)
   5. **Der Arzt,** statt **dessen** dieser junge Mann kam, ist krank. (*the driver, the people, the teacher (fem.), the young lady*)

d. Ersetzen Sie die fettgedruckten Wörter durch die Wörter in Klammern:
   1. **Was** haben Sie gelesen? (*which paper, which book, which letter*)
   2. **Warum** bist du so spät gekommen? (*where, when*)
   3. **Welchem Studenten** hat er das Buch gegeben? (*which girl, which stranger, whom, which people*)

e. Schreiben Sie in den folgenden Sätzen die Partizipialkonstruktionen als Relativsätze:
   z. B. Jeder freut sich, wenn **der lesende Redner** nach jedem Satz mißtrauisch hochblickt. Jeder freut sich, wenn der Redner, der liest, nach jedem Satz mißtrauisch hochblickt.

DAS RELATIVPRONOMEN UND DAS INTERROGATIVPRONOMEN 111

1. **Geschäftsleute, sich** in die Gasthöfe **verlierend**, füllten die Straßen.
2. In **vergangenen Zeiten** hatte es noch ganz andere Herbste gegeben!
3. Der echte Matineebesucher tritt **erhobenen Hauptes, mit schräg nach oben gestellter Stirn** und Urteile formulierend, rasch und sorglos ans Tageslicht.
4. Einen Mann zu haben, der hastig **die sich immer wieder erneuernden Tränen** aus dem Gesicht wischte, war für Inga peinlich genug.
5. Ernteböller krachten hinter **frisch geleerten Obstbäumen.**
6. Jodler tönten durch das **fröhlich belebte Land.**
7. Er befahl mit **bebender Stimme,** die Schafe hätten zu verschwinden.
8. Da riß der General, **verrückt fast vor Zorn,** die Pistole aus dem Gurt.
9. Es dauerte eine Weile, bis der General **die schmerzenden Beine** unter der Jeepkante hervorgezogen hatte.
10. Er sah einen riesigen, **schwer atmenden Widder.**

f. Verbinden Sie zwei Phrasen mit einem Relativpronomen:
1. Wir gehen in eine Schule; sie ist sehr bekannt.
2. Wer waren die beiden Mädchen? Sie waren mit ihnen im Kino?
3. Der Maler trug einen blaugefärbten Lammpelz; er war ein passionierter Matineebesucher.
4. Es ist unser Haus; wir stehen davor.
5. Sie ist immer faul; es gefällt mir nicht.
6. Er ist der Junge; Sie haben ihn gesucht.
7. Das ist das Kind; seine Mutter ist gestorben.
8. Sie ist die Frau; ihr Mann ist Professor.
9. Das ist das Klavier; er spielte darauf.
10. Das ist das Haus; er wohnt darin.

g. Fragen Sie nach den fettgedruckten Wörtern:
z. B. So gewinnst du im Nu **die Herzen und die Ohren der Zuhörer.**
Was gewinnst du im Nu?
1. Ich tastete mich am Arm **meiner Frau** ins Freie.
2. Es war ein **französischer** Film gewesen.

3. Mich blendete **der strahlende Sonntagvormittag.**
4. Auch wollte ich nicht sehen lassen, daß mir **in den Augen** noch das Tränenwasser stand.
5. Ich bemerkte nicht, daß **meine Frau** ungeduldig **an mir** zerrte.
6. So gewinnst du im Nu die Herzen und die Ohren **der Zuhörer.**
7. Auch freut es jedermann, wenn der **lesende** Redner mißtrauisch hochblickt.
8. Auch freut es jedermann, wenn der Redner hochblickt, **ob noch alle da sind.**
9. Nimm dir ein Beispiel **an unsern professionellen Rednern!**
10. Die schreiben sich **zu Hause** auf, wann sie „Hört! hört!" rufen.
11. Das tun **alle Brillenmenschen.**
12. Ich habe einmal **einen chinesischen Studenten** sprechen hören.
13. Lassen Sie mich die Entwicklungsgeschichte **meiner chinesischen Heimat** erzählen.
14. Er blickte ganz erstaunt auf, **weil die Leute so lachten.**
15. **Jeder** ist imstande, **zehn verschiedene** Zahlen **mühelos** zu behalten.
16. Ratschläge **für einen schlechten Redner.**
17. Fang nie **mit dem Anfang** an!
18. Ich habe **über die Technik der Rede** gesprochen.

h. Geben Sie Definitionen folgender Wörter mit Relativsätzen:

z. B. Amerikaner — Mann, Amerika, leben.
   Ein Amerikaner ist ein Mann, der in Amerika lebt.

1. Studentin — Mädchen, Universität, studieren.
2. Briefträger — Mann, Briefe, bringen.
3. Vergißmeinnicht — Blume, Farbe, blau, sein.
4. Waisen — Kinder, Eltern, sterben.
5. Luftkühler — Maschine, Luft, kühlen.
6. Röntgenapparat — Apparat, Menschen, durchleuchten.
7. Blondine — Frau, Haare, blond, sein.
8. Geisteskranker — Mensch, Geist, krank, sein.

DAS RELATIVPRONOMEN UND DAS INTERROGATIVPRONOMEN

9. Wintermantel — Mantel, Winter, tragen.
10. Sonnenbrille — Brille, Sonne, tragen.

i. Übersetzen Sie:
1. On what are you sitting?
2. What sort of wood is that?
3. The student to whom you gave the money is very poor.
4. The book in which you are interested has not arrived yet.
5. Whoever believes him is a fool.
6. The microscope with which you work is new.
7. What is the content of this book?
8. Whose composition is best?
9. For what do you thank me? For the help that you gave me.
10. Nothing that he said was true.
11. I know the singer whose voice we are now hearing.
12. The people whom we followed went into a restaurant.
13. For whom or for what are you waiting?
14. Can you show me something which is not too expensive?
15. She always comes too late, which I don't like.

14

Die Zahlen und die Zeit

DIE ZAHLEN VON EINS BIS EINE BILLION

Kardinalzahlen	Ordinalzahlen	Brüche
0 null		
1 eins	1. der, die, das erste	1/2 ein halb, eine, die Hälfte
2 zwei	2. zweite	1 1/2 eineinhalb, anderthalb
3 drei	3. dritte	1/3 ein, das Drittel
4 vier	4. vierte	1/4 Viertel
5 fünf	5. fünfte	1/5 Fünftel
6 sechs	6. sechste	1/6 Sechstel
7 sieben	7. siebente	1/7 Siebentel
8 acht	8. achte	1/8 Achtel
9 neun	9. neunte	1/9 Neuntel
10 zehn	10. zehnte	1/10 Zehntel
11 elf		
12 zwölf		
13 dreizehn		
14 vierzehn		
15 fünfzehn	—te	—tel
16 sechzehn		
17 siebzehn		
18 achtzehn		
19 neunzehn		

DIE ZAHLEN UND DIE ZEIT

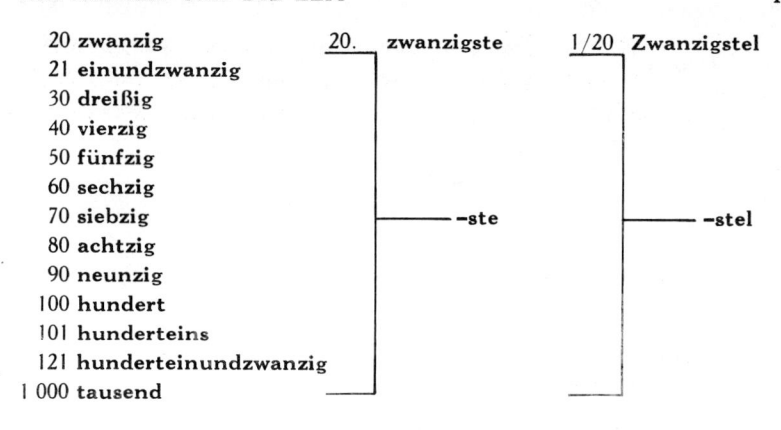

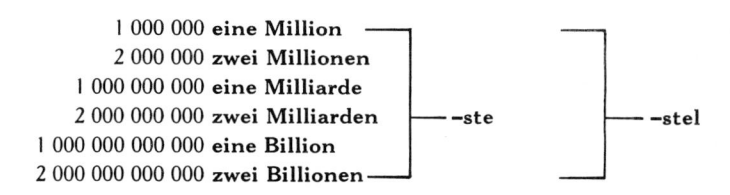

20 zwanzig	20. zwanzigste	1/20 Zwanzigstel
21 einundzwanzig		
30 dreißig		
40 vierzig		
50 fünfzig		
60 sechzig		
70 siebzig	—ste	—stel
80 achtzig		
90 neunzig		
100 hundert		
101 hunderteins		
121 hunderteinundzwanzig		
1 000 tausend		

1 000 000 eine Million		
2 000 000 zwei Millionen		
1 000 000 000 eine Milliarde		
2 000 000 000 zwei Milliarden	—ste	—stel
1 000 000 000 000 eine Billion		
2 000 000 000 000 zwei Billionen		

▶ *Beachten Sie:*

52. Ordinalzahlen können substantivisch und adjektivisch gebraucht werden; Deklination wie Adjektiv. Siehe Seite 59.

der Erste des Monats ... am ersten Juni ...

53. Die Ordinalzahlen bilden auch Adverbien: Ordinalstamm + **-ens**.

erstens *firstly*
zweitens *secondly*
drittens *thirdly*

54. Brüche sind neutrale Substantive, außer **die Hälfte** und **halb**, das auch adjektivisch gebraucht wird.

55. Das Zahlwort **ein** wird wie der unbestimmte Artikel dekliniert, wenn es vor einem Substantiv steht. Alle anderen Kardinalzahlen sind undeklinierbar.

DIE WICHTIGSTEN MATHEMATISCHEN ZEICHEN SIND

+ **plus** oder **und**
− **minus** oder **weniger**
× **mal**
: **dividiert durch** oder **geteilt durch**
= **ist**
5^2 **fünf zum Quadrat**
5^3 **fünf hoch drei**
$\sqrt{}$ **Quadratwurzel aus** ...
$\sqrt[3]{}$ **Kubikwurzel aus** ...
Komma (bei Dezimalzahlen: 1,5 **eins Komma fünf** = *1.5* und bei Zeitangaben: 8,00 = *8:00 a.m.*)

DIE ZEIT: DIE UHR

		Offiziell	*Inoffiziell*
Es ist:	8,00	acht Uhr	acht Uhr vormittags
	8,10	acht Uhr zehn	zehn Minuten nach acht
	8,55	acht Uhr fünfundfünfzig	fünf Minuten vor neun
	8,15	acht Uhr fünfzehn	{ ein Viertel neun / ein Viertel nach acht
	8,30	acht Uhr dreißig	halb neun
	8,45	acht Uhr fünfundvierzig	{ drei Viertel neun / ein Viertel vor neun
	12,00	zwölf Uhr	zwölf Uhr mittags
	13,00	dreizehn Uhr	ein Uhr nachmittags
	13,30	dreizehn Uhr dreißig	halb zwei
	20,25	zwanzig Uhr fünfundzwanzig	fünf Minuten vor halb neun
	24,00	vierundzwanzig Uhr	zwölf Uhr nachts
	0,15	null Uhr fünfzehn	{ ein Viertel eins / ein Viertel nach zwölf

DIE ZAHLEN UND DIE ZEIT

Wieviel Uhr ist es? (Wie spät ist es?)	*What time is it?*
Es ist zehn Uhr abends.	*It is 10:00 p.m.*
Um wieviel Uhr fährt der Zug ab?	*At what time does the train leave?*
Um drei Uhr	*At three o'clock*
Die Uhr geht vor.	*The clock is fast.*
Die Uhr geht nach.	*The clock is slow.*
Die Uhr geht richtig.	*The clock is right.*

Bestimmte Zeitangaben (ohne Präposition) und Zeitdauer verlangen immer den Akkusativ:

Er geht *jeden Abend* ins Kino.
Ich bleibe *einen Tag* in Berlin.

Zeitangaben mit einer Dativ- *oder* Akkusativpräposition verlangen immer den Dativ:

am Morgen; im Sommer; an jenem Abend; am 24. Dezember; heute in acht Tagen

Unbestimmte Zeitangaben verlangen den Genitiv:

Eines Tages traf ich sie in der Stadt.

DIE ZEIT: DER TAG

heute	*today*
heute morgen (früh)	*this morning*
heute vormittag	*this morning*
heute nachmittag	*this afternoon*
heute abend	*this evening, tonight*
morgen	*tomorrow*
morgen früh	*tomorrow morning*
morgen abend	*tomorrow evening*
gestern	*yesterday*
gestern morgen (früh)	*yesterday morning*
gestern abend	*yesterday evening, last night*
vorgestern	*the day before yesterday*
übermorgen	*the day after tomorrow*
acht Tage	*a week*

vierzehn Tage	two weeks
vor acht Tagen	a week ago
heute in acht Tagen	a week from today
heute in einer Woche	a week from today
vormittags	in the morning
nachmittags	in the afternoon
abends	in the evening
tags darauf	the day after
nächstes Jahr	next year
voriges Jahr	last year
am Tage vorher	the day before

DIE TAGE DER WOCHE

der Montag	der Freitag
der Dienstag	der Samstag (der Sonnabend)
der Mittwoch	der Sonntag
der Donnerstag	

DIE MONATE

der Januar	der Juli
der Februar	der August
der März	der September
der April	der Oktober
der Mai	der November
der Juni	der Dezember

Der wievielte ist heute? (Den wievielten haben wir heute?)	What's the date today?
Heute ist der 7. (siebente) August. (Heute haben wir den 7. (siebenten) August.)	Today is the 7th of August.
am 7. (siebenten) August	on August 7th
im Jahre 1962	in 1962
Berlin, den 7. August: (Berlin, am 7. August)	Berlin, August 7
11. 3. 1967. (Die Sequenz ist: Tag, Monat, Jahr)	der elfte März neunzehnhundertsiebenundsechzig

DIE ZAHLEN UND DIE ZEIT

EINIGE PROPORTIONEN DEUTSCHLANDS UND ÖSTERREICHS

Die Einwohnerzahl Westdeutschlands (ohne Westberlin) beträgt rund 55 073 800, das ist weniger als ein Drittel von der der Vereinigten Staaten, während die Einwohnerzahl Gesamtdeutschlands (Westdeutschland, Ostdeutschland, Berlin und die Ostgebiete unter nicht-deutscher Verwaltung) 74 400 000 beträgt. Die Flächenausdehnung Westdeutschlands ist 247 974 km², das sind ca.[1] 95 733 Quadratmeilen, was ungefähr dem Ausmaß des Staates Oregon entspricht, dessen Einwohnerzahl aber 1/32 von der Einwohnerzahl Westdeutschlands ist. Gesamtdeutschland hat ca. 470 987 km², also ca. 182 000 Quadratmeilen, nicht ganz so groß wie viermal die Fläche des Staates New York. Die Hauptstadt Westdeutschlands — der Bundesrepublik Deutschland, wie Westdeutschland offiziell genannt wird — ist Bonn mit 143 763 Einwohnern. Die frühere Hauptstadt Berlin, ist die größte Stadt Deutsch-

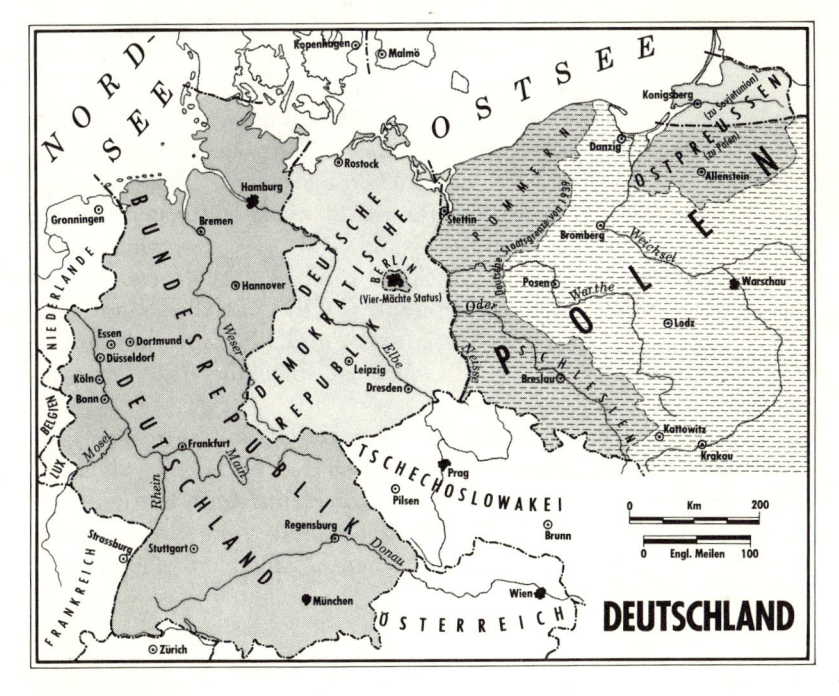

[1] zirka

lands. Seine Bevölkerung beträgt 3 229 296, ungefähr so viel wie Detroit. Ostdeutschland — die sogenannte Deutsche Demokratische Republik — hat 17 079 306 Einwohner bei einem Flächenausmaß von 107 897 km², das sind ungefähr 42 000 Quadratmeilen. In der Bundesrepublik (BRD) gehören rund 51%[2] der Einwohner einer protestantischen Kirche und 45% der römisch-katholischen Kirche an; in der Demokratischen Republik (DDR) entfallen rund 80% der Bevölkerung auf die protestantische und 12% auf die römisch-katholische Kirche. Ein US Dollar ist ungefähr 4.20 Deutsche Mark (sprich: vier Mark zwanzig).

Österreich ist nur 83 850 km² oder 32 369 Quadratmeilen groß und seine Bevölkerung beträgt ungefähr 6 934 000, d. h. 83 Menschen leben auf einem km². Wien, die Hauptstadt, hat 1 730 613 Einwohner. Neunundachtzig Prozent sind römisch-katholisch; nur 6% sind protestantisch. Für einen US Dollar bekommt man ungefähr 25 Schilling.

[2] Prozent

Übungen

a. Lesen Sie:
```
10 +   12 =     22          15 − 13 =   2
436 +  223 =    659         148 − 26 = 122
1 958 + 7 876 = 9 834       839 − 89 = 750


37 ×   51 =     1 887       35 :   7 =   5
423 ×  64 =    27 072       208 :  8 =  26
4 863 × 59 =  286 917       1 312 : 82 = 16
```

b. **Im Jahre** 1516, (fünfzehnhundert sechzehn), 1791, 1832, 1938, 1968

c. Lesen Sie die folgenden Uhrzeiten offiziell und inoffiziell:

1,05	4,20	8,30	11,48	18,40
1,15	5,40	8,42	12,55	19,50
2,25	5,50	9,07	13,59	20,00
2,35	6,02	9,51	14,31	21,27
3,45	6,12	10,08	15,18	22,30
3,55	7,16	10,14	16,10	23,56
4,10	7,29	11,31	17,20	24,00

d. Lesen Sie:
1. Freud lebte von 1856 bis 1939.
2. Einstein lebte von 1879 bis 1956.
3. Kafka lebte von 1883 bis 1924.
4. Thomas Mann lebte von 1875 bis 1955.
5. Goethe lebte von 1749 bis 1832.
6. Schiller lebte von 1759 bis 1805.
7. Mozart wurde am 27.1.1756 geboren und starb am 5.12.1791.
8. Beethoven wurde am 16.12.1770 geboren und starb am 26.3.1827.

e. Lesen Sie folgende Daten:

z. B. 3.5.1746 — am dritten Mai siebzehnhundert sechsundvierzig

7.10.1863.   11.3.1918.
24. 1.1965.   3.9.1967.
31.12.1819.   1.8.1825.

f. Beantworten Sie folgende Fragen mit Uhrzeiten:
   1. Wann kommt dein Freund?
   2. Wann müssen wir dort sein?
   3. Um wieviel Uhr beginnt die Vorstellung?
   4. Um wieviel Uhr fährt der Zug ab?
   5. Um wieviel Uhr kommt das Flugzeug an?
   6. Wann beginnt das Konzert?
   7. Um wieviel Uhr treffen wir uns morgen?

g. Beantworten Sie folgende Fragen:
   1. Wieviele Einwohner hat New York?
   2. Wann ist Ihr Geburtstag?
   3. Wie spät ist es jetzt?
   4. Wieviel Uhr war es vor 20 Minuten?
   5. Wieviel Gramm (g) hat ein Kilogramm (kg)?
   6. Wo ist der Gefrierpunkt am Fahrenheit- und wo am Celsius-Thermometer?
   7. Wie alt sind Sie?
   8. Wann ist Weihnachten?
   9. Um wieviel Uhr essen Sie Ihr Frühstück, Mittag- und Abendessen?
   10. Wie lange sind Sie schon auf der Universität?
   11. Den wievielten haben wir heute?
   12. Wie oft essen Sie täglich?
   13. Wie oft haben Sie in der Woche Laboratorium — oder „Labor", wie die deutschen Studenten sagen? Und wann?
   14. Welche Monate haben 30 und welche 31 Tage?
   15. Wieviele Minuten und Sekunden hat eine Stunde?
   16. In welchem Jahrhundert lebte Goethe? In welchem Einstein?
   17. Wann beginnt der Frühling, der Sommer, der Herbst und der Winter?

DIE ZAHLEN UND DIE ZEIT

    18. Der wievielte Monat ist der Januar, der März und der Dezember?
    19. Der wievielte war gestern?
    20. Welcher Wochentag ist heute?

h. Ergänzen Sie die Endungen:
    1. Ein... Tag... hörte ich, daß sie kommen würde.
    2. Sie blieb nur ein... Tag hier.
    3. Ich saß d... ganz... Tag zu Hause und arbeitete.
    4. A... nächst... Mittwoch werde ich dich besuchen.
    5. Er kommt jed... Freitag.

15

Wiederholung (11, 12, 13, 14)

a. Wiederholen Sie die fettgedruckten Nummern **17, 25, 26, 27, 28, 30, 34, 36, 38, 40, 41, 42, 43, 44, 45, 46, 47, 48, 49, 50, 51, 52, 53, 54, 55!**

b. Übersetzen Sie:
   1. from my drawer; from the table
   2. since Monday; since she is sick, she did not come.
   3. I sit on the chair. I sit down on the chair.
   4. He goes to Berlin. He goes to school.
   5. according to the book; after work
   6. when I came; whenever I came; when do you come?
   7. They had a book for me. I did not know it, for I did not read the book.
   8. the house that I bought; he said that he bought that house.
   9. Who is speaking? I can see the man who is speaking.

c. Ergänzen Sie die fehlenden Präpositionen und Artikel (Fortsetzung von „Die rote Katze" von Luise Rinser): Wie ich *in*... *die*.. Hauptstraße komm, steht da ein amerikanisches Auto, so ein großer langer Wagen, ein Buick, glaub ich, und da fragt mich der Fahrer *um*.. *das*. Rathaus. Auf englisch hat er gefragt, und ich kann doch ein bißchen Englisch. „The next street", hab ich gesagt, „and then left and then" — geradeaus hab ich nicht gewußt auf englisch, das hab ich *mit* *meinem* Arm gezeigt, und er hat mich schon verstanden. — „And behind the Church is the marketplace with the Rathaus."

WIEDERHOLUNG

Ich glaub, das war ein ganz gutes Amerikanisch, und die Frau im Auto hat mir ein paar Schnitten Weißbrot gegeben, ganz weißes, und wie ich's aufklapp, ist Wurst dazwischen, ganz dick. Da bin ich gleich heimgerannt *das* .. *gute* . Brot. Wie ich *in* ... *die* ... Küche komm, da verstecken die zwei Kleinen schnell was *unter* . *dem* . Sofa, aber ich hab es doch gesehen. Es ist die rote Katze gewesen. Und *auf* . *dem* .. Boden war ein bißchen Milch verschüttet, und da hab ich alles gewußt. „Ihr seid wohl verrückt", hab ich geschrien, „wo wir doch nur einen halben Liter Magermilch haben *diesem* Tag, *für* .. vier Personen." Und ich hab die Katze . *dem* .. *alten* Sofa herausgezogen und hab sie . *dem* . *offenen* Fenster hinausgeworfen. Die beiden Kleinen haben kein Wort gesagt. Dann hab ich das amerikanische Weißbrot . *in* .. vier Teile geschnitten und den Teil *für* .. . *meiner* Mutter . *im* .. Küchenschrank versteckt.

d. Übersetzen Sie: the next street and then left. And behind the Church is the marketplace with the Rathaus.

e. Verwenden Sie in jedem Satz nacheinander folgende Konjunktionen: **denn, weil, damit, obwohl, aber**:
   1. Der Student arbeitet sehr fleißig; er wird die Prüfung bestehen. *pass*
   2. Ich packe meinen Koffer heute abend; ich reise morgen früh.
   3. Wir lesen die Zeitung täglich; wir wissen, was in der Welt geschieht.
   4. Meine Nachbarin ißt sehr viel; sie wird dick.
   5. Er erzählt gern Witze; sie lacht immer.

f. Bilden Sie Relativsätze:
   Der Junge erzählte:
   1. Ich muß immer an die rote Katze denken, (sie war ein roter Teufel).
   2. Ich weiß auch nicht, ob es richtig war, (ich habe es getan).
   3. Ich saß auf einem Steinhaufen, (er war neben dem Bombentrichter).
   4. Dort steht auch das Haus, (wir wohnen darin).

5. Ich halte ein Stück Brot in der Hand, (meine Mutter hat es mir gegeben).
6. Sie meint, am alten Brot muß man länger kauen, (es ist aber nicht wahr).
7. Plötzlich fällt mir ein Brocken herunter, (ich bücke mich nach ihm).
8. Da sehe ich eine Katze, (ihre Pfoten schießen aus den Brennesseln hervor).
9. Ich warf einen Stein nach ihr, (damit wollte ich sie aber nicht treffen).
10. Sie hat aber geschrien wie ein Kind, (es ist krank).
11. Ich hab sie gefragt: „Was willst du eigentlich?", (das war verrückt).
12. Sie ist doch kein Mensch, (man kann nicht reden mit ihm).

g. Lesen Sie:
Die Vereinigten Staaten sind 9 363 000 km² groß und haben 187 069 000 Einwohner. Sie sind also 37 mal so groß wie Westdeutschland, aber haben nur dreimal so viele Einwohner. In Westdeutschland leben 221 Menschen auf jedem km², während in den Vereinigten Staaten nur 20 auf einen km² kommen. Die Einwohnerzahl von Berlin (West- und Ostberlin) beträgt 3 229 296, die von Hamburg 1 847 500 und die von München 1 142 600. Alle anderen Städte Deutschlands haben weniger als 1 000 000 Einwohner.

h. Übersetzen Sie:
1. At what time do you get up?
2. I get up at 7:30 a.m.
3. The train leaves at 4:20 p.m.
4. Is your watch correct? Mine is always fast.
5. What is the date today?
6. He told me this morning that he would come tonight.
7. The day before yesterday I received a letter in which he said that he would remain there for two weeks.
8. With what are you writing?
9. What sort of wine do you like?
10. He gave me the paper; I gave it to my sister; she gave it to him.

11. Do what I tell you.
12. Which is the highest mountain in Germany?
13. That is the woman whose husband works in the factory.
14. Whose husband is he?
15. He, as well as his wife, knew of it.
16. Neither he nor his wife saw me.
17. She always gives her mother something that one can use in the kitchen.
18. I have not seen them since they moved.
19. Since I did not know that they had moved, I could not find them.
20. He explained that method to me, for which I am very grateful to him.

16

Die modalen Hilfsverben und „lassen"

Die sechs modalen Hilfsverben im Deutschen sind:

dürfen	may, to be allowed to	Erlaubnis
können	can, to be able to, may, to know	Fähigkeit, Möglichkeit
mögen	to like to, to care to, may	Vorliebe, Möglichkeit
müssen	must, to have to	Notwendigkeit
sollen	shall, ought to, to be supposed to, to be said to	moralische Verpflichtung
wollen	to want, to wish to, to claim to	Wunsch

KONJUGATION

Präsens: Indikativ

ich	darf	kann	mag	muß	soll	will	(möchte)
du	darfst	kannst	magst	mußt	sollst	willst	(möchtest)
er, sie, es	darf	kann	mag	muß	soll	will	(möchte)
wir	dürfen	können	mögen	müssen	sollen	wollen	(möchten)
ihr	dürft	könnt	mögt	müßt	sollt	wollt	(möchtet)
sie	dürfen	können	mögen	müssen	sollen	wollen	(möchten)

Präsens: Konjunktiv[1]

er	dürfe	könne	möge	müsse	solle	wolle

[1] Siehe Konjunktiv #65, Seite 145; #66, Seite 145; #67, Seite 147.

DIE MODALEN HILFSVERBEN UND „LASSEN"

Imperfekt: Indikativ

ich	durfte	konnte	mochte	mußte	sollte	wollte
du	durftest	konntest	mochtest	mußtest	solltest	wolltest
er, sie, es	durfte	konnte	mochte	mußte	sollte	wollte
wir	durften	konnten	mochten	mußten	sollten	wollten
ihr	durftet	konntet	mochtet	mußtet	solltet	wolltet
sie	durften	konnten	mochten	mußten	sollten	wollten

Imperfekt: Konjunktiv[2]

er	dürfte	könnte	möchte	müßte	sollte	wollte

Perfekt: Indikativ

er hat	gedurft	gekonnt	gemocht	gemußt	gesollt	gewollt

Perfekt: Konjunktiv[3]

er habe	gedurft	gekonnt	gemocht	gemußt	gesollt	gewollt

Plusquamperfekt: Indikativ

er hatte	gedurft	gekonnt	gemocht	gemußt	gesollt	gewollt

Plusquamperfekt: Konjunktiv[4]

er hätte	gedurft	gekonnt	gemocht	gemußt	gesollt	gewollt

Futur I

er wird	dürfen	können	mögen	müssen	sollen	wollen

Futur II

er wird	gedurft	gekonnt	gemocht	gemußt	gesollt	gewollt haben

Konditional I

er würde	dürfen	können	mögen	müssen	sollen	wollen

Konditional II

er würde	gedurft	gekonnt	gemocht	gemußt	gesollt	gewollt haben

[2] Siehe Konjunktiv #65, Seite 145; #66, Seite 147; #67, Seite 147.
[3] *Ibid.*
[4] *Ibid.*

▶ *Beachten Sie:*

56. Die Präsensform **ich möchte** ist eine Höflichkeitsform für **ich will**. Die anderen Zeiten zu **ich möchte** werden mit **wollen** gebildet. Die englische Übersetzung ist meistens *I should like to*.

57. Die modalen Hilfsverben und **lassen, sehen, hören** bilden *in Verbindung mit dem Infinitiv eines Verbs* das Perfekt, Plusquamperfekt, Futur II und den Konditional II nicht mit dem Partizip Perfekt, sondern mit dem Infinitiv. Dieser Doppelinfinitiv steht immer am Ende des Haupt- oder Nebensatzes:

Er hat *kommen dürfen*.	He has been permitted to come.
Ich hatte sie *singen hören*.	I had heard her sing.
Er sagte mir, daß er sie hat *singen hören*.	He said to me that he has heard her sing.

58. Nach den modalen Hilfsverben und **lassen, sehen, hören** folgt immer ein *Infinitiv ohne* **zu**.

59. Die Negation von **müssen** und **dürfen**:

du mußt	*you have to (must)*
du mußt nicht	*you do not have to (need not)*
ich darf	*I may*
ich darf nicht	*I must not*

Da auf die modalen Hilfsverben immer ein Infinitiv folgt, sollen hier die Infinitive kurz wiederholt werden:

	Präsens	*Perfekt*
Aktiv	**schlagen** *to beat*	**geschlagen haben** *to have beaten*
	öffnen *to open*	**geöffnet haben** *to have opened*
Passiv	**geschlagen werden** *to be beaten*	**geschlagen worden sein** *to have been beaten*
	geöffnet werden *to be opened*	**geöffnet worden sein** *to have been opened*

DIE MODALEN HILFSVERBEN UND „LASSEN"

Der Gebrauch der modalen Hilfsverben und **lassen**:

dürfen

Sie darf Schokolade essen.	*She is permitted to eat chocolate.*
Darf ich rauchen?	*May I smoke?*

können

Er kann den schweren Stein heben.	*He can lift the heavy stone.*
Das kann sein.	*That may be.*
Ich kann Deutsch.	*I know German.*

mögen

Ich mag gern Schokolade (essen).	*I like (to eat) chocolate.*
Das mag sein.	*That may be.*
Zum Kaufmann: „Ich möchte (will) 2 kg Zucker."	*To the shopkeeper: "I should like to have (want) 2 kg of sugar."*

müssen

Wir müssen schlafen.	*We must sleep.*
Sie mußte weinen.	*She had to cry.*

sollen

Du sollst den Armen helfen.	*You should help the poor.*
Sie sollte kommen.	*She was supposed to come.*
Er soll reich sein.	*He is said to be rich.*

wollen

Ich will ins Kino gehen.	*I want to go to the movies.*
Er will reich sein.	*He claims to be rich.*

lassen

Ich lasse dich gehen.	*I am letting you go.*
Ich lasse dich warten.	*I keep you waiting.*
Ich ließ dich rufen.	*I had you called (paged).*
Ich habe mir die Haare schneiden lassen.	*I have had my hair cut.*
Sie hat das Glas fallen lassen.	*She has dropped the glass.*
Er läßt Sie grüßen.	*He sends his regards to you.*

Franz Kafka

aus: *EIN HUNGERKÜNSTLER*

Doch vergingen wieder viele Tage, und auch das nahm ein Ende. Einmal fiel einem Aufseher der Käfig auf, und er fragte die Diener, warum man hier diesen gut brauchbaren Käfig mit dem verfaulten Stroh drinnen unbenützt stehen lasse; niemand wußte es, bis sich einer mit Hilfe der Ziffertafel an den Hungerkünstler erinnerte. Man rührte mit Stangen das Stroh auf und fand den Hungerkünstler darin. „Du hungerst noch immer?" fragte der Aufseher, „wann wirst du endlich aufhören?" „Verzeiht mir alle", flüsterte der Hungerkünstler; nur der Aufseher, der das Ohr ans Gitter hielt, verstand ihn. „Gewiß", sagte der Aufseher und legte den Finger an die Stirn, um damit den Zustand des Hungerkünstlers dem Personal anzudeuten, „wir verzeihen dir". „Immerfort[5] wollte ich, daß ihr mein Hungern bewundert", sagte der Hungerkünstler. „Wir bewundern es auch", sagte der Aufseher entgegenkommend. „Ihr solltet es aber nicht bewundern", sagte der Hunger-

[5] immer wieder

künstler. „Nun, dann bewundern wir es also nicht", sagte der Aufseher, „warum sollen wir es denn nicht bewundern?" „Weil ich hungern muß, ich kann nicht anders", sagte der Hungerkünstler. „Da sieh mal einer",[6] sagte der Aufseher, „warum kannst du denn nicht anders?" „Weil ich", sagte der Hungerkünstler, hob das Köpfchen ein wenig und sprach mit wie zum Kuß gespitzten Lippen gerade in das Ohr des Aufsehers hinein, damit nichts verloren ginge, „weil ich nicht die Speise finden konnte, die mir schmeckt. Hätte ich sie gefunden, glaube mir, ich hätte kein Aufsehen gemacht und mich vollgegessen wie du und alle." Das waren die letzten Worte, aber noch in seinen gebrochenen Augen war die feste, wenn auch nicht mehr stolze Überzeugung, daß er weiterhungre.

„Nun macht aber Ordnung!" sagte der Aufseher, und man begrub den Hungerkünstler samt[7] dem Stroh. In den Käfig aber gab man einen jungen Panther. Es war eine selbst dem stumpfsten Sinn fühlbare Erholung, in dem so lange öden Käfig dieses wilde Tier sich herumwerfen zu sehn. Ihm fehlte nichts. Die Nahrung, die ihm schmeckte, brachten ihm ohne langes Nachdenken die Wächter; nicht einmal die Freiheit schien er zu vermissen; dieser edle, mit allem Nötigen bis knapp zum Zerreißen ausgestattete Körper schien auch die Freiheit mit sich herumzutragen; irgendwo im Gebiß schien sie zu stecken; und die Freude am Leben kam mit derart[8] starker Glut aus seinem Rachen, daß es für die Zuschauer nicht leicht war, ihr standzuhalten. Aber sie überwanden sich, umdrängten den Käfig und wollten sich gar nicht fortrühren.

Übungen

a. Verändern Sie das Modalverb zur **er**-Form:
   1. Sie können doch ein bißchen Englisch.
   2. Sie lassen mich nicht erklären.
   3. Wenn Sie durchaus frei sprechen wollen, dürfen Sie nur zehn Minuten sprechen.
   4. So müssen Sie sprechen!
   5. Sie möchten noch kurz etwas bemerken.

[6] *look here*
[7] mit
[8] solch

6. Wenn einer spricht, müssen die anderen zuhören.
7. Sie können tun, was Sie wollen.

b. Verändern Sie das Modalverb zur **Sie**-Form:
   1. Immer wollte ich, daß ihr mein Hungern bewundert.
   2. Ihr solltet es aber nicht bewundern.
   3. Warum sollen wir es denn nicht bewundern?
   4. Weil ich hungern muß, ich kann nicht anders.
   5. Warum kannst du denn nicht anders?
   6. Weil ich nicht die Speise finden konnte, die ich mag.

c. Ersetzen Sie das fettgedruckte Wort durch die Wörter in Klammern:
   1. Ihr **solltet** es aber nicht bewundern. (*had to, were permitted to, liked to, were able to, wanted to*)
   2. Ich **kann** nicht anders. (*want, must, like, ought to*)
   3. Weil ich hungern **muß**. (*want, should, like, can*)
   4. Weil ich nicht die Speise finden **konnte** (*were supposed to, wanted to, liked to, were permitted to, had to*)
   5. Ich **muß** immer an diesen roten Teufel von einer Katze denken. (*should, like to, am not permitted to, want to*)
   6. Am alten Brot **muß** man länger kauen. (*can, wants to, should*)

d. Lesen Sie die Sätze der Übung c. im Perfekt!

e. Übersetzen Sie in idiomatisches Englisch:
   1. Ich möchte Ihnen gerne helfen.
   2. Warum haben Sie nicht kommen können?
   3. Wir müssen unser Leben und Sterben hinnehmen.
   4. Man soll nicht glauben, daß es keine Gerechtigkeit gibt und soll versuchen, die Wahrheit zu finden.
   5. Wie soll man das verstehen?
   6. Möchten Sie Obst?
   7. Obgleich wir nicht gut hatten schlafen können, standen wir früh auf.
   8. Ich werde mehr arbeiten müssen, wenn ich Erfolg haben will.
   9. Sie soll sehr klug sein; er will das wissen.
   10. Wir hatten den Bericht nicht bis zum 1. Mai schreiben müssen; ich hatte es ihn sagen hören.
   11. Es kann ein Krieg kommen und dann werden wir vieles nicht tun dürfen.

DIE MODALEN HILFSVERBEN UND "LASSEN" 135

12. Darf er Sie begleiten?
13. Er hat sich ein Haus bauen lassen und soll jetzt eine Reise nach Europa machen.
14. Er kennt ihn und er weiß, daß er gut Deutsch kann.
15. Der Patient wollte den Arzt kommen lassen, aber dieser konnte nicht.

f. Lesen Sie die Sätze 1, 3, 4, 5, 6, 12, 14, 15 der Übung e. im Perfekt; die Sätze 2, 8, 9, 10, 13 der Übung e. im Imperfekt; und die Sätze 7, 13 der Übung e. im Präsens!

g. Setzen Sie die folgenden Sätze ins Imperfekt, Futur I und Perfekt:
   1. Ich darf nicht ins Theater gehen; ich darf nicht.
   2. Wir können es nicht sehen; wir können nicht.
   3. Du mußt zweimal täglich die Medizin nehmen; du mußt es.
   4. Er mag den Apfel nicht essen; er mag ihn nicht.
   5. Sie soll nicht mehr arbeiten; sie soll nicht.
   6. Sie wollen immer spielen; sie wollen nicht.

h. Setzen Sie die folgenden Sätze ins Präsens und Imperfekt:
   1. Ihr habt nur dumm schauen können.
   2. Ich habe fahren dürfen.
   3. Er hat sie gar nicht treffen wollen.
   4. Er wird es nicht mögen.
   5. Du hattest ganz schnell weggehen müssen.
   6. Wir haben es nicht gewollt.

i. Lesen Sie folgende Sätze mit modalen Hilfsverben:
   z. B. Ich bin nicht in der Lage, Sie heute zu besuchen.
   Ich kann Sie heute nicht besuchen.
   1. Wir sind verpflichtet, dem Staat Steuern zu bezahlen.
   2. Mein Chef erlaubte mir, heute früher nach Hause zu gehen. (Ich ...... gehen)
   3. Ich war nicht imstande, ihn aus dem Wasser zu ziehen.
   4. Ich habe gehört, daß sie in die Schweiz fahren wird.
   5. Seine Eltern hatten ihm verboten zu rauchen. (Er ...... rauchen)
   6. Ich hatte nicht die Absicht, die Katze zu treffen.
   7. Es ist möglich, daß er Präsident wird.

8. Der Dieb behauptet, nie in diesem Haus gewesen zu sein.
9. Es ist nötig, daß man im Winter warme Kleider anzieht.
10. Man sagt, daß er seine Studien mit Auszeichnung beendet hat.
11. Sie gab den Auftrag, ihr ein Abendkleid zu nähen.
12. Wir alle wissen, daß man ein Tier nicht schlägt.
13. Es war mir unmöglich, die Gasse zu betreten.

j. Beantworten Sie folgende Fragen so, daß Ihre Antwort ein Modalverb enthält:
1. Was ist ein Hungerkünstler?
2. Warum legte der Aufseher den Finger an die Stirn?
3. Was wollte der Hungerkünstler vom Publikum?
4. Warum hungerte er?
5. Was befahl der Aufseher, nachdem der Hungerkünstler gestorben war?

k. Übersetzen Sie:
1. I thought you were supposed to prepare that report for today.
2. I cannot find the food that I like.
3. He did not want to hit the cat.
4. I have had to pay for the ticket although I have not been able to go.
5. She claims to know the president of this organization.
6. Children under the age of 14[9] are not allowed to go to the movies.
7. He is said to be a very good doctor.
8. I should like to buy this picture, but I shall have to ask my husband.
9. We were supposed to admire him.
10. You must not make so much noise, children!
11. I have heard him play at several concerts.
12. Did you have your hair cut?
13. Shall we tell (it to) her? I think we ought to.
14. We shall not be able to understand trigonometry if we cannot understand algebra.
15. It may rain tomorrow, and then we shall have to stay at home.

[9] under 14 years

17

Das Passiv

Alle transitiven Verben mit Ausnahme der Reflexive bilden ein Passiv. Im Deutschen wird das Passiv mit **werden** + Partizip Perfekt gebildet.

KONJUGATION

(Tabelle Seite 151)

(Konjunktivformen in Klammern)

Präsens	er wird (werde) geschlagen	he is being beaten
Imperfekt	er wurde (würde) geschlagen	he was beaten
Perfekt	er ist (sei) geschlagen worden	he has been beaten
Plusquamperfekt	er war (wäre) geschlagen worden	he had been beaten
Futur I	er wird (werde) geschlagen werden	he will be beaten
Futur II	er wird (werde) geschlagen worden sein	he will have been beaten
Konditional I	er würde geschlagen werden	he would be beaten
Konditional II	er würde geschlagen worden sein	he would have been beaten

▶ *Beachten Sie:*

60. Im Perfekt, Plusquamperfekt und Futur II ist das Perfekt Partizip **worden** anstatt **geworden**.

Das Passiv mit einem modalen Hilfsverb:

Präsens	es muß gelesen werden	*it has to be read*
Imperfekt	es mußte (müßte) gelesen werden	*it had to be read*
Perfekt	es hat gelesen werden müssen	*it has had to be read*
Plusquamperfekt	es hatte (hätte) gelesen werden müssen	*it had had to be read*
Futur I	es wird gelesen werden müssen	*it will have to be read*
Konditional I	es würde gelesen werden müssen	*it would have to be read*

▶ *Beachten Sie:*

61. Gelesen werden ist der passive Infinitiv. Im Perfekt und Plusquamperfekt haben wir nach **haben** wieder zwei Infinitive. (Siehe #57, Seite 130.)

Das direkte (Akkusativ-) Objekt des aktiven Satzes wird Subjekt des passiven Satzes:

Aktiv	Passiv
Der Lehrer lobt den Jungen.	**Der Junge wird** *vom* **Lehrer gelobt.**
	The boy is praised by the teacher.
Bomben zerstören die Stadt.	**Die Stadt wird** *durch* **Bomben zerstört.**
	The city is (being) destroyed by bombs.

▶ *Beachten Sie:*

62. *By* wird übersetzt durch **von**, wenn eine *Person* das Subjekt des aktiven Verbs ist, und meistens durch **durch**, wenn es ein *Ding* ist.

DAS PASSIV

> 63. Wenn ein Verb ein Dativ- *und* ein Akkusativobjekt hat, *dann bleibt das Dativobjekt im Dativ*, während das Akkusativobjekt Subjekt des passiven Satzes wird:
>
> z. B. geben:
>
> | Man gab *mir* einen Apfel. | *Somebody gave me an apple.* |
> | *Mir* wurde ein Apfel gegeben. | *I was given an apple.* |

| Der Baum *wird* geschmückt. | *The tree is being decorated.* |
| Der Baum *ist* geschmückt. | *The tree is decorated.* |

(**Wird** drückt einen Vorgang aus — etwas geschieht mit dem Baum; **ist** drückt einen Zustand aus — das Perfekt Partizip ist hier ein prädikativ gebrauchtes Adjektiv.)

▶ *Beachten Sie:*

> 64. Wenn im Englischen *to be* und ein *passiver* Infinitiv gebraucht wird, wird im Deutschen der *aktive* Infinitiv gebraucht:
>
> | Er war nicht *zu sehen*. | *He was not to be seen.* |
>
> Mit einem modalen Hilfsverb gebraucht man aber auch im Deutschen den *passiven* Infinitiv:
>
> | Er konnte nicht *gesehen werden*. | *He could not be seen.* |

Anderseits wird im Deutschen häufig das Passiv gebraucht, wo man es im Englischen nicht brauchen kann (Unpersönliches Passiv — mit Verben, die weder ein Dativ- noch ein Akkusativobjekt haben):

| Es wurde laut gelacht. | *There was loud laughter.* |

Sehr oft vermeidet man aber das Passiv ganz durch eine Aktivkonstruktion mit **man**:

Anstatt: **Es wurde mir gesagt.** *I was told.*
        Man **sagte mir.**
Anstatt: **Ich wurde gelobt.** *I was praised.*
        Man **lobte mich.**

Auch eine Konstruktion mit **lassen** + aktivem Infinitiv wird oft gebraucht:

Das Buch läßt sich nicht finden. *The book cannot be found.*

*Heinz
von Cramer*

Courtesy Hoffmann und Campe Verlag

aus: ***AUS DEM RECHENSCHAFTSBERICHT EINER NACHWUCHSBEGABUNG***

Aktenzeichen XrST 20/702
Paragraph 2: Anmerkungen zur Person des unmittelbaren Vorgesetzten und Aufriß der innerbetrieblichen Situation

Professor Brock zu Sulzbach — der kürzlich leider vorzeitig pensioniert werden mußte — gehört nach meiner Kollegen Ansicht unbedingt zu den bedeutendsten Wissenschaftlern unserer Epoche. Durch seine grundlegende, geduldig aufbauende Arbeit, sein Genie an Intuition, bahnbrechende Entdeckungen, hat er der Forschung

DAS PASSIV

Impulse gegeben, die durchaus eine Veränderung unseres Weltbildes bewirken könnten. Seine Kompetenz in allen Zweigen seines Fachgebiets steht außer Frage und ist schließlich durch internationale Preise und hohe Auszeichnungen überzeugend gewürdigt worden. Das private Ansehen, das er genießt — dies nur nebenbei — übersteigt bei weitem die offizielle Achtung, die man unserm Lande, seinem Auftraggeber, entgegenbringt. In der Geographie der Kongresse ist er ein Kontinent für sich und steht nur unter einer Nationalflagge — der seines eigenen Ruhms. Für jeden von uns bleibt es eine unschätzbare Ehre, zu seinem engsten Mitarbeiterkreis gehört zu haben. Allerdings war er ein Vorgesetzter, mit dem man es nicht immer leicht hatte.

Die besondere Beschaffenheit und die besonderen Ziele unseres Instituts erfordern eine Entwicklungsarbeit auf möglichst breiter Basis. Deshalb sind in uns Vertreter der verschiedensten Fachgebiete geholt worden. Um die Beobachtungen und Untersuchungen auch auf Grenzfälle auszudehnen. Um Experimente zügig und parallel durchzuführen, und jedes Resultat mit mehreren Arbeitsgängen so variabel wie möglich und nach den disparatesten Richtungen hin auszuwerten. Jeder von uns ist in seinem Bereich eine Kapazität.

Und hier traten die ersten Schwierigkeiten auf.

Kein Projekt, das er nicht ganz übersah, wurde akzeptiert. Jede Versuchsserie, die er nicht völlig durchschaute, mußte abgebrochen werden. Nichts, was sich mit seinen Erfahrungen nicht deckte, wurde ins Programm aufgenommen oder erhielt zumindest ein Minimum an Erprobungszeit. Vertrauen brachte er allein sich selbst und seinen Kenntnissen entgegen, und dem, was an Schatten von ihm und seinen Kenntnissen auf die Umgebung fiel.

Ein anderer erschwerender Umstand kam hinzu, aus diesen Prämissen abgeleitet.

Kein Ergebnis konnte wirklich ausschlaggebend sein, wenn die Glieder es zustande gebracht hatten und nicht der Kopf. Wünschte man um der gemeinsamen Sache willen, daß ein Resultat definitiven, grundsätzlichen Einfluß auf die weitere Arbeit ausüben sollte, mußte man ihn es finden lassen. Auch wenn dabei Zeit verlorenging. Nicht ratsam war, ihm da zuvorzukommen. Man konnte ihm höchstens Hinweise zuspielen. Genaugenommen waren wir Assistenten.

Wobei seine Autorität allerdings unbestreitbar blieb, und auch von uns nie angetastet wurde. Nur litt darunter die ursprüngliche Aufgabe, die eigentliche Entwicklungsarbeit. Und was die Konkurrenzfähigkeit anging — unser Betrieb blieb hinter ähnlichen Unternehmungen im Ausland immer weiter zurück. Neue Tendenzen breiteten sich aus in der internationalen Forschung, denen nachzukommen wir schon kaum mehr das Rüstzeug besaßen.

Das etwa war die Situation, als uns das Malheur mit unserm abwegigen Geburtstagspräsent passierte.

Übungen

a. Ersetzen Sie die fettgedruckten Wörter durch die Wörter in Klammern:
1. Professor Brock zu Sulzbach mußte leider **pensioniert werden**. (*asked, sent home, paid, named*)
2. Kein Projekt **wurde akzeptiert**. (*shown, paid, developed*)
3. Vertreter der verschiedensten Fachgebiete **sind geholt worden**. (*seen, sent, asked*)
4. „Ich **werde** nicht **bewundert**", sagte der Hungerkünstler. (*seen, shown, understood, found*)
5. Die Speise **wird** nicht **gefunden werden**. (*eaten, brought, fetched*)

b. Ersetzen Sie die fettgedruckten Wörter durch die Wörter in Klammern:
1. **Das Fenster** wird geöffnet. (*door, letter, store*)
2. **Die Zeitungen** werden gelesen. (*books, letters, novels*)
3. Ich werde **vom Professor** gefragt. (*teacher, friend, brother*)
4. Du wirst gebeten, ihnen **zu helfen**. (*to follow, to answer, to thank*)
5. Wir werden **ins Theater** begleitet. (*movies, museum, concert*)

c. Setzen Sie die Sätze von b. ins Imperfekt und ins Perfekt!

d. Setzen Sie folgende Sätze ins Präsens, Perfekt, Plusquamperfekt und ins Futur:

DAS PASSIV

1. Seine Kompetenz wurde durch internationale Preise gewürdigt.
2. Kein Projekt, das er nicht ganz übersah, wurde akzeptiert.
3. Jede Versuchsserie, die er nicht völlig durchschaute, wurde abgebrochen.
4. Nichts, was sich mit seinen Erfahrungen nicht deckte, wurde ins Programm aufgenommen.
5. Seine Autorität wurde von uns nie angetastet.

e. Setzen Sie folgende Sätze ins Passiv und achten Sie dabei auf die Zeiten:
1. Wir beobachten Studenten im Laboratorium.
2. Der Professor zeigt ihnen ein Experiment.
3. Alle Studenten schreiben die Vorgänge des Experiments auf.
4. Später wird der Professor sie danach fragen.
5. Gestern haben der Professor und sein Assistent das Experiment vorbereitet.
6. Er hat ein Mineral und eine Säure in einen Schmelztiegel gegeben.
7. Sie wissen, daß eine Säure Lackmuspapier rot färbt, eine Base färbt aber blau.
8. Man sagte uns, daß wir die Reaktion beobachten müssen.
9. Nach der Reaktion werden wir die Zusammensetzung der Säure und des Minerals bestimmen müssen.
10. Vor vierzehn Tagen machten wir einen ähnlichen Versuch.
11. Damals hatten wir das Ergebnis der Analyse an ein chemisches Institut in Berlin geschickt.
12. Leider mußten wir dafür 2 Mark bezahlen.
13. Unsere Klasse hat dieses Institut auch einmal besucht.
14. Ein Assistent führte uns und zeigte uns die verschiedenen Laboratorien und Versuchsanstalten.
15. Man macht dort auch Versuche an Tieren.
16. Verschiedene Apparate registrieren die Veränderungen an den Tieren.
17. Es klopfte und unser Führer öffnete eine Tür, die wir bis jetzt gar nicht bemerkt hatten.
18. Dann hat uns unser Führer gesagt, daß er die Führung beenden müsse.
19. Unsere Schule wird aber auch bald mehr Geld für naturwissenschaftliche Forschungsarbeit ausgeben.

20. Man hat schon damit begonnen und eine Waage und andere Präzisionsmeßgeräte gekauft.
21. Auch planen wir, die Bibliothek zu vergrößern.
22. Hoffentlich wird uns die Regierung unterstützen.
23. Immer mehr Studenten besuchen unsere Schule.
24. Man kennt unsere Schule im ganzen Land.

f. Beantworten Sie jede Frage mit einem Passivsatz:
   1. Wer hat das Experiment vorbereitet?
   2. Was schreiben die Studenten auf?
   3. Was werden wir bestimmen müssen?
   4. Was färbt Lackmuspapier rot?
   5. Was beobachteten wir?
   6. Was geschah mit Professor Brock zu Sulzbach?
   7. Wie zeigte die Welt, daß sie seine Kompetenz schätzte?
   8. Woher sind die Mitarbeiter geholt worden?
   9. Wie zeigten sich die negativen Charaktereigenschaften des Professors?
   10. Hatte der Professor trotzdem Autorität?

g. Übersetzen Sie:
   1. Much money had been stolen.
   2. German is spoken in this store.
   3. I was helped by my friends.
   4. No trace can be found, and there is nothing to be seen.
   5. We were told that he had been advised to see a good doctor.
   6. The "Voice of America" could be heard in Europe.
   7. A new film will be shown next week.
   8. Socrates was killed by poison.
   9. There was much laughing and singing in this house.
   10. This picture was painted with a special brush by a famous old painter.
   11. They will be rewarded for their many good deeds.
   12. I thought I had been called, but no one was to be seen.
   13. The whole cake will be eaten by the children in half an hour.
   14. He was told by the administration that the thief had not been caught.
   15. We were asked if the taxes had to be paid on the first of April.

18

Der Konjunktiv und der Konditional

▶ *Beachten Sie:*

65. Die Endungen des Konjunktivs aller Verben außer **sein** in allen Zeiten sind: **–e, –est, –e, –en, –et, –en**. Die 3. Person gleicht immer der 1. Person, sowohl im Singular als auch im Plural.

KONJUGATION

	AKTIV		PASSIV	
Konjunktiv	*Konditional*	*Konjunktiv*	*Konditional*

Präsens

ich lobe	sehe	werde	
du lobest	sehest	werdest	gelobt;
er lobe	sehe	werde	gesehen
wir loben	sehen	werden	
ihr lobet	sehet	werdet	
sie loben	sehen	werden	

AKTIV PASSIV

Konjunktiv *Konditional* *Konjunktiv* *Konditional*

Imperfekt

ich lobte	sähe	würde	
du lobtest	sähest	würdest	
er lobte	sähe	würde	gelobt;
wir lobten	sähen	würden	gesehen
ihr lobtet	sähet	würdet	
sie lobten	sähen	würden	

Perfekt

ich habe		sei	gelobt
du habest		seiest	worden;
er habe	gelobt;	sei	
wir haben	gesehen	seien	gesehen
ihr habet		seiet	worden
sie haben		seien	

Plusquamperfekt

ich hätte		wäre	gelobt
du hättest		wärest	worden;
er hätte	gelobt;	wäre	
wir hätten	gesehen	wären	gesehen
ihr hättet		wäret	worden
sie hätten		wären	

Futur I

ich werde		würde		werde		würde	
du werdest		würdest		werdest	gelobt	würdest	gelobt
er werde	loben;	würde	loben;	werde	werden;	würde	werden;
wir werden	sehen	würden	sehen	werden	gesehen	würden	gesehen
ihr werdet		würdet		werdet	werden	würdet	werden
sie werden		würden		werden		würden	

Futur II

ich werde		würde		werde	gelobt	würde	gelobt
du werdest	gelobt	würdest	gelobt	werdest	worden	würdest	worden
er werde	haben;	würde	haben;	werde	sein;	würde	sein;
wir werden	gesehen	würden	gesehen	werden	gesehen	würden	gesehen
ihr werdet	haben	würdet	haben	werdet	worden	würdet	worden
sie werden		würden		werden	sein	würden	sein

DER KONJUNKTIV UND DER KONDITIONAL

● *Beachten Sie:*

66. Der Konjunktiv Präsens hängt die Endungen an den Infinitivstamm; der Konjunktiv Imperfekt an den Imperfektstamm, mit Ausnahme einiger gemischter Verben:

brennen – brennte   rennen – rennte
kennen – kennte   senden – sendete
nennen – nennte   wenden – wendete

67. Alle starken Verben, die im Imperfektstamm **a**, **o**, oder **u** haben, erhalten einen Umlaut im Konjunktiv; auch **bringen**, **denken** und **wissen** und alle modalen Hilfsverben außer **sollen** und **wollen**.

DER GEBRAUCH DES KONJUNKTIVS

Der Konjunktiv wird gebraucht, um zu sagen, daß etwas *nicht sicher*, sondern möglich, zweifelhaft oder wünschenswert ist.

Der Konjunktiv *muß* im Deutschen gebraucht werden:

1. IN UNERFÜLLBAREN WÜNSCHEN

Man gebraucht den Konjunktiv Imperfekt oder Plusquamperfekt, um einen Wunsch auszudrücken, dessen Erfüllung nicht möglich oder sehr unwahrscheinlich ist:

a. für die Gegenwart	Konjunktiv Imperfekt
b. für die Vergangenheit	Konjunktiv Plusquamperfekt

a. Wäre ich nur jetzt zu Hause!   *Were I only home now!*
   Wenn ich nur jetzt zu Hause wäre!   *If I were only home now!*

b. Wäre ich nur gestern zu Hause gewesen!   *Had I only been home yesterday!*
   Wenn ich nur gestern zu Hause gewesen wäre!   *If only I had been home yesterday!*

2. NACH ALS OB

a. bei Gleichzeitigkeit[1]	Konjunktiv Imperfekt oder Konjunktiv Präsens
b. bei Vorzeitigkeit[2]	Konjunktiv Plusquamperfekt oder Konjunktiv Perfekt

a. **Sie sieht (sah) aus, als ob sie krank wäre (sei). Jetzt!**
   She looks (looked) as if she were sick.

b. **Sie sieht (sah) aus, als ob sie krank gewesen wäre (sei). Früher!**
   She looks (looked) as if she has (had) been sick.

3. IN IRREALEN KONDITIONALSÄTZEN

Irreale Konditionalsätze bestehen immer aus der Kondition im Nebensatz und dem Hauptsatz.

---

[1] Gleichzeitigkeit bedeutet, daß die Handlung des Verbums des Nebensatzes (**krank sein**) *zur selben Zeit* stattfindet wie die Handlung des Hauptverbs (**aussehen**); sie ist zur selben Zeit krank, als man sie sieht.

[2] Vorzeitigkeit bedeutet, daß die Handlung des Verbums des Nebensatzes (**krank sein**) *vor* der Handlung des Hauptverbs (**aussehen**) stattgefunden hat; sie war krank, bevor man sie gesehen hatte.

DER KONJUNKTIV UND DER KONDITIONAL

Nebensatz (Wenn-Satz)	Hauptsatz (Dann-Satz)
a. für die Gegenwart Konjunktiv Imperfekt	Konditional I oder Konjunktiv Imperfekt
b. für die Vergangenheit Konjunktiv Plusquamperfekt	Konjunktiv Plusquamperfekt oder Konditional II

a. Wenn es nicht so weit wäre,   (dann) würde ich auch gehen.
                                                oder
                                                (dann) ginge ich auch.
   If it were not so far   *I would go, too.*
b. Wenn es nicht so weit   (dann) wäre ich auch gegangen.
    gewesen wäre,   oder
                                                (dann) würde ich auch gegangen sein.
   If it had not been so far   *I would have gone, too.*

Dann im Hauptsatz und **wenn** im Nebensatz können auch fehlen:
Wäre es nicht so weit, würde ich auch gehen.
Im modernen Deutsch wird der Konditional II sehr selten gebraucht.

▶ *Beachten Sie:*

    68. In einem *realen* Konditionalsatz wird der Indikativ gebraucht:
    Wenn es nicht weit ist, gehe ich auch.

    69. Die im Deutschen gebrauchte Zeit ist dieselbe wie im Englischen:
    Wenn es nicht so weit *wäre, würde* ich auch *gehen.*
    If it were not so far, I would go, too.

    Das Imperfekt bedeutet im Konjunktiv immer Gegenwart. Es kann also nie für die Vergangenheit gebraucht werden. Diese wird im Plusquamperfekt ausgedrückt:
    Wäre er nur hier *gewesen!*
    Had he only been here!

VERGLEICHSTABELLE ZWISCHEN

AKTIV

Indikativ	Konjunktiv	Konditional

Präsens

ich schlage	schlage
du schlägst	schlagest
er schlägt	schlage
wir schlagen	schlagen
ihr schlagt	schlaget
sie schlagen	schlagen

Imperfekt

ich schlug	schlüge
du schlugst	schlügest
er schlug	schlüge
wir schlugen	schlügen
ihr schlugt	schlüget
sie schlugen	schlügen

Perfekt

ich habe geschlagen	habe geschlagen
du hast geschlagen	habest geschlagen
er hat geschlagen	habe geschlagen
wir haben geschlagen	haben geschlagen
ihr habt geschlagen	habet geschlagen
sie haben geschlagen	haben geschlagen

Plusquamperfekt

ich hatte geschlagen	hätte geschlagen
du hattest geschlagen	hättest geschlagen
er hatte geschlagen	hätte geschlagen
wir hatten geschlagen	hätten geschlagen
ihr hattet geschlagen	hättet geschlagen
sie hatten geschlagen	hätten geschlagen

Futur I

ich werde schlagen	werde schlagen	würde schlagen
du wirst schlagen	werdest schlagen	würdest schlagen
er wird schlagen	werde schlagen	würde schlagen
wir werden schlagen	werden schlagen	würden schlagen
ihr werdet schlagen	werdet schlagen	würdet schlagen
sie werden schlagen	werden schlagen	würden schlagen

Futur II

ich werde geschlagen haben		würde geschlagen haben
du wirst geschlagen haben	wird	würdest geschlagen haben
er wird geschlagen haben	nicht	würde geschlagen haben
wir werden geschlagen haben	gebraucht!	würden geschlagen haben
ihr werdet geschlagen haben		würdet geschlagen haben
sie werden geschlagen haben		würden geschlagen haben

INDIKATIV UND KONJUNKTIV

PASSIV

Indikativ	*Konjunktiv*	*Konditional*

Präsens

ich werde		werde	
du wirst		werdest	
er wird	geschlagen	werde	geschlagen
wir werden		werden	
ihr werdet		werdet	
sie werden		werden	

Imperfekt

ich wurde		würde	
du wurdest		würdest	
er wurde	geschlagen	würde	geschlagen
wir wurden		würden	
ihr wurdet		würdet	
sie wurden		würden	

Perfekt

ich bin		sei	
du bist		seiest	
er ist	geschlagen	sei	geschlagen
wir sind	worden	seien	worden
ihr seid		seiet	
sie sind		seien	

Plusquamperfekt

ich war		wäre	
du warst		wärest	
er war	geschlagen	wäre	geschlagen
wir waren	worden	wären	worden
ihr wart		wäret	
sie waren		wären	

Futur I

ich werde		werde		würde	
du wirst		werdest		würdest	
er wird	geschlagen	werde	geschlagen	würde	geschlagen
wir werden	werden	werden	werden	würden	werden
ihr werdet		werdet		würdet	
sie werden		werden		würden	

Futur II

ich werde			würde	
du wirst			würdest	
er wird	geschlagen	wird	würde	geschlagen
wir werden	worden	nicht	würden	worden
ihr werdet	sein	gebraucht!	würdet	sein
sie werden			würden	

Rainer Maria Rilke

aus: *DIE AUFZEICHNUNGEN DES MALTE LAURIDS BRIGGE*

a.

Ich liege in meinem Bett, fünf Treppen hoch, und mein Tag, den nichts unterbricht, ist wie ein Zifferblatt ohne Zeiger. Wie ein Ding, das lange verloren war, eines Morgens auf seiner Stelle liegt, geschont und gut, neuer fast als zur Zeit des Verlustes, ganz als ob es bei irgend jemandem in Pflege gewesen wäre —: so liegt da und da auf meiner Bettdecke Verlorenes aus der Kindheit und ist wie neu. Alle verlorenen Ängste sind wieder da.

Die Angst, daß ein kleiner Wollfaden, der aus dem Saum der Decke heraussteht, hart sei, hart und scharf wie eine stählerne Nadel; die Angst, daß dieser kleine Knopf meines Nachthemdes größer sei als mein Kopf, groß und schwer; die Angst, daß dieses Krümchen Brot, das jetzt von meinem Bette fällt, gläsern und zerschlagen unten ankommen würde, und die drückende Sorge, daß

DER KONJUNKTIV UND DER KONDITIONAL

damit eigentlich alles zerbrochen sei, alles für immer; die Angst, daß der Streifen Rand eines aufgerissenen Briefes etwas Verbotenes sei, das niemand sehen dürfe, etwas unbeschreiblich Kostbares, für das keine Stelle in der Stube sicher genug sei; die Angst, daß ich, wenn ich einschliefe, das Stück Kohle verschlucken würde, das vor dem Ofen liegt; die Angst, daß irgendeine Zahl in meinem Gehirn zu wachsen beginnt, bis sie nicht mehr Raum hat in mir; die Angst, daß das Granit sei, worauf ich liege, grauer Granit; die Angst, daß ich schreien könnte und daß man vor meiner Tür zusammenliefe und sie schließlich aufbräche; die Angst, daß ich mich verraten könnte und alles das sagen, wovor ich mich fürchte, und die Angst, daß ich nichts sagen könnte, weil alles unsagbar ist, — und die anderen Ängste... die Ängste.

Ich habe um meine Kindheit gebeten, und sie ist wiedergekommen, und ich fühle, daß sie immer noch so schwer ist wie damals und daß es nichts genützt hat, älter zu werden.

b.

O was für ein glückliches Schicksal, in der stillen Stube eines ererbten Hauses zu sitzen unter ruhigen seßhaften Dingen und draußen im leichten, lichtgrünen Garten die ersten Meisen zu hören, die sich versuchen, und in der Ferne die Dorfuhr. Zu sitzen und auf einen warmen Streifen Nachmittagssonne zu sehen und vieles von vergangenen Mädchen zu wissen und ein Dichter zu sein. Und zu denken, daß ich auch so ein Dichter geworden wäre, wenn ich irgendwo hätte wohnen dürfen, irgendwo auf der Welt, in einem von den vielen verschlossenen Landhäusern, um die sich niemand bekümmert. Ich hätte ein einziges Zimmer gebraucht (das lichte Zimmer im Giebel). Da hätte ich drinnen gelebt mit meinen alten Dingen, den Familienbildern, den Büchern. Und einen Lehnstuhl hätte ich gehabt und Blumen und Hunde und einen starken Stock für die steinigen Wege. Und nichts sonst. Nur ein Buch in gelbliches, elfenbeinfarbiges Leder gebunden mit einem alten blumigen Muster als Vorsatz: dahinein hätte ich geschrieben. Ich hätte viel geschrieben, denn ich hätte viele Gedanken gehabt und Erinnerungen von Vielen.

Aber es ist anders gekommen, Gott wird wissen, warum. Meine

alten Möbel faulen in einer Scheune, in die ich sie habe stellen dürfen, und ich selbst, ja, mein Gott, ich habe kein Dach über mir, und es regnet mir in die Augen.

Übungen

a. Bilden Sie Sätze nach folgendem Beispiel:

Wäre ich doch nur ein Dichter!

1. Were I only not a stranger!
2. Were I only a doctor!
3. Were he only my brother!
4. Were they only not our neighbors!
5. Were she only my friend!

b. Wie a:

Hätte ich doch nur ein Zimmer!

1. Had I only no fear!
2. Had I only a friend!
3. Had she only a garden!
4. Had he only more money!
5. Had we only better teachers and more books!

c. Wie a:

Ich hätte viel geschrieben, denn ich hätte viele Gedanken gehabt.

1. I would have read much, for I would have had much time.
2. He would have had no fear, for he would have had a dog.
3. He would have come with his wife, for he had always accompanied her.
4. The discussion would have lasted longer, for they would have had many ideas.
5. They would not have seen me, for I would have stood behind the tree.

d. Bilden Sie irreale Wunschsätze nach folgendem Beispiel:

Ich bin nicht reich. Wäre ich doch reich!

DER KONJUNKTIV UND DER KONDITIONAL

1. Er war nicht hier.
2. Wir sind nicht glücklich.
3. Er hat es uns nicht gesagt.
4. Sie kann nicht kommen.
5. Er arbeitet nicht.
6. Sie haben den Brief nicht gelesen.

e. Wie a:

Sie sieht aus, als ob sie Künstlerin wäre.

1. She looks as if she were a teacher.
2. They look as if they were strangers.
3. He looks as if he were a poet.
4. You look as if you were a student.
* 5. Do I look as if I were an American?

f. Wie a:

Sie sieht aus, als ob sie krank gewesen wäre.

1. She looks as if she had been beautiful.
2. They look as if they had been outside.
3. Do I look as if I had cried?
4. She looks as if she had not slept.
5. You look as if you had drunk too much.

g. Bilden Sie Sätze mit **als ob**:

z. B. Sie sieht aus wie eine Kranke.
    Sie sieht aus, als ob sie krank wäre.

1. Sie spricht wie ein Kind.
2. Du gibst Geld aus wie ein Millionär.
3. Er bewegte sich wie ein Schauspieler.
4. Ihr tut so, daß man glaubt, ihr habt viel Geld.
5. Sie sprachen deutsch wie Ausländer.
6. Ich fühle mich wie im Märchen.
7. Das Kind weinte so, daß man glaubte, es muß sterben.

h. Wie a:

Wenn ich einschliefe, würde ich das Stück Kohle verschlucken.

Einzelzimmer – single room

1. If I had time, I would read many books.
2. If I had a single room, I would become a poet.
3. If today were Sunday, I would stay in bed.
4. If it were afternoon, I would call him.
5. If I were rich, I would have a house in the country.

i. Wie a:

Ich wäre auch so ein Dichter geworden, wenn ich irgendwo gewohnt hätte.

1. I too would have become such a painter, if I had studied.
2. I would have eaten the food if I had found it.
3. If the children had not given their bread to the red cat, they would have had more.
4. If it had not been a French film, I would not have come.
5. If he had not spoken of Chinese history, the people would not have laughed.

j. Gebrauchen Sie dasselbe Verbum zum zweitenmal, aber in der richtigen Form:
1. Ich würde auch singen, wenn Sie . . . .
2. Sie würde auch rauchen, wenn er . . . .
3. Wir würden auch ins Konzert gehen, wenn sie . . . .
4. Meine Geschwister würden auch weniger essen, wenn meine Eltern weniger . . . .
5. Er würde auch nach Europa fahren, wenn ich . . . .

k. Ergänzen Sie den Satz mit Hilfe der gegebenden Wörter:
1. Wenn ich mehr Geld hätte, ... (Sommer/Europa/fahren).
2. Wenn ich eingeschlafen wäre, ... (ein Stück Kohle/verschlucken).
3. Ich wäre auch so ein Dichter geworden, wenn . . . . . . (irgendwo/wohnen/dürfen).
4. Wenn ich nicht so eine Angst hätte, ... (Tür/offen/lassen).
5. Wir wären gerne nach Deutschland gefahren, wenn . . . . . . (besser/Deutsch/können).

DER KONJUNKTIV UND DER KONDITIONAL

l. Bilden Sie irreale Konditionalsätze:

z. B. Das Kleid ist nicht schön; es gefällt mir nicht.
Wenn das Kleid schön wäre, würde es mir gefallen.

1. Es ist nicht heiß; wir gehen nicht baden.
2. Du hast mich nicht gefragt; ich habe es dir nicht gesagt.
3. Sie kamen nicht; ich konnte Ihnen das Haus nicht zeigen.
4. Ich kenne die Dame nicht; ich kann Sie nicht vorstellen.
5. Das Kind wird von seinen Eltern nicht geliebt; es ist schlecht erzogen.
6. Er ist nicht so klug; er ist weniger gefährlich.
7. In diesem Jahr hat es nicht viel geregnet; wir haben eine schlechte Ernte.

m. Übersetzen Sie:
1. If only we were at home now!
2. If I smoked, she would smoke, too.
3. If the weather remains nice, I shall go, too.
4. She looked as if she had not slept for three days.
5. Had we only studied more!
6. We should have stayed there!
7. If I see him, I shall tell him the truth.
8. He ought not to have come.
9. She speaks German as if she had lived in Germany.
10. If I had done that sooner, it would have been much better.
11. If I could only sleep!
12. If we had not lost so much money, we would have been rich.
13. If I could see better, I would not wear glasses.
14. If I can translate this, I understand the subjunctive.
15. He spoke as if he knew nothing.

19

Die indirekte Rede

In der indirekten Rede und Frage[1] *kann* im Deutschen der Konjunktiv gebraucht werden; er ist aber nur dann nötig, wenn der Sprecher oder Schreiber nicht die Verantwortung für das, was er sagt, tragen will oder wenn er die direkte Rede oder Frage nicht wörtlich wiederholt.

z. B. **Er sagte mir, daß er krank *ist*** bedeutet: ich glaube, daß er wirklich krank ist. Während:
Er sagte mir, daß er krank *sei* bedeutet: er sagte es, aber ich weiß es nicht.

Legal wichtig wird daher der Gebrauch des Konjunktivs in Zeitungsreportagen. Für eine Reportage im Indikativ, die sich als unwahr herausstellt, kann der Verleger verantwortlich gemacht werden — nicht aber, wenn sie im Konjunktiv gemacht wird.

a. für die Gegenwart	Konjunktiv Präsens oder √ Konjunktiv Imperfekt
b. für die Vergangenheit	Konjunktiv Perfekt oder √ Konjunktiv Plusquamperfekt
c. für die Zukunft	Konjunktiv Futur I oder √ Konditional I

[1] In der indirekten Frage wird der Konjunktiv fast nicht mehr gebraucht, besonders wenn das Hauptverb (**er fragt**) im Präsens steht.

DIE INDIREKTE REDE

a. Gegenwart:

„Ich bin krank."
Sie sagte, daß sie krank ist.
Sie sagte, daß sie krank sei (wäre).

b. Vergangenheit:

„Ich war krank."
Sie sagte, daß sie krank gewesen ist.
Sie sagte, daß sie krank gewesen sei (wäre).

c. Zukunft:

„Ich werde krank sein."
Sie sagte, daß sie krank sein wird.
Sie sagte, daß sie krank sein werde (würde).

Wenn das Verb des Hauptsatzes im Imperfekt steht **(sagte)**, dann folgt im Nebensatz für die Gegenwart meistens der Konjunktiv Präsens:

Sie *sagte*, daß sie krank *sei*.

für die Vergangenheit der Konjunktiv Perfekt:

Sie *sagte*, daß sie krank *gewesen sei*.

und für die Zukunft der Konjunktiv Futur:

Sie *sagte*, daß sie krank *sein werde*.

Wenn das Verb des Hauptsatzes im Präsens steht **(sagt)**, dann folgt im Nebensatz für die Gegenwart auch meistens der Konjunktiv Präsens:

Sie *sagt*, daß sie krank *sei*.

für die Vergangenheit der Konjunktiv Perfekt:

Sie *sagt*, daß sie krank *gewesen sei*.

und für die Zukunft der Konjunktiv Futur:

Sie *sagt*, daß sie krank *sein werde*.

Nur wenn der Konjunktiv mit dem Indikativ identisch ist, wird für die Gegenwart der Konjunktiv Imperfekt, für die Vergangenheit der Konjunktiv Plusquamperfekt und für die Zukunft der Konditional I gebraucht.

▶ *Beachten Sie:*

70. Indirekte Befehle werden mit **sollen** gegeben:

Er befahl, die Stadt soll (solle, sollte) zerstört werden.
He ordered the city to be destroyed.
Sie sagte, daß wir still sein sollen (sollten).
She told us to be quiet.

*Rainer
Maria
Rilke*

aus: *DIE AUFZEICHNUNGEN DES
MALTE LAURIDS BRIGGE*

Ich sitze und lese einen Dichter. Es sind viele Leute im Saal, aber man spürt sie nicht. Sie sind in den Büchern. Manchmal bewegen sie sich in den Blättern, wie Menschen, die schlafen und sich umwenden zwischen zwei Träumen. Ach, wie gut ist es doch, unter lesenden Menschen zu sein. Warum sind sie nicht immer so? Du kannst hingehen zu einem und ihn leise anrühren: er fühlt nichts.

DIE INDIREKTE REDE 161

Und stößt du einen Nachbar beim Aufstehen ein wenig an und entschuldigst dich, so nickt er nach der Seite, auf der er deine Stimme hört, sein Gesicht wendet sich dir zu und sieht dich nicht, und sein Haar ist wie das Haar eines Schlafenden. Wie wohl das tut.

Übungen

a. Lesen Sie „Die Aufzeichnungen des Malte Laurids Brigge" in der indirekten Rede:

   Rilke sagt, ... (ohne **daß**).

b. Setzen Sie folgende Sätze in die indirekte Rede (mit **daß**):
   1. Sie war sehr glücklich.
   2. Geh nach Hause!
   3. Er ist gestern in der Stadt gewesen.
   4. Sein Vater wird ihm Geld geben.
   5. Komm zu mir!
   6. Sie hatten uns nie gesehen.
   7. Verlier das Geld nicht!
   8. Lernen Sie alles auswendig!

c. Verwandeln Sie folgende direkte Aussagen in indirekte, indem Sie sie abhängig von **man sagt** machen:

   z. B. Er hat Angst. Man sagt, er habe Angst.
   1. Er lehnt immer an der Laterne.
   2. Verliebte stehen vor Schaufenstern.
   3. Ich kann ihn nicht wie einen Bruder treffen.
   4. Es ist ein französischer Film.
   5. Wir gehören zu den Matineebesuchern.
   6. Du sollst nicht so oft ins Kino gehen.
   7. Sie kennt den jungen Maler.
   8. Ich will an jeder Diskussion teilnehmen.
   9. Der Amerikaner wohnt in der Hauptstraße.
   10. Sie sprechen gut englisch.

d. Wie c:

z. B. Es ist die rote Katze gewesen.
    Oder: Es war die rote Katze. Man sagt, es sei die rote Katze gewesen.

1. Er hat seine Frau ins Kino begleitet.
2. Wieder vergingen viele Tage.
3. Wir bewunderten ihn zu sehr.
4. Sie hat den Hungerkünstler nie gesehen.
5. Er hat die Speise nicht finden können.
6. Das waren seine letzten Worte.
7. Professor Brock zu Sulzbach mußte leider pensioniert werden.
8. Du hast viele Experimente durchgeführt.
9. Viel Zeit ist verlorengegangen.
10. Die ursprüngliche Arbeit litt darunter.

e. Übersetzen Sie:

1. Her mother wrote me that she had gone to the country last week.
2. He said that he would be in town tomorrow.
3. He asked me whether I had (any) money.
4. She said she was not going to travel this year.
5. He ordered his supper to be ready at 6 p.m.
6. I was asked whether (or not) I had bought that house.
7. The newspaper reported that he flew to Germany.
8. I asked him whether he were interested in chemistry.
9. Somebody said that he had seen her in Berlin.
10. She told me that she knew it already.
11. We hoped that he would recover.
12. I know that you did not study.
13. The doctor said he would see me this afternoon.
14. He ordered his suit to be cleaned.
15. The waiter asked us if we wanted beer or wine.

20

Partizipial- und Infinitivkonstruktionen

Der Gebrauch des *Partizip Präsens* ist im Englischen viel häufiger als im Deutschen. Das Deutsche gebraucht es nur als Adverb und als Adjektiv:

z. B.

Singend gingen sie den Strand entlang.	*Singing, they walked along the beach.*
Rembrandts „Singender Knabe" bekam den ersten Preis.	*Rembrandt's "Singing Boy" received the first prize.*

In allen anderen Fällen verlangt die Übersetzung des englischen Partizip Präsens eine Umschreibung im Deutschen:

1. *mit einem Infinitiv nach*: **bleiben, finden, fühlen, gehen, helfen, hören, lassen, lernen, sehen.**

Ich blieb im Bett liegen.	*I remained lying in bed.*
Ich fand die Kerze noch brennen.	*I found the candle still burning.*
Ich fühle meinen Puls schlagen.	*I feel my pulse beating.*
Ich ging einkaufen.	*I went shopping.*
Ich half ihm den Brief schreiben.	*I helped him write the letter.*
Ich höre die Nachtigall singen.	*I hear the nightingale singing.*
Ich ließ ihn warten. (Siehe Seite 131.)	*I kept him waiting.*
Ich lerne Klavier spielen.	*I learn to play the piano.*
Ich sah den Stein durch die Luft fliegen.	*I saw the stone flying through the air.*

2. *mit einem Infinitiv als Substantiv*:

Das Schwimmen in diesem See ist gefährlich.	Swimming in this lake is dangerous.
Ich bin des Arbeitens müde.	I am tired of working.
Er half mir beim Einsteigen.	He helped me (in) boarding the train.

3. *mit* **indem**:

Man macht Orangensaft, indem man den Saft aus den Orangen preßt.
One makes orange juice by pressing the juice out of the oranges.

4. *mit* **nachdem** *oder* **da**:

Nachdem ich mir die Zähne geputzt hatte, ging ich zu Bett.
Having brushed my teeth, I went to bed.
Da ich fest schlief, hörte ich nichts.
Being fast asleep, I did not hear anything.

5. *mit* **wie** *nach* **hören** *und* **sehen** *mit einem Dativobjekt*:

Ich hörte ihn, wie er dem Hund pfiff.	I heard him whistling to the dog.
Ich sah sie, wie sie mit ihm sprach.	I saw her speaking to him.

6. *mit* **zu** *und einem Infinitiv nach* **anstatt** *und* **ohne**:

Anstatt zu fragen, nahm er das Geld.	Instead of asking, he took the money.
Ohne auf mich zu warten, ging er fort.	Without waiting for me, he went away.

7. *mit einem Partizip Perfekt eines Verbums der Bewegung nach* **kommen**:

Der Hund kam gelaufen.	The dog came running.

8. *mit* **zu** *und einem Infinitiv in allen übrigen Fällen*:

Er begann zu sprechen.	He began talking.
Es hörte auf zu regnen.	It stopped raining.

Anderseits wird das *Partizip Perfekt* als Adjektiv im Deutschen häufiger gebraucht als im Englischen:

der geschmückte Christbaum	the decorated Christmas tree
der vom Vater geschmückte Christbaum	the Christmas tree which was decorated by the father
Das eben erhaltene Telegramm kommt aus Berlin.	The telegram which has just been received comes from Berlin.

Übungen

a. Ersetzen Sie die fettgedruckten Wörter durch die Wörter in Klammern:
1. Ich hörte ihn **an die Tür prallen**. (*knock at the window, beat at the wall, speak through the wall*)
2. Im Augenblick **des Verweilens**. (*of boarding the train, of leaving, of falling asleep, of getting up*)
3. Da kam er **gelaufen**. (*driving, jumping, swimming, walking*)
4. Bei **sinkendem Nebel**. (*rising sun, growing fear, streaming rain*)

b. Machen Sie aus folgenden Relativsätzen Partizipialkonstruktionen:

z. B. der Junge, der läuft; der laufende Junge

1. das Haus, das brennt
2. die Studenten, die schlafen
3. das Herz, das schlägt
4. der Diplomat, der reist
5. die Kinder, die weinen
6. die Blume, die blüht

c. Wie b:

z. B. die Arbeit, die soeben beendet wurde; die soeben beendete Arbeit

1. der Brief, der noch nicht gelesen wurde
2. die Kleider, die heute gekauft wurden
3. das Geld, das gestern von der Bank gestohlen wurde
4. der Dieb, der auf der Flucht gefangen wurde
5. das Bein, das bei einem Autounfall gebrochen wurde
6. die Stadt, die am anderen Ufer liegt

d. Wie b:

z. B. ich schlage den Hund; der geschlagene Hund

1. ich schreibe den Brief
2. ich pflücke die Blumen

3. ich decke den Tisch
4. ich liebe die Schwester
5. ich nenne den Namen

e. Übersetzen Sie:
1. One finds the total by adding all the figures.
2. Having heard him speak, I knew who he was.
3. Eating sweets before meals spoils the appetite.
4. He reached the train without running.
5. The car driven by my father had a flat tire.
6. I lost my glove getting off[1] the train.
7. The sleeping child is smiling in his dreams.
8. Beethoven composed his music without hearing it.
9. I saw them carrying knapsacks.
10. The toys remained lying on the floor after the children went home.
11. I hear the bells ringing every morning.
12. Driving is faster than walking.
13. Instead of looking for the pin, she bought a new one.
14. One can improve one's pronunciation by imitating a speaker from Germany.
15. A picture only recently completed by the artist was on sale at the exhibition.

[1] **bei** plus **aussteigen**

21

Wiederholung (*16, 17, 18, 19, 20*)

a. Wiederholen Sie die fettgedruckten Nummern **8, 9, 13, 14, 38, 40, 41, 42, 44, 45, 46, 48, 54, 56, 57, 58, 59, 60, 61, 62, 63, 64, 65, 66, 67, 68, 69, 70**!

b. Bilden Sie die 3. Person Singular des Konjunktiv Präsens von den folgenden Verben: beginnen, studieren, bleiben, wenden, dürfen, haben, fallen, sollen, sein, nehmen, essen, geben, arbeiten.

c. Bilden Sie die 1. Person Singular des Konjunktiv Imperfekt von den folgenden Verben: liegen, folgen, fliegen, rennen, sein, wollen, müssen, laufen, lesen, bleiben, nennen, kommen, haben, tragen, schreiben, wissen.

d. Übersetzen Sie folgende Verbformen:
1. I am carried.
2. I was washed.
3. We were beaten.
4. It will be written.
5. They will have shot.
6. She will be helped.
7. I had a haircut.
8. It was eaten.
9. It can be done.
10. It has been pulled.
11. It had been stolen.
12. I am called.

13. You have been permitted.
14. She would fly.
15. You are supposed to go.
16. I saw him come.
17. You must not lie.
18. She stopped.
19. I have become.
20. They are cut.
21. I would have come.
22. He dropped a glass.
23. I was asked.
24. She wanted to be asked.
25. It had been thrown.
26. It will have to be carried.
27. She is said to be rich.

e. Setzen Sie die folgenden Sätze ins Perfekt:
1. Ich weiß, daß ich ihm nicht als Bruder begegnen kann.
2. Der Hungerkünstler sagte, daß wir ihn nicht bewundern sollen.
3. Er glaubt, daß man die Speise, die ihm schmeckt, nicht finden kann.
4. Wir hörten, daß Professor B. vorzeitig pensioniert werden muß.
5. Der Professor ließ die Assistenten keine Experimente durchführen.
6. Vieles versteht man erst, wenn man ihn sprechen hört.
7. Wir wissen, daß er nicht an der Diskussion teilnehmen will.
8. Es gefällt mir nicht, daß du mich immer warten läßt.
9. Sie freut sich, weil sie mitfahren darf.
10. Wir wissen alle, daß sie keine Milch trinken mag.

f. Gebrauchen Sie in jedem Satz ein Modalverb:
z. B. Es ist notwendig, daß man zur Schule geht; man muß zur Schule gehen.
1. Es ist notwendig, daß man ißt und trinkt.
2. Man glaubt, daß er oft krank war.
3. Den Kindern ist es verboten zu rauchen.
4. Jeder hat die Möglichkeit, seine Meinung zu sagen.
5. Jeder hat den Wunsch, seine Meinung zu sagen.

WIEDERHOLUNG

    6. Jeder hat die Pflicht, seine Meinung zu sagen.
    7. Er hatte die Absicht, frei zu sprechen.
    8. Er war gezwungen, nach einer halben Stunde aufzuhören.
    9. Wir sind nicht imstande, diese Arbeit heute zu beenden.
  10. Man sagt, daß er ein guter Redner ist.
  11. Er hatte keine Kraft, am Spiel teilzunehmen.

g. Ergänzen Sie folgende Sätze:
    1. Wenn ich ein Flugzeug hätte, ...
    2. Wenn ich auf eine andere Universität gegangen wäre, ...
    3. Wenn der Hungerkünstler etwas gegessen hätte, ...
    4. Wenn ich eine Katze hätte, ...
    5. Wenn er mit mir ins Kino ginge, ...
    6. Hätte ich das früher gewußt, ...
    7. Wäre er nicht so fleißig, ...
    8. Gäbe es mehr solche Menschen, ...
    9. Wäre er öfter in die Vorlesungen gegangen, ...
  10. Spräche er besser deutsch, ...

h. Lesen Sie folgende Sätze in der indirekten Rede:
Die Zeitung berichtete ... (ohne **daß**).

    1. Der Professor B. muß vorzeitig pensioniert werden.
    2. Er gehört zu den bedeutendsten Wissenschaftlern unserer Epoche.
    3. Durch seine geduldige Arbeit hat er der Forschung große Impulse gegeben.
    4. Seine Kompetenz steht außer Frage und wurde durch internationale Preise gewürdigt.
    5. Für jeden Mitarbeiter bleibt es eine Ehre, zu seinem Kreis gehört zu haben.
    6. Allerdings war er ein Vorgesetzter, mit dem man es nicht immer leicht hatte.
    7. Kein Projekt, das er nicht ganz übersah, wurde akzeptiert.
    8. Jede Versuchsserie, die er nicht völlig durchschaute, mußte abgebrochen werden.
    9. Vertrauen brachte er allein sich selbst und seinen Kenntnissen entgegen.
  10. Das etwa ist die Situation.

i. Übersetzen Sie:
1. Everything he owns is to be sold.
2. The picture just shown was taken in the country.
3. Twenty-one shots are fired when a prince is born.
4. Having become tired of waiting, he went home.
5. It seemed as if the performance would never end.
6. I never saw her smoke a cigarette.
7. He said that he was doing his homework.
8. Skiing is a healthy sport.
9. If he would only drive slower!
10. I found the ring lying in the grass.
11. I should like to buy a new car.
12. She had seen me studying in the library.
13. You must not do that, Mary!
14. They remained seated when the professor entered.
15. Why did you keep me waiting so long?
16. Smoking is prohibited.
17. We were not allowed to come home after 11 p.m.
18. Having reached the boiling point, the mixture changed its color.
19. When will the meaning of his work finally be understood!
20. Many experiments will have to be made.

Kennen sie diese Wöter !

Anhang

DIE WICHTIGSTEN STARKEN VERBEN

Infinitiv   Präsens   Imperfekt   Partizip Perfekt

Ablautsreihe ei—i—i oder ei—ie—ie

beißen	beißt	biß	gebissen	*bite*
bleiben	bleibt	blieb	ist geblieben	*remain*
gleichen	gleicht	glich	geglichen	*resemble*
gleiten	gleitet	glitt	ist geglitten	*glide*
greifen	greift	griff	gegriffen	*seize*
leiden	leidet	litt	gelitten	*suffer*
leihen	leiht	lieh	geliehen	*lend*
pfeifen	pfeift	pfiff	gepfiffen	*whistle*
preisen	preist	pries	gepriesen	*praise*
reiben	reibt	rieb	gerieben	*rub*
reißen	reißt	riß	gerissen	*tear*
reiten	reitet	ritt	ist geritten	*ride*
scheiden	scheidet	schied	ist geschieden	*depart*
scheinen	scheint	schien	geschienen	*shine, seem*
schleichen	schleicht	schlich	ist geschlichen	*sneak*
schneiden	schneidet	schnitt	geschnitten	*cut*
schreiben	schreibt	schrieb	geschrieben	*write*
schreien	schreit	schrie	geschrien	*cry, yell*
schreiten	schreitet	schritt	ist geschritten	*stride*
schweigen	schweigt	schwieg	geschwiegen	*be silent*
steigen	steigt	stieg	ist gestiegen	*climb*
streichen	streicht	strich	gestrichen	*stroke*
streiten	streitet	stritt	gestritten	*quarrel*
treiben	treibt	trieb	getrieben	*drive*

vermeiden	vermeidet	vermied	vermieden	*avoid*
verzeihen	verzeiht	verzieh	verziehen	*forgive*
weichen	weicht	wich	ist gewichen	*yield*
weisen	weist	wies	gewiesen	*point*

Ablautsreihe ie—o—o

biegen	biegt	bog	gebogen	*bend*
bieten	bietet	bot	geboten	*offer*
fliegen	fliegt	flog	ist geflogen	*fly*
fliehen	flieht	floh	ist geflohen	*flee*
fließen	fließt	floß	ist geflossen	*flow*
frieren	friert	fror	gefroren	*freeze*
genießen	genießt	genoß	genossen	*enjoy*
gießen	gießt	goß	gegossen	*pour*
kriechen	kriecht	kroch	ist gekrochen	*creep*
riechen	riecht	roch	gerochen	*smell*
schieben	schiebt	schob	geschoben	*shove*
schießen	schießt	schoß	geschossen	*shoot*
schließen	schließt	schloß	geschlossen	*close*
verlieren	verliert	verlor	verloren	*lose*
wiegen	wiegt	wog	gewogen	*weigh*
ziehen	zieht	zog	gezogen	*pull*

Ablautsreihe i—a—u

binden	bindet	band	gebunden	*bind*
finden	findet	fand	gefunden	*find*
gelingen	gelingt	gelang	ist gelungen	*succeed*
klingen	klingt	klang	geklungen	*sound*
mißlingen	mißlingt	mißlang	ist mißlungen	*fail*
schwingen	schwingt	schwang	geschwungen	*swing*
singen	singt	sang	gesungen	*sing*
sinken	sinkt	sank	gesunken	*sink*
springen	springt	sprang	ist gesprungen	*spring*
stinken	stinkt	stank	gestunken	*stink*
trinken	trinkt	trank	getrunken	*drink*
verschwinden	verschwindet	verschwand	ist verschwunden	*disappear*
winden	windet	wand	gewunden	*wind*
zwingen	zwingt	zwang	gezwungen	*force*

Ablautsreihe e—a—o

befehlen	befiehlt	befahl	befohlen	*command*
brechen	bricht	brach	gebrochen	*break*
empfehlen	empfiehlt	empfahl	empfohlen	*recommend*
erschrecken	erschrickt	erschrak	ist erschrocken	*become frightened*

ANHANG

gebären	gebiert	gebar	geboren	*give birth*
gelten	gilt	galt	gegolten	*be valid*
helfen	hilft	half	geholfen	*help*
nehmen	nimmt	nahm	genommen	*take*
sprechen	spricht	sprach	gesprochen	*speak*
stechen	sticht	stach	gestochen	*sting*
stehlen	stiehlt	stahl	gestohlen	*steal*
sterben	stirbt	starb	ist gestorben	*die*
treffen	trifft	traf	getroffen	*meet, hit*
werden	wird	wurde	ist geworden	*become*
werfen	wirft	warf	geworfen	*throw*

Ablautsreihe e—a—e oder i—a—e

bitten	bittet	bat	gebeten	*ask for, beg*
essen	ißt	aß	gegessen	*eat*
fressen	frißt	fraß	gefressen	*eat* (Tiere)
geben	gibt	gab	gegeben	*give*
genesen	genest	genas	ist genesen	*recover*
geschehen	geschieht	geschah	ist geschehen	*happen*
lesen	liest	las	gelesen	*read*
liegen	liegt	lag	gelegen	*lie, recline*
messen	mißt	maß	gemessen	*measure*
sehen	sieht	sah	gesehen	*see*
sitzen	sitzt	saß	gesessen	*sit*
treten	tritt	trat	ist getreten	*step*
vergessen	vergißt	vergaß	vergessen	*forget*

Ablautsreihe a—ie—a oder a—i—a

blasen	bläst	blies	geblasen	*blow*
braten	brät	briet	gebraten	*fry, roast*
fallen	fällt	fiel	ist gefallen	*fall*
fangen	fängt	fing	gefangen	*catch*
halten	hält	hielt	gehalten	*hold*
hängen	hängt	hing	gehangen	*hang*
hauen	haut	hieb	gehauen	*strike, hew*
lassen	läßt	ließ	gelassen	*let, allow*
laufen	läuft	lief	ist gelaufen	*run*
raten	rät	riet	geraten	*advise, guess*
schlafen	schläft	schlief	geschlafen	*sleep*

Ablautsreihe a—u—a

backen	bäckt	buk	gebacken	*bake*
fahren	fährt	fuhr	ist gefahren	*drive*
graben	gräbt	grub	gegraben	*dig*

laden	lädt	lud	geladen	load, invite
schaffen	schafft	schuf	geschaffen	create
schlagen	schlägt	schlug	geschlagen	beat, strike
tragen	trägt	trug	getragen	carry
wachsen	wächst	wuchs	ist gewachsen	grow
waschen	wäscht	wusch	gewaschen	wash

Ablautsreihe i—a—o

beginnen	beginnt	begann	begonnen	begin
gewinnen	gewinnt	gewann	gewonnen	win
schwimmen	schwimmt	schwamm	ist geschwommen	swim
sinnen	sinnt	sann	gesonnen	think
spinnen	spinnt	spann	gesponnen	spin

Ablautsreihe e—o—o

bewegen	bewegt	bewog	bewogen	induce
fechten	ficht	focht	gefochten	fence
flechten	flicht	flocht	geflochten	braid
heben	hebt	hob	gehoben	raise, lift
schmelzen	schmilzt	schmolz	ist geschmolzen	melt
weben	webt	wob	gewoben	weave

Gemischte Ablautsreihen

gehen	geht	ging	ist gegangen	go
haben	hat	hatte	gehabt	have
heißen	heißt	hieß	geheißen	be called
kommen	kommt	kam	ist gekommen	come
lügen	lügt	log	gelogen	tell a lie
rufen	ruft	rief	gerufen	call
saufen	säuft	soff	gesoffen	drink (Tiere)
saugen	saugt	sog	gesogen	suck
sein	ist	war	ist gewesen	be
stehen	steht	stand	gestanden	stand
stoßen	stößt	stieß	gestoßen	push
tun	tut	tat	getan	do

Übungen

Die Übersetzungen zu nachfolgenden Übungen sind auf Seite 186.

Übung zu Lektion I

1. Life is very simple in the country.
2. John lived in the Netherlands for three years.
3. Little John wants to become a teacher.
4. His brother wants to become a famous poet.
5. I wash my hands before supper.
6. It is a pity that April was such a cold month.
7. The children go to school after breakfast.
8. We visited Austria in July, Germany in August, and Switzerland in September.
9. In winter we were home again.
10. He was in a hurry to go home.
11. She took off her sweater because she had a fever.
12. Why don't you drink if you are thirsty?
13. I shall visit my girl friend on Broad Street.
14. He is an Englishman, but his wife is an American.
15. Little Ann is afraid of the man because he speaks in a very loud voice.
16. We have visitors from Russia and Turkey.
17. The Großglockner is the highest mountain in Austria.
18. You have a radio; I have none.
19. Many a man comes to America in hope of becoming (to become) a rich man.
20. What a good idea!

Übung zu Lektion II

1. Many Americans have several cars.
2. All men must die.
3. The soldier's parents visited him in autumn.
4. The initials (of my name) are A. B.
5. Meat is an animal product.
6. We must believe in the good in every human being.
7. The boy's friends are students.
8. The artist's secretary showed the collection to the stranger.
9. Mr. Schneider's wife spoke with the president.
10. I have three brothers and two sisters.
11. The days are long in summer and the nights short.
12. The cold is unbearable this winter.
13. I had a cold two weeks ago.
14. She received an invitation to the meeting.
15. The society has one hundred and fifty members.
16. Many actors and actresses have had this experience.[1]
17. They received us with great politeness and friendliness.
18. We have two bedrooms, a living room, a dining room, a bathroom and a kitchen.
19. Communication between nations is very difficult.
20. A predominant quality of the Germans is thoroughness.

Übung zu Lektion III

1. He wore a brown coat and a grey hat.
2. They brought presents for all the children.
3. Have you traveled in Europe?
4. I have never been in Italy.
5. He had studied English for two years.
6. What did you do when you heard it?
7. He was sleeping when it happened.
8. The water was distilled and the solution filtered.
9. They named their son Charles.
10. I did work there for five months.
11. Did you have physics before you came to this university?
12. He will be eating between twelve and one.
13. I know that he knew the president of the company.

[1] die Erfahrung machen

ÜBUNGEN

14. We were sitting in the garden and the children were playing in the sand.
15. He sees much better with these glasses.
16. You throw the ball, and he will catch it.
17. Beethoven has composed many symphonies.
18. Meat costs four marks a pound.
19. I hope that he does not fall into the water.
20. They went to England but stayed there only two weeks.

Übung zu Lektion IV

1. Please take your hands out of your pockets.
2. He declined to prepare the speech.
3. Let us see whether he has returned the book.
4. He has gained much, but he has also lost much.
5. I accepted the invitation, and I came back to continue my studies.
6. Try to express yourself clearly.
7. He has earned enough money to get rid of his debts.
8. The performance takes place in the park behind the castle.
9. Please explain what this sentence means.
10. He looked at me and disappeared.
11. I have forgotten to accompany my sister and to send off the letter.
12. He was pleased that his daughter gave up her plans.
13. I had discovered that he owned two houses and that he spent every summer in the country.
14. My mother rented two rooms to[2] students.
15. Let us go home now, (because) it is getting late.
16. The professor compared both methods.
17. She woke up and opened the window.
18. Peace be with you.
19. The train left and the trip began.
20. Please treat them kindly.

Übung zu Lektion VI

1. I have to wash before I can go out.
2. The general conversed with the prisoners.

[2] an (ohne Artikel)

3. I felt quite well after I had lain down.
4. They have behaved very nicely and have promised not to hide again.
5. The school is located opposite the church.
6. I imagined that he was taller.
7. May I introduce myself?
8. How these children have changed!
9. Please sit down and recover from your trip.
10. I am looking forward to Christmas.
11. The soldiers resigned themselves to their fate.
12. The tourists are always surprised at the many beautiful shops.
13. Slowly the boat went away and disappeared in the mist.
14. The earth rotates on[3] its own axis.
15. The soldiers decided to surrender.
16. We are not interested in Old Masters.
17. Don't be afraid of the dog.
18. I bought myself a coat and hurried to show it to her.
19. He got angry with me and refused to come.
20. We were late although we had made an effort to be on time.[4]

Übung zu Lektion VII

1. My family lives in America; I heard that yours is in Germany.
2. We sold our car last week.
3. My mother was very sorry.
4. How much did your parents' car cost?
5. Ours cost 5,000 marks.
6. Her friend bought one too, but his is not new.
7. Its tires are in bad condition.
8. Do all your relatives have cars?
9. Children, your sandwiches are ready.
10. Drink your milk, Mary.
11. Don't eat his apple; eat yours.
12. Their children are older than ours.
13. His sister's girl friend is fourteen years old.
14. His brother's friend is thirteen.
15. Go and play with them. They have eaten their fruit.
16. I have sent my sister her mail.

[3] um
[4] *to be punctual*

ÜBUNGEN

17. She is with her husband and their children in the country.
18. How many of your friends have been to[5] Europe?
19. Its climate is very healthy.
20. His sons and her daughter go to school with our children in their car.

Übung zu Lektion VIII

1. Dark clouds cover the sky.
2. Every young girl likes beautiful clothes.
3. He brought her a bouquet of red roses.
4. He went into an old restaurant and ate a good supper.
5. Barking dogs never bite.
6. My new friend is a very interesting man; he is very educated.
7. I saw several modern buildings and some old ones.
8. Home-made cookies are better than bought ones.
9. You told me nothing new.
10. His best friend and my little sister have gone to the nearby beach.
11. Have you any foreign money? I have German marks, Austrian shillings and French francs.
12. The works of all these famous men are available in our new library.
13. She never said anything evil about her old friends.
14. He drove to the next village in such bad weather.
15. The owners of those little houses are employees of the big factory.
16. There are very many old people in this town but very few young people.
17. Her red hat is very elegant.
18. During my long vacation I lived in a beautiful little white house near the roaring sea.
19. Which American general have you seen?
20. That will be my first job in the morning.

Übung zu Lektion IX

1. The second year (of) German is easier than the first one.
2. The highest mountain in Germany is the Zugspitze.

[5] *in*

3. The more expensive cars are usually larger.
4. His last experiment lasted longer than the others.
5. My younger brother runs very fast; he runs faster than I, but he is not the fastest runner on[6] the team; his friend is the fastest.
6. My eldest sister prefers black coffee; I like coffee with milk best.
7. The patient became weaker and weaker.
8. His greatest sorrow was that he could not see her last performance. She really sang most beautifully then.
9. Which of these records is the cheapest?
10. Most people like fresh fruit; my father, however, prefers dried fruit.
11. His first novel was his best book.
12. The sooner you go there, the better for you.
13. They are happier than you think.
14. This white bread is the worst that I have ever eaten.
15. She is not as beautiful as her sister, but she is just as clever (as she).
16. Here is a long list of the most important irregular verbs.
17. The chemical formulas of organic substances are more difficult than those of the inorganic ones.
18. The streets of the older German cities are narrower than those in the more modern cities.
19. Better clothes are becoming more and more expensive.
20. A straight line is the shortest distance between two points.

Übung zu Lektion XI

1. The store is closed because of illness.
2. Mexico City is on a mountain; Vienna is on the Danube.
3. We made an excursion to the mountain.
4. Four men and two women were sitting at the table.
5. I put the picture behind the curtain.
6. We wrote our names in the guest book.
7. They went along the river to the restaurant beside the bridge.
8. He went for a walk between the park and the lake.
9. She took the cake from the box and put it on the table.
10. I saw him in the midst of a crowd of people.

[6] *of*

11. The little boy was playing in front of the house before he ran away.
12. Your picture is hanging over my bed.
13. The horses jumped over the fence.
14. They stayed in this town for the sake of their children.
15. Opposite the hotel is the railway station.
16. After five years abroad he came home to Berlin.
17. She lived with her relatives while she was in Austria.
18. The tropics are above and below the equator.
19. Never act against your conscience.
20. He sat down opposite the speaker.

Übung zu Lektion XII

1. His mother as well as his sister died of[7] cancer.
2. We stayed in the country until it began to get dark.
3. Either you pay for it now or it will cost more later.
4. Please tell her that she should wait in case she arrives before I do (before me).
5. Before you eat, you have to wash your hands.
6. This is not an apple tree but a pear tree.
7. I have to work this weekend since I have no money.
8. She denied that she had taken it despite the fact that I had witnesses.
9. The more money he earns, the less he spends.
10. I am speaking slowly so that you can understand me.
11. He often came home as long as his mother was still alive.
12. If you are industrious you will have success.
13. I do not know if she is home.
14. Goethe was 82 years old when he died.
15. I know that I know nothing.
16. Not only children but also adults like Grimms' fairy tales.
17. Although we had just arrived, we went to the theater.
18. After Roosevelt (had) died, Truman became President of the United States.
19. He ate three sandwiches, for he had had no lunch.
20. While he was at the lecture, a thief had broken into the house.

[7] sterben an

Übung zu Lektion XIII

1. Who is the student whose books are so dirty?
2. To whom did you give your test tube?
3. The student (*fem.*) with whom he danced is very pretty.
4. The girl whom you saw in front of the theater is my sister.
5. The house from which the policeman came belongs to my best friend.
6. Whose slide rule is that?
7. With what are you writing?
8. Who were the people whom you advised to take the train?
9. Which typewriter do you prefer?
10. Everything that we saw pleased us very much.
11. A woman whose husband has died is a widow.
12. What sort of a dress did she wear?
13. On[8] which ship did you arrive?
14. The tree I showed you is one hundred and ten years old.
15. He supports his old parents, which is very nice.
16. To whom do these tennis balls belong?
17. What did she give you for it?
18. She said that she has no money, which is not true.
19. To whom are you writing?
20. Parents whose sons study in Europe are usually rich.

Übung zu Lektion XIV

1. At what time does the train leave for Berlin?
2. It leaves at 8:25 p.m. from Central Station.
3. What time is it now?
4. It is now 4:30 p.m.
5. The square root of 25 is 5.
6. He came to the laboratory every morning and worked there for one hour.
7. I shall see you the day after tomorrow.
8. He told me that in the first place I was too young for this job and that in the second place he wanted a man for it.
9. In the morning he works in his office and in the afternoon he visits his patients.
10. I saw her the day after.

[8] with

ÜBUNGEN

11. That was the third exam this week.
12. I finished the experiment the day before yesterday.
13. School begins a week from today.
14. Today is February 22.
15. I have to pay the rent tomorrow morning.
16. I saw him for the first time on March 19th.
17. $\frac{1}{2} + \frac{3}{4} = 1\frac{1}{4}$
18. I shall be back in half an hour.
19. He had already eaten half of the salad.
20. We have lost $\frac{2}{3}$ of our money.

Übung zu Lektion XVI

1. We ought to help him, for he is supposed to be very sick.
2. I had not been able to see them when I was in Europe.
3. You have to ask at the information desk if you want to know at what time the train leaves.
4. Please let me know if you need something.
5. You need not worry about him.
6. He must not get up until the doctor permits it.
7. Do you like oranges?
8. Goethe might have said this.
9. Such a high salary cannot be paid.
10. I should like to see that movie.
11. Why has she not been permitted to stay?
12. His wife has helped him prepare the trip.
13. My sister has never had to go to a doctor.
14. She will not be able to go to the university if she has a new dress made every week.
15. One has to be tolerant.
16. She is said to have been very beautiful.
17. I did not want to hear it, but I had to.
18. She is supposed to have been warned twice.
19. You don't have to eat it if you don't want to.
20. She claims to have been there.

Übung zu Lektion XVII

1. "Doktor Faustus" was written by Thomas Mann.
2. I was told that story three times.
3. Many cities were destroyed during the last war.

4. It would have to be done fast.
5. Nothing was to be heard.
6. There is much quarreling in this family.
7. You will be punished if you don't do as I tell you.
8. The house has been hit by a bomb, and all the people in the cellar have been killed.
9. I was asked about the trade relations between North and South America.
10. I am expected at my girl friend's at 3:30 p.m.
11. His life had been saved by this new medicine.
12. The participants were greeted by the chairman.
13. New inventions are shown at the exhibition, and I was told that great surprises are to come.
14. We were followed by a group of young people.
15. He will be thrown into prison if his innocence cannot be proved.
16. Four cups of coffee had been ordered, but only two have been paid for.
17. Every word has to be translated immediately.
18. He will be given an opportunity to go abroad.
19. Meanwhile, all the houses have been painted.
20. That cannot be repeated too often.

Übung zu Lektion XVIII und XIX

1. He told me that he was planning to go to the university this coming fall.
2. If he had studied at a university, he would know that better.
3. If his old father dies, he will inherit a large fortune.
4. If you had not written that letter, I would have had to pay for it.
5. My mother wrote me that she did not know whether she should tell my father (that) she was ill.
6. If you raise the temperature, the color of the compound changes.
7. If you did not eat so much, you would be healthier.
8. The general ordered (that) the bridge (be) destroyed.
9. That would not have been necessary.
10. I feel as if I had made a mistake.
11. I wish you had told me that sooner.
12. If I were you, I would not do this.
13. Act as if you were alone.

ÜBUNGEN

14. The professor said that we should prepare the next chapter.
15. If I had been able to see her, I would have warned her.
16. I read in the paper that the museum will be closed tomorrow.
17. I wish I were you!
18. I would give more money to the poor if I had more.
19. She looks as if she wanted to cry.
20. He said there would be peace for our generation.

Übung zu Lektion XX

1. We went swimming in the afternoon, and in the evening I went dancing.
2. The chairman and his wife are going to Europe (this) coming summer.[9]
3. Instead of waiting for an answer, she came herself.
4. They lived in a house bought by his parents.
5. You saw me doing my homework.
6. We helped them by collecting money for the homeless children.
7. After having been in Germany, I understood German much better.
8. I heard it raining during the night.
9. She hurt herself by lifting the heavy typewriter.
10. The crew of the helicopter found parts of the airplane floating in the ocean.
11. You heard me explaining it to him, didn't you?
12. Having been awake all night, I slept until 11 o'clock this morning.
13. I got used to the dialect by talking with the farmers.
14. Crossing the street against[10] a red light is dangerous.
15. The audience remained seated in the dark after the lights had gone out.
16. Without saying a single word, he left the room.
17. A big stone came flying through the window.
18. We learn German by speaking it.
19. The book written by my friend was a great success.
20. The mother comforted the weeping child.

[9] im
[10] bei (ohne Artikel)

Übersetzungen

Übersetzung zu Lektion I

1. Das Leben ist sehr einfach auf dem Land.
2. Johann lebte drei Jahre in den Niederlanden.
3. Der kleine Hans will Lehrer werden.
4. Sein Bruder will ein berühmter Dichter werden.
5. Ich wasche mir die Hände vor dem Abendessen.
6. Es ist schade, daß der April so ein kalter Monat war.
7. Die Kinder gehen nach dem Frühstück in die Schule.
8. Wir besuchten Österreich im Juli, Deutschland im August und die Schweiz im September.
9. Im Winter waren wir wieder zu Hause.
10. Er hatte Eile, nach Hause zu gehen.
11. Sie zog sich den Pullover aus, weil sie Fieber hatte.
12. Warum trinken Sie nicht, wenn Sie Durst haben?
13. Ich werde zu meiner Freundin in der Breite Straße auf Besuch gehen.
14. Er ist Engländer, aber seine Frau ist Amerikanerin.
15. Die kleine Anna hat Angst vor dem Mann, weil er mit sehr lauter Stimme spricht.
16. Wir haben Besuch aus Rußland und der Türkei.
17. Der Großglockner ist der höchste Berg in Österreich.
18. Sie haben ein Radio, ich habe keines.
19. Mancher Mann kommt nach Amerika in der Hoffnung, ein reicher Mann zu werden.
20. Welch eine gute Idee!

ÜBERSETZUNGEN

Übersetzung zu Lektion II

1. Viele Amerikaner haben mehrere Autos.
2. Alle Menschen müssen sterben.
3. Die Eltern des Soldaten besuchten ihn im Herbst.
4. Die Anfangsbuchstaben meines Namens sind A. B.
5. Das Fleisch ist ein Tierprodukt.
6. Wir müssen an das Gute in jedem Menschen glauben.
7. Die Freunde des Knaben sind Studenten.
8. Der Sekretär (die Sekretärin) des Künstlers zeigte dem Fremden die Sammlung.
9. Herrn Schneiders Frau sprach mit dem Präsidenten.
10. Ich habe drei Brüder und zwei Schwestern.
11. Die Tage sind lang im Sommer und die Nächte kurz.
12. Die Kälte ist in diesem Winter unerträglich.
13. Ich hatte vor zwei Wochen (vor vierzehn Tagen) eine Erkältung.
14. Sie erhielt eine Einladung zur Versammlung.
15. Die Gesellschaft hat einhundertfünfzig Mitglieder.
16. Viele Schauspieler und Schauspielerinnen haben diese Erfahrung gemacht.
17. Sie empfingen uns mit großer Höflichkeit und Freundlichkeit.
18. Wir haben zwei Schlafzimmer, ein Wohnzimmer, ein Eßzimmer, ein Badezimmer und eine Küche.
19. Die Verständigung zwischen den Nationen ist sehr schwierig.
20. Eine vorherrschende Eigenschaft der Deutschen ist Gründlichkeit.

Übersetzung zu Lektion III

1. Er trug einen braunen Mantel und einen grauen Hut.
2. Sie brachten Geschenke für alle Kinder.
3. Sind Sie in Europa gereist?
4. Ich bin nie in Italien gewesen.
5. Er hatte zwei Jahre Englisch studiert.
6. Was machten Sie, als Sie es hörten?
7. Er schlief, als es geschah.
8. Das Wasser wurde destilliert und die Lösung filtriert.
9. Sie nannten ihren Sohn Karl.
10. Ich arbeitete dort fünf Monate.

11. Haben Sie Physik gehabt, bevor Sie auf diese Universität kamen?
12. Er wird zwischen zwölf und eins essen.
13. Ich weiß, daß er den Präsidenten der Gesellschaft kannte.
14. Wir saßen im Garten und die Kinder spielten im Sand.
15. Er sieht viel besser mit dieser Brille.
16. Du wirfst den Ball und er wird ihn fangen.
17. Beethoven hat viele Symphonien komponiert.
18. Das Fleisch kostet vier Mark das Pfund.
19. Ich hoffe, daß er nicht ins Wasser fällt.
20. Sie sind nach England gegangen, aber sie sind nur zwei Wochen dort geblieben.

Übersetzung zu Lektion IV

1. Bitte nimm die Hände aus den Taschen!
2. Er lehnte ab, die Rede vorzubereiten.
3. Sehen wir nach, ob er das Buch zurückgebracht hat!
4. Er hat viel gewonnen, aber er hat auch viel verloren.
5. Ich nahm die Einladung an und kam zurück, um meine Studien fortzusetzen.
6. Versuchen Sie, sich klar auszudrücken!
7. Er hat genug Geld verdient, um seine Schulden loszuwerden.
8. Die Vorstellung findet im Park hinter dem Schloß statt.
9. Bitte erklären Sie, was dieser Satz bedeutet!
10. Er sah mich an und verschwand.
11. Ich habe vergessen, meine Schwester zu begleiten und den Brief abzusenden.
12. Es gefiel ihm, daß seine Tochter ihre Pläne aufgab.
13. Ich hatte entdeckt, daß er zwei Häuser besaß und daß er jeden Sommer auf dem Land verbrachte.
14. Meine Mutter vermietete zwei Zimmer an Studenten.
15. Gehen wir nach Hause, es wird spät.
16. Der Professor verglich beide Methoden.
17. Sie erwachte und machte das Fenster auf.
18. Friede sei mit euch!
19. Der Zug fuhr ab und die Reise begann.
20. Bitte behandeln Sie sie freundlich!

ÜBERSETZUNGEN

Übersetzung zu Lektion VI

1. Ich muß mich waschen, bevor ich ausgehen kann.
2. Der General unterhielt sich mit den Gefangenen.
3. Ich fühlte mich ganz wohl, nachdem ich mich niedergelegt hatte.
4. Sie haben sich sehr nett benommen und haben versprochen, sich nicht wieder zu verstecken.
5. Die Schule befindet sich gegenüber der Kirche.
6. Ich stellte mir vor, daß er größer wäre.
7. Darf ich mich vorstellen?
8. Wie diese Kinder sich verändert haben!
9. Bitte setzen Sie sich und erholen Sie sich von der Reise!
10. Ich freue mich auf Weihnachten.
11. Die Soldaten ergaben sich in ihr Schicksal.
12. Die Touristen wundern sich immer über die vielen schönen Geschäfte.
13. Langsam entfernte sich das Schiff und verschwand im Nebel.
14. Die Erde dreht sich um ihre eigene Achse.
15. Die Soldaten entschlossen sich, sich zu ergeben.
16. Wir interessieren uns nicht für alte Meister.
17. Fürchten Sie sich nicht vor dem Hund!
18. Ich kaufte mir einen Mantel und beeilte mich, ihn ihr zu zeigen.
19. Er ärgerte sich über mich und weigerte sich zu kommen.
20. Wir verspäteten uns, obwohl wir uns bemühten, pünktlich zu sein.

Übersetzung zu Lektion VII

1. Meine Familie lebt in Amerika; ich hörte, daß (die) Ihre (Ihrige, deine, deinige) in Deutschland ist.
2. Wir haben vorige Woche unser Auto verkauft.
3. Meiner Mutter tat es sehr leid.
4. Wieviel kostete das Auto Ihrer (deiner) Eltern?
5. Unseres (das unsere, das unserige) kostete 5 000 Mark.
6. Ihr Freund kaufte auch eines, aber seines (das seine, das seinige) ist nicht neu.
7. Seine Reifen sind in schlechter Verfassung.
8. Haben alle Ihre (deine) Verwandten Autos?

9. Kinder, euere belegten Brote sind fertig!
10. Trink deine Milch, Marie!
11. Iß nicht seinen Apfel, iß deinen (den deinen, den deinigen)!
12. Ihre Kinder sind älter als unsere (die unseren, die unserigen).
13. Die Freundin seiner Schwester ist vierzehn Jahre alt.
14. Der Freund seines Bruders ist dreizehn.
15. Geh und spiel mit ihnen! Sie haben ihr Obst gegessen.
16. Ich habe meiner Schwester ihre Post gesandt.
17. Sie ist mit ihrem Mann und ihren Kindern auf dem Land.
18. Wie viele von Ihren (deinen) Freunden sind in Europa gewesen?
19. Sein Klima ist sehr gesund.
20. Seine Söhne und ihre Tochter gehen mit unseren Kindern zur Schule in ihrem Auto.

Übersetzung zu Lektion VIII

1. Dunkle Wolken bedecken den Himmel.
2. Jedem jungen Mädchen gefallen schöne Kleider.
3. Er brachte ihr einen Strauß roter Rosen.
4. Er ging in ein altes Restaurant und aß ein gutes Abendessen.
5. Bellende Hunde beißen nie.
6. Mein neuer Freund ist ein sehr interessanter Mann; er ist sehr gebildet.
7. Ich sah mehrere moderne Gebäude und einige alte.
8. Hausgemachte Bäckereien sind besser als gekaufte.
9. Du sagtest mir nichts Neues.
10. Sein bester Freund und meine kleine Schwester sind an den nahen Strand gegangen.
11. Haben Sie ausländisches Geld? Ich habe deutsche Mark, österreichische Schillinge und französische Francs.
12. Die Werke aller dieser berühmten Männer sind in unserer neuen Bibliothek erhältlich.
13. Sie sagte nie etwas Schlechtes über ihre alten Freunde.
14. Er fuhr in das nächste Dorf in so einem schlechten Wetter (bei solch schlechtem Wetter).
15. Die Besitzer jener kleinen Häuser sind Angestellte der großen Fabrik.
16. Es gibt sehr viele alte Leute in dieser Stadt, aber sehr wenige junge Leute.

ÜBERSETZUNGEN

17. Ihr roter Hut ist sehr elegant.
18. Während meiner langen Ferien wohnte ich in einem schönen, kleinen, weißen Haus nahe dem rauschenden Meere.
19. Welchen amerikanischen General haben Sie gesehen?
20. Das wird am Morgen meine erste Arbeit sein.

Übersetzung zu Lektion IX

1. Das zweite Jahr Deutsch ist leichter als das erste.
2. Der höchste Berg in Deutschland ist die Zugspitze.
3. Die teu(e)reren Autos sind gewöhnlich größer.
4. Sein letztes Experiment dauerte länger als die anderen.
5. Mein jüngerer Bruder läuft sehr schnell; er läuft schneller als ich; aber er ist nicht der schnellste Läufer der Mannschaft; sein Freund ist der schnellste.
6. Meine älteste Schwester hat schwarzen Kaffee lieber; ich habe (trinke) Kaffee mit Milch am liebsten.
7. Der Patient wurde immer schwächer.
8. Seine größte Sorge war, daß er ihre letzte Vorstellung nicht sehen konnte. Sie sang damals wirklich am schönsten.
9. Welche dieser Schallplatten ist die billigste (am billigsten)?
10. Die meisten Leute haben frisches Obst gern; mein Vater aber hat getrocknetes Obst lieber.
11. Sein erster Roman war sein bestes Buch.
12. Je früher du dorthin gehst, desto besser für dich.
13. Sie sind glücklicher als Sie denken.
14. Dieses weiße Brot ist das schlechteste, das ich je gegessen habe.
15. Sie ist nicht so schön wie ihre Schwester, aber sie ist ebenso klug wie sie.
16. Hier ist eine lange Liste der wichtigsten unregelmäßigen Verben.
17. Die chemischen Formeln organischer Substanzen sind schwieriger als die der anorganischen.
18. Die Straßen der älteren deutschen Städte sind enger als die in den moderneren Städten.
19. Bessere Kleider werden immer teu(e)rer.
20. Eine gerade Linie ist die kürzeste Entfernung zwischen zwei Punkten.

Übersetzung zu Lektion XI

1. Das Geschäft ist wegen Krankheit geschlossen.
2. Mexiko Stadt liegt auf einem Berg; Wien liegt an der Donau.
3. Wir machten einen Ausflug auf den Berg.
4. Vier Männer und zwei Frauen saßen an dem (um den) Tisch.
5. Ich stellte das Bild hinter den Vorhang.
6. Wir schrieben unsere Namen in das Gästebuch.
7. Sie gingen den Fluß entlang zum Restaurant neben der Brücke.
8. Er ging zwischen dem Park und dem See spazieren.
9. Sie nahm den Kuchen aus der Schachtel und stellte ihn auf den Tisch.
10. Ich sah ihn inmitten einer Menschenmenge.
11. Der kleine Junge spielte vor dem Haus, ehe (bevor) er weglief.
12. Dein Bild hängt über meinem Bett.
13. Die Pferde sprangen über den Zaun.
14. Sie blieben in dieser Stadt um ihrer Kinder willen.
15. Dem Hotel gegenüber ist der Bahnhof.
16. Nach fünf Jahren im Ausland kam er nach Hause nach Berlin.
17. Sie wohnte bei ihren Verwandten, während sie in Österreich war.
18. Die Tropen sind oberhalb und unterhalb des Äquators.
19. Handle nie gegen dein Gewissen!
20. Er setzte sich dem Redner gegenüber.

Übersetzung zu Lektion XII

1. Seine Mutter sowohl als auch seine Schwester starben an Krebs.
2. Wir blieben auf dem Land, bis es begann dunkel zu werden.
3. Entweder du bezahlst dafür jetzt oder es wird später mehr kosten.
4. Bitte sagen Sie ihr, daß sie warten soll, falls sie vor mir ankommt!
5. Bevor du ißt, mußt du dir die Hände waschen.
6. Das ist kein Apfelbaum, sondern ein Birnbaum.
7. Ich muß dieses Wochenende arbeiten, da ich kein Geld habe.
8. Sie leugnete, daß sie es genommen hatte, trotzdem ich Zeugen hatte.
9. Je mehr Geld er verdient, desto weniger gibt er aus.
10. Ich spreche langsam, damit Sie mich verstehen können.

ÜBERSETZUNGEN

11. Er kam oft nach Hause, solange seine Mutter noch lebte.
12. Wenn Sie fleißig sind, werden Sie Erfolg haben.
13. Ich weiß nicht, ob sie zu Hause ist.
14. Goethe war 82 Jahre alt, als er starb.
15. Ich weiß, daß ich nichts weiß.
16. Nicht nur Kinder, sondern auch Erwachsene haben Grimms Märchen gern.
17. Obgleich wir eben (erst) angekommen waren, gingen wir in das Theater.
18. Nachdem Roosevelt gestorben war, wurde Truman Präsident der Vereinigten Staaten.
19. Er aß drei belegte Brote, denn er hatte kein Mittagessen gehabt.
20. Während er in der Vorlesung war, war ein Dieb in sein Haus eingebrochen.

Übersetzung zu Lektion XIII

1. Wer ist der Student, dessen Bücher so schmutzig sind?
2. Wem haben Sie Ihre Proberöhre gegeben?
3. Die Studentin, mit der er tanzte, ist sehr hübsch.
4. Das Mädchen, das Sie vor dem Theater sahen, ist meine Schwester.
5. Das Haus, woraus der Polizist kam, gehört meinem besten Freund.
6. Wessen Rechenschieber ist das?
7. Womit schreiben Sie?
8. Wer waren die Leute, denen Sie rieten, den Zug zu nehmen?
9. Welche Schreibmaschine haben Sie lieber?
10. Alles, was wir sahen, gefiel uns sehr gut.
11. Eine Frau, deren Mann gestorben ist, ist eine Witwe.
12. Was für ein Kleid trug sie?
13. Mit welchem Schiff kamen Sie an?
14. Der Baum, den ich Ihnen zeigte, ist hundertzehn Jahre alt.
15. Er unterstützt seine alten Eltern, was sehr nett ist.
16. Wem gehören diese Tennisbälle?
17. Was gab sie Ihnen dafür?
18. Sie sagte, daß sie kein Geld hat, was nicht wahr ist.
19. Wem (an wen) schreiben Sie?
20. Eltern, deren Söhne in Europa studieren, sind gewöhnlich reich.

Übersetzung zu Lektion XIV

1. Um wieviel Uhr fährt der Zug nach Berlin ab?
2. Er fährt um 20,25 (zwanzig Uhr fünfundzwanzig) vom Hauptbahnhof ab.
3. Wie spät ist es jetzt? (Wieviel Uhr ist es jetzt?)
4. Es ist jetzt halb fünf.
5. Die Quadratwurzel aus fünfundzwanzig ist fünf.
6. Er kam jeden Morgen in das Laboratorium und arbeitete da eine Stunde.
7. Ich werde Sie übermorgen sehen.
8. Er sagte mir, daß ich erstens zu jung für diese Arbeit bin (sei, wäre) und daß er zweitens einen Mann dafür wollte.
9. Am Morgen arbeitet er in seinem Büro und am Nachmittag besucht er seine Patienten.
10. Ich sah sie tags darauf.
11. Das war die dritte Prüfung diese Woche.
12. Ich beendete vorgestern das Experiment.
13. Die Schule beginnt heute in einer Woche.
14. Heute haben wir den zweiundzwanzigsten Februar.
15. Ich muß morgen früh die Miete (be)zahlen.
16. Ich sah ihn am neunzehnten März zum erstenmal.
17. Ein halb plus drei Viertel ist ein und ein Viertel.
18. Ich werde in einer halben Stunde zurück sein.
19. Er hatte bereits die Hälfte des Salats gegessen.
20. Wir haben zwei Drittel unseres Geldes verloren.

Übersetzung zu Lektion XVI

1. Wir sollten ihm helfen, denn er soll sehr krank sein.
2. Ich hatte sie nicht sehen können, als ich in Europa war.
3. Sie müssen an der Auskunft fragen, wenn Sie wissen wollen, um wieviel Uhr der Zug abfährt.
4. Bitte lassen Sie mich wissen, wenn Sie etwas brauchen!
5. Sie brauchen sich um ihn nicht zu sorgen.
6. Er darf nicht aufstehen, bis der Arzt es erlaubt.
7. Mögen Sie Orangen?
8. Das könnte Goethe gesagt haben.
9. Solch ein hohes Gehalt kann nicht bezahlt werden.
10. Ich möchte jenen Film sehen.

ÜBERSETZUNGEN

11. Warum hat sie nicht bleiben dürfen?
12. Seine Frau hat ihm die Reise vorbereiten geholfen.
13. Meine Schwester hat nie zu einem Arzt gehen müssen.
14. Sie wird nicht auf die Universität gehen können, wenn sie sich jede Woche ein neues Kleid machen läßt.
15. Man muß tolerant sein!
16. Sie soll sehr schön gewesen sein.
17. Ich wollte es nicht hören, aber ich mußte.
18. Sie soll zweimal gewarnt worden sein.
19. Sie müssen es nicht essen, wenn Sie nicht wollen.
20. Sie will dort gewesen sein.

Übersetzung zu Lektion XVII

1. „Doktor Faustus" wurde von Thomas Mann geschrieben.
2. Man erzählte mir (mir wurde) jene Geschichte dreimal (erzählt).
3. Viele Städte wurden während des letzten Krieges zerstört.
4. Es würde schnell getan werden müssen. (Man müßte es schnell tun).
5. Nichts war zu hören (nichts ließ sich hören; es war nichts zu hören).
6. Es wird in dieser Familie viel gestritten.
7. Du wirst bestraft werden, wenn du nicht tust wie ich dir sage.
8. Das Haus ist durch eine Bombe getroffen worden und alle Leute im Keller sind getötet worden.
9. Ich wurde (man fragte mich) über die Handelsbeziehungen zwischen Nord- und Südamerika gefragt.
10. Ich werde um halb vier bei meiner Freundin erwartet.
11. Sein Leben war durch diese neue Medizin gerettet worden.
12. Die Teilnehmer wurden vom Vorsitzenden begrüßt.
13. Neue Erfindungen werden auf der Ausstellung gezeigt und man sagte mir (mir wurde gesagt), daß große Überraschungen kommen sollen.
14. Eine Gruppe junger Leute folgte uns.
15. Er wird ins Gefängnis geworfen werden, wenn seine Unschuld nicht bewiesen werden kann (wenn sich seine Unschuld nicht beweisen läßt).
16. Vier Tassen Kaffee waren bestellt worden, aber nur zwei (sind) bezahlt worden.

17. Jedes Wort muß sofort übersetzt werden.
18. Ihm wird eine Gelegenheit gegeben werden (man wird ihm eine Gelegenheit geben), ins Ausland zu gehen.
19. Alle Häuser sind inzwischen gestrichen worden.
20. Das kann nicht zu oft wiederholt werden.

Übersetzung zu Lektion XVIII und XIX

1. Er sagte mir, daß er plant (plane, plante), kommenden Herbst auf die Universität zu gehen.
2. Wenn er an (auf) einer Universität studiert hätte, würde er das besser wissen (wüßte er das besser).
3. Wenn sein alter Vater stirbt, wird er ein großes Vermögen erben.
4. Wenn Sie diesen Brief nicht geschrieben hätten, hätte ich dafür bezahlen müssen.
5. Meine Mutter schrieb mir, daß sie nicht wußte (wisse, wüßte), ob sie meinem Vater sagen soll (solle, sollte), daß sie krank ist (sei, wäre).
6. Wenn Sie die Temperatur erhöhen, (ver)ändert sich die Farbe der Zusammensetzung.
7. Wenn Sie nicht so viel äßen, würden Sie gesünder sein (wären Sie gesünder).
8. Der General befahl, daß die Brücke zerstört werden soll (solle, sollte).
9. Das wäre nicht nötig gewesen (würde nicht nötig gewesen sein)!
10. Ich fühle, als ob ich einen Fehler gemacht hätte.
11. Ich wünsche, Sie hätten mir das eher (früher) gesagt.
12. Wenn ich Sie wäre, würde ich das nicht tun (täte ich das nicht).
13. Tun Sie, als ob Sie allein wären.
14. Der Professor sagte, daß wir das nächste Kapitel vorbereiten sollen (sollten).
15. Wenn ich sie hätte sehen können, hätte ich sie gewarnt (würde ich sie gewarnt haben).
16. Ich las in der Zeitung, daß das Museum morgen geschlossen sein würde.
17. Ich wünsche, ich wäre Sie!
18. Ich würde den Armen mehr Geld geben (ich gäbe den Armen mehr Geld), wenn ich mehr hätte.

19. Sie sieht aus, als ob sie weinen wollte.
20. Er sagte, daß es für unsere Generation Frieden geben wird (werde, würde).

Übersetzung zu Lektion XX

1. Wir gingen am Nachmittag schwimmen und am Abend ging ich tanzen.
2. Der Vorsitzende und seine Frau fahren im kommenden Sommer nach Europa.
3. Anstatt auf eine Antwort zu warten, kam sie selbst.
4. Sie wohnten in einem von seinen Eltern gekauften Haus.
5. Sie sahen mich meine Hausaufgabe machen.
6. Wir halfen ihnen, indem wir Geld für die obdachlosen Kinder sammelten.
7. Nachdem ich in Deutschland war, verstand ich Deutsch viel besser.
8. Während der Nacht hörte ich es regnen.
9. Sie verletzte sich, indem sie die schwere Schreibmaschine hob.
10. Die Mannschaft des Hubschraubers fand Teile des Flugzeugs im Ozean schwimmen.
11. Sie hörten mich es ihm erklären, nicht wahr?
12. Da ich die ganze Nacht wach war, schlief ich heute früh bis elf Uhr.
13. Ich gewöhnte mich an den Dialekt, indem ich mit den Bauern sprach.
14. Das Überqueren der Straße bei rotem Licht ist gefährlich.
15. Das Publikum blieb im Dunkeln sitzen, nachdem die Lichter ausgegangen waren.
16. Ohne ein einziges Wort zu sagen, verließ er das Zimmer.
17. Ein großer Stein kam durch das Fenster geflogen.
18. Wir lernen Deutsch, indem wir es sprechen.
19. Das von meinem Freund geschriebene Buch war ein großer Erfolg.
20. Die Mutter tröstete das weinende Kind.

Deutsch-englisches Vokabular

Both vocabularies aim to be complete, except for personal pronouns and numerals. The declension of regular nouns is indicated as follows: der **Sohn**, ⸚e, i.e., the nominative singular and the nominative plural. Irregular nouns are shown in the nominative singular, genitive singular, and nominative plural: das **Herz**, –ens, –en. Only the infinitives of weak verbs are given. The principal parts of strong verbs are indicated as follows: **geben, a, e**, (that is, **geben, gab, gegeben**), i.e. infinitive, third person singular past tense, past participle; (**ist**) indicates that the verb is conjugated with **sein** in the perfect tenses. Verbs with separable prefixes have a centered period between the prefix and the infinitive: **an•kommen**.

The following abbreviations are used:

acc.	accusative
adj.	adjective
adv.	adverb
conj.	conjunction
dat.	dative
dem. pron.	demonstrative pronoun
fem.	feminine
gen.	genitive
int. pron.	interrogative pronoun
masc.	masculine
s.o.	some one
pl.	plural
prep.	preposition
rel. pron.	relative pronoun
sing.	singular

DEUTSCH-ENGLISCHES VOKABULAR

A

ab und zu   now and then
ab•brechen, a, o, i   to discontinue
ab•drehen   to turn off
der Abend, -e   evening
das Abendessen, -   supper
das Abendkleid, -er   evening gown
abends   in the evening
aber   but, however
abermals   again
ab•fahren, u, a, ä (ist)   to depart
ab•geben, a, e   to give up, hand over
der Abgrund, ⸚e   abyss
ab•hängen, i, a   to depend
abhängig   dependent
sich ab•heben, o, o   to stand out
die Ablautsreihe, -n   series of graded vowels
ab•legen   to lay off, take off
ab•lehnen   to decline, refuse
ab•leiten   to derive, deduce
ab•lesen, a, e, ie   to read at sight
ab•schließen, schloß ab, abgeschlossen   to lock up, conclude, finish
die Absicht, -en   intention
absichtlich   intentional, deliberate
abstrakt′   abstract
abwegig   devious, off the track, odd
ab•weisen, ie, ie   to refuse
abweisend   rejecting
ab•ziehen, zog ab, abgezogen   to deduct, subtract
die Achsel, -n   shoulder; mit den — zucken   to shrug one's shoulders
achten   to regard
die Achtung   respect
der Acker, ⸚   field
das Adjektiv, -e   adjective
die Adjektivendung, -en   adjective ending
adjekti′visch   as an adjective
das Adverb′, -ien   adverb
adverbial′   as an adverb
(das) Afrika   Africa
ähnlich   similar
der Ahorn   maple
das Aktenzeichen, -   file number
der Akzent′, -e   accent
akzeptieren   to accept
der Alkohol   alcohol
alkoho′lisch   alcoholic
all, pl. alle   all
allein   alone, but (conj.), only
allerdings   to be sure
allerlei   all kinds of, all sorts of
alles   everything
allgemein   general
allmäh′lich   gradual
allwissend   omniscient
alphabetisch   in alphabetical order
als   when, as, than; — ob   as if
also   so, thus, therefore
alt   old
das Altersleid, -en   melancholy due to old age

(das)	**Amerika** America		**an•kommen, kam an, angekommen (ist)** to arrive
der	**Amerikaner, –** the American (*masc.*)		
die	**Amerika'nerin, –nen** the American (*fem.*)		**an•kündigen** to announce
		die	**Ankündigung, –en** announcement
sich	**amüsieren** to enjoy oneself	der	**Anlaß, ⸚e** cause
	an at, on, by, to	die	**Anmerkung, –en** annotation
die	**Analy'se, –n** analysis		**an•nehmen, nahm an, angenommen** to take, accept, suppose
	analysieren to analyze		
	an•beten to adore		
	an•bieten, o, o to offer	die	**Anrede, –n** address
der	**Anblick, –e** sight		**an•rufen, ie, u** to call (by telephone)
	an•bringen, brachte an, angebracht to place, to spend (*money*)		
			an•rühren to touch
das	**Andenken, –** souvenir		**an•schauen** to look at
	ander other		**an•sehen, a, e** to look at
	andererseits on the other hand	das	**Ansehen** appearance, authority, esteem; **des —s halber** for the sake of appearance
	ändern to change		
	anders different		
	anderthalb one and a half		**an•setzen** to begin to, launch
die	**Änderung, –en** change	die	**Ansicht, –en** opinion
	an•deuten to indicate	die	**Ansprache, –n** address
	an•eignen to acquire	der	**Anstand** propriety, behavior, deportment
der	**Anfang, ⸚e** beginning		
	an•fangen, i, a, ä to begin		**(an)statt** instead of
der	**Anfangsbuchstabe, –n** initial letter		**an•stellen** to employ
			an•stoßen, ie, o to knock against
die	**Anfrage, –n** inquiry		
	an•geben, a, e to denote	(sich)	**an•strengen** to make an effort, strain
	an•gehen, ging an, angegangen (ist) to concern		
			an•tasten to question
	an•gehören to belong	die	**Antithe'se, –n** antithesis
	angeln to fish	die	**Antwort, –en** answer
	an•gleichen, i, i to assimilate		**antworten** to answer
			anwesend present
die	**Angst, ⸚e** fear; **— haben** to be afraid of	die	**Anzahl** number, quantity
		sich	**an•ziehen, zog an, angezogen** to dress, put on
	an•haben, hatte an, angehabt to wear		
		der	**Apfel, ⸚** apple
	an•hören to listen to		

DEUTSCH-ENGLISCHES VOKABULAR

der **Apparat', -e** apparatus
der **Appetit'** appetite
der **April'** April
der **Äquator** equator
die **Arbeit, -en** work
    arbeiten to work
der **Arbeitsgang, ⸚e** series of experiments
der **Argentinier, -** Argentine (man)
    ärgerlich angry
    ärgern to annoy; **sich —** to get angry
das **Argument', -e** argument
    arm poor
der **Arm, -e** arm
das **Arom(a)** aroma, scent
die **Art, -en** sort, kind
der **Artik'el, -** article
der **Arzt, ⸚e** physician
der **Assistent', -en, -en** assistant
die **Aster, -n** aster
der **Astknoten, -** knot (in wood)
    atmen to breathe
die **Atmosphä're** atmosphere
das **Attribut', -e** attribute
    attributiv' as an attribute, descriptive
    auch also, too
    auf on, upon, to, at; **— und ab** up and down
    auf•bauen to build up, develop
    auf•bewahren to keep, preserve
    auf•blicken to look up
    auf•branden to surge
    auf•brechen, a, o to break open
    auf•essen, aß auf, aufgegessen, ißt auf to eat up

    auf•fallen, fiel auf, aufgefallen, fällt auf, (ist) to strike (*fig.*)
die **Aufforderung, -en** suggestion, request
die **Aufgabe, -n** homework, lesson, task
    auf•gehen, ging auf, aufgegangen (ist) to rise, open
    auf•hängen to hang up
    auf•heulen to roar
    auf•hören to stop
    auf•klappen to open
    auf•lauern to lie in wait for a person (*with dat.*)
    auf•lösen to disentangle
    auf•machen to open
    aufmerksam attentive
    auf•nehmen, nahm auf, aufgenommen, nimmt auf to take up, admit
    auf•ragen to tower
    aufrecht upright
sich **auf•regen** to get excited
    auf•reißen, riß auf, aufgerissen to tear open
der **Aufriß, Aufrisse** blueprint, draft, sketch
    auf•schlagen, u, a to bruise
    auf•schreiben, ie, ie to write down
das **Aufsehen** sensation
der **Aufseher, -** supervisor
    auf•stehen, stand auf, aufgestanden (ist) to get up
    auf•steigen, ie, ie (ist) to rise, to mount
    auf•suchen to seek out
der **Auftrag, ⸚e** order
der **Auftraggeber, -** employer

	auf•treten, a, e to occur
	auf•zehren to consume, eat up
die	**Aufzeichnung, –en** note, record
	auf•ziehen, zog auf, aufgezogen (ist) to rise
das	**Auge, –n** eye
der	**Augenblick, –e** moment
das	**Augenglas, ⸚er** eyeglass
der	**August'** August
	aus out of, from, of
	aus•blasen, ie, a to blow out
der	**Ausblick, –e** outlook, view
	aus•breiten to spread
	aus•dehnen to extend, expand
sich	**aus•denken, dachte aus, ausgedacht** to imagine
der	**Ausdruck, ⸚e** expression
	aus•drücken to express
	aus•geben, a, e to spend (*money*), to give out
	aus•gehen, ging aus, ausgegangen (ist) to go out, emanate
	aus•halten, ie, a to endure
	aus•lachen to laugh at
das	**Ausland** abroad
der	**Ausländer, –** foreigner
	aus•lassen, ließ aus, ausgelassen to let out, omit
das	**Ausmaß, –e** extent
die	**Ausnahme, –n** exception
	aus•nehmen, nahm aus, ausgenommen to exempt, take out
das	**Ausrufezeichen, –** exclamation mark
sich	**aus•ruhen** to rest
	ausschlaggebend decisive

	aus•sehen, a, e to look like
	außen outside
	außer out of, outside, besides, except
	außerdem besides, moreover
	außerhalb outside
	äußerst extremely
die	**Äußerung, –en** remark, utterance
	aus•steigen, ie, ie (ist) to get off
(das)	**Australien** Australia
	aus•treiben, ie, ie to drive out
	aus•üben to exert
der	**Ausweis, –e** identity card
	auswendig outward, outside, by heart
	auswendig•lernen to learn by heart
	aus•werten to evaluate
die	**Auszeichnung, –en** distinction
	aus•ziehen, zog aus, ausgezogen (ist) to move out
sich	**aus•ziehen, zog aus, ausgezogen** to undress
das	**Auto, –s** automobile
die	**Autobahn, –en** expressway
die	**Autorin, –nen** author (*fem.*)
die	**Autorität, –en** authority
der	**Autounfall, ⸚e** car accident

B

	backen, buk, gebacken to bake
der	**Backenbart, ⸚e** whiskers

die	**Bäckerei, –en** bakery		der	**Befehl, –e** order, command
das	**Bad, ⸚er** bath, spa			**befehlen, a, o** to order
	baden to bathe; **— gehen** to go swimming		die	**Befehlsform, –en** form of command
der	**Badeort, –e** spa		sich	**befinden, a, u** to be situated, be
	bahnbrechend pioneering			**befreien** to free, liberate
der	**Bahnhof, ⸚e** station			**befremdet** in consternation
	bald soon			
der	**Ball, ⸚e** ball		die	**Begabung, –en** talent
die	**Bank, ⸚e** bench		sich	**begeben, a, e** to proceed, place o.s.
die	**Bank, –en** bank			
der	**Bankbeamte, –n, –n** banker			**begegnen** to meet
der	**Bannkreis, –e** precinct			**beginnen, a, o** to begin
das	**Barthaar, –e** hair of the beard			**beglänzen** to shine
				begleiten to accompany
	bartlos beardless			**beglücken** to make happy
die	**Base, –n** alkali		sich	**begnügen** to be satisfied
die	**Basis** basis, base			**begraben, u, a** to bury
der	**Bauch, ⸚e** stomach		das	**Begräbnis, –se** funeral
die	**Bauchgrube, –n** abdomen			**begreifen, begriff, begriffen** to understand, comprehend
	bauen to build			
der	**Bauer, –n** peasant, farmer			**begreiflich** comprehensible
der	**Bauerngarten, ⸚** peasant's garden		der	**Begriff, –e** conception, idea; **im —e sein zu** to be about to
der	**Bauernhof, ⸚e** farmhouse, farmstead			**behalten, ie, a** to keep, to retain
der	**Baum, ⸚e** tree			**behandeln** to treat
	beabsichtigen to intend			**behaupten** to maintain, affirm
	beachten to notice, observe			
	beantworten to answer			**bei** at, by, with, near
	beben to tremble			**beide** both
	bedauern to regret			**beiläufig** casually
	bedecken to cover		das	**Bein, –e** bone, leg
	bedeuten to mean			**beinahe** almost
	bedeutend distinguished			**beinhart** as hard as a bone
die	**Bedeutung, –en** meaning		das	**Beispiel, –e** example; **zum — (z. B.)** for example
sich	**beeilen** to hurry			
	beenden to finish, end			**beißen, biß, gebissen** to bite
das	**Beereneinkochen** making preserves			

	bei•tragen, u, a to contribute		die	Beschaffenheit nature
	bekannt (well) known, acquainted			beschatten to overshadow
				beschließen, beschloß, beschlossen to fulfill, determine
der	Bekannte, –n, –n acquaintance			
sich	beklagen to complain			beschreiben, ie, ie to describe
	bekommen, bekam, bekommen to get, receive			besitzen, besaß, besessen to possess, own
sich	bekümmern to take care			besonder special
	beleben to animate			besonders especially
	belehren to instruct			besser better
die	Beleuchtung, –en lighting			bestehen, bestand, bestanden to pass, stand, endure; — (aus) to consist of
	bemerken to notice, add			
die	Bemerkung, –en remark			
sich	bemühen to strive			bestellen to order
die	Bemühung, –en endeavor			bestimmen to determine
sich	benehmen, benahm, benommen to behave			bestimmt definite, certain
				bestrafen to punish
	benommen stupefied			bestrahlen to shine upon
	benötigen to need		der	Besuch, –e visit(or)
	beobachten to watch			besuchen to visit
die	Beobachtung, –en observation			betäubt stupefied
				betrachten to view
das	Bereich, –e scope, area			betragen, u, a to amount
	bereit ready			betreten, a, e to enter
die	Bereitschaft, –en readiness		der	Betrieb, –e organization
der	Berg, –e mountain			betrübt sad, grieved
	bergen, a, o to hide		das	Bett, –en bed
die	Berghöhe, –n hilltop		die	Bettdecke, –n bedspread
der	Bericht, –e report		die	Bevölkerung, –en population
	berichten to report			
der	Beruf, –e profession			bevor before (conj).
	beruhigen to quiet, calm		die	Bewachung, –en guard, custody
die	Beruhigung, –en reassurance			
			sich	bewähren to stand the test
	berühmt famous			bewegen to move
die	Berühmtheit fame		die	Bewegung, –en motion
	berühren to touch			bewegungslos motionless
	beschaffen constituted; wie der Mann — war how the man was			bewirken to effect, cause
				bewundern to admire

das	**Bewußtsein** consciousness; **mit dem —** convinced		der	**Blitz, –e** lightning, flash **blitzen** to flash; **es blitzt** there is lightning
	bezahlen to pay			**blond** blond
sich	**beziehen, bezog, bezogen** to refer		die	**Blondine, –n** blonde
die	**Bibliothek′, –en** library			**bloß** only
	biegen, o, o to bend			**blühen** to bloom
das	**Biest, –er** beast		die	**Blume, –n** flower
	bieten, o, o to offer		der	**Blumentopf, ⸚e** flowerpot
das	**Bild, –er** picture			**blumig** floral
	bilden to form		die	**Bluse, –n** blouse
die	**Bildung, –en** formation, education		das	**Blut** blood
	billig cheap		der	**Boden, –** or ⸚ floor, ground
die	**Billion′, –en** billion (= a million millions; in USA billion = a thousand millions)		der	**Bogen, ⸚** arcade
			die	**Bohne, –n** bean
			die	**Bombe, –n** bomb
			der	**Bombentrichter, –** bomb crater
	binden, a, u to bind			**bös(e)** bad, evil
die	**Birne, –n** pear		der	**Bote, –n, –n** messenger
	bis till, until		der	**Brasilianer, –** Brazilian (man)
ein	**bißchen** a bit			
der	**Bissen, –** bite			**braten, ie, a** to roast, fry
	bitte please			**brauchbar** useful
	bitten, bat, gebeten (um) to beg, ask for			**brauchen** to use, need
				braun brown; **bräunlich** brownish
	blamieren to make a fool of somebody			
			die	**Braut, ⸚e** bride
	blasen, ie, a to blow			**brechen, a, o** to break
	blaß pale			**breit** broad, wide
das	**Blatt, ⸚er** page, leaf		die	**Bremse, –n** brake, horsefly
	blau blue			**brennen, brannte, gebrannt** to burn
die	**Bläue** blueness			
das	**Blei** lead		die	**Brennessel, –** stinging nettle
	bleiben, ie, ie (ist) to remain		der	**Brief** letter
	bleibend lasting		der	**Briefträger, –** mailman
der	**Bleistift, –e** pencil		die	**Brille, –n** eyeglasses
die	**Blende, –n** blind			**bringen, brachte, gebracht** to bring
	blenden to blind			
der	**Blick, –e** glance		der	**Brocken, –** bit
	blind blind		das	**Brot, –e** bread

der	**Bruch, ⸚e** fraction		**damals** then, at that time	
der	**Bruder, ⸚** brother	die	**Dame, –n** lady	
die	**Brust, ⸚e** breast, heart, chest		**damit** so that	
das	**Buch, ⸚er** book	die	**Dankbarkeit, –en** gratitude	
der	**Buchdrucker, –** printer		**dann** then	
das	**Bücherregal', –e** bookrack		**darauf** upon that	
sich	**bücken** to bend		**darüber hinaus** moreover	
	büffeln to grind		**darum** therefore	
die	**Bühne, –n** stage	das	**Dasein** life, existence	
die	**Bundesrepublik'** Federal Republic		**daß** that (*conj.*); **der — Satz** daß-clause	
	bunt motley, colorful	das	**Datum, Daten** date	
die	**Burg, –en** castle		**dauern** to last	
der	**Bürger, –** burgher, citizen	die	**Dauerwurst, ⸚e** hard sausage	
der	**Bürgermeister, –** mayor	der	**Daumen, –** thumb	
die	**Butter** butter		**davorhängend** hanging in front of	

C

der	**Charak'ter, –e're** character	die	**Debatte, –n** debate	
die	**Charak'tereigenschaft, –en** character trait	die	**Decke, –n** blanket	
			decken to lay (the table), cover, coincide	
der	**Chauffeur', –e** driver	die	**Definition', –en** definition	
der	**Chef, –s** boss		**dein** your	
	chemisch chemical	die	**Deklination', –en** declension	
der	**Chine'se, –n, –n** Chinese (man)		**deklinieren** to decline	
	chine'sisch Chinese	die	**Delegation', –en** delegation	
der	**Christbaum, ⸚e** Christmas tree		**denken, dachte, gedacht** to think	
das	**Christentum** Christianity		**denn** for (*conj.*)	
			dennoch yet, still, nevertheless	

D

	da there, since, as (*conj.*)	**derjenige, die–, das–** that, which
	dabei in doing so	**derselbe, die–, das–** the same
das	**Dach, ⸚er** roof	**deshalb** therefore
	daher therefore	**deswegen** for that reason
	daher•hüpfen to hop along	**deutsch** German
	dahinein into it	
	damalig of that time	

(das) **Deutschland** Germany
der **Dezember** December
die **Dezimal′zahl, −en** decimal number
dicht close, dense
der **Dichter, −** poet
dick thick, fat
der **Dieb, −e** thief
der **Diener, −** attendant
der **Dienstag, −e** Tuesday
dieser, −e, −es this
diesmal this time
diesseits on this side of
das **Diminutiv′, −e** diminutive
das **Ding, −e** thing
der **Diplomat′, −en, −en** diplomat
direkt′ direct
die **Dirne, −n** prostitute
die **Diskussion′, −en** discussion
disparat′ disparate
dividieren to divide
doch yet, however, still, anyhow
das **Dogma, Dogmen** dogma
die **Donau** Danube
donnern to thunder
der **Donnerstag, −e** Thursday
der **Doppelinfinitiv′, −e** double infinitive
das **Dorf, ̈er** village
die **Dorfuhr, −en** village clock
dort there
die **Drangsal** distress, affliction
draußen outside
drehen to rotate, turn
drei three
dringen, a, u (ist) to get through, penetrate
drinnen in it
dritt third

das **Drittel, −** third
die **Drossel, −n** thrush
drücken to oppress
der **Duft, ̈e** fragrance
dumm stupid
die **Dummheit, −en** stupidity
dumpf dull
dunkel dark
die **Dunkelheit** darkness
durch through, by
durchaus positively
durch•führen to carry out, accomplish
durch•leuchten to X-ray, irradiate
durchschauen to penetrate
durchwachen to watch through
dürfen, durfte, gedurft to be permitted, may
die **Dürre** dryness, drought, sterility
der **Durst** thirst; **— haben** to be thirsty
das **Dutzend, −e** dozen

E

eben even, level, plain, just, precisely; **— doch** to be sure
ebenfalls also
ebenso in the same way
das **Echo, −s** echo
echt genuine
die **Ecke, −n** corner
edel noble
ehe before; **—r** sooner
die **Ehe, −n** marriage
die **Ehre, −n** honor
das **Ei, −er** egg
die **Eiche, −n** oak
eigen own

der	**Eigenname, –ns, –n** proper name	der	**Einwohner, –** inhabitant
	eigentlich proper, real, strictly speaking	die	**Einwohnerzahl, –en** total population
die	**Eile** haste; **— haben** to be in a hurry		**einzig** only, sole
	eilen to hurry	das	**Eisen** iron
	ein a, one	die	**Eisenbahn, –en** railway, train
	einander one another		**eisern** iron (*adj.*)
sich	**ein•bilden** to imagine		**elegant'** elegant
	ein•dringen, a, u (ist) to invade, intrude		**elektrisch** electric
der	**Eindruck, ̈e** impression	das	**Element', –e** element
	einerlei all the same		**elf** eleven
	einfach simple		**elfenbeinfarbig** ivory colored
	ein•fallen, fiel ein, eingefallen (ist) to fall in, invade, occur	der	**Ellbogen, –** elbow
		(das)	**Elsaß** Alsace
	ein•flößen to fill	die	**Eltern** (*pl.*) parents
der	**Einfluß, ̈e** influence		**empfehlen, a, o** to recommend
	ein•führen to introduce, import	die	**Empfindung, –en** feeling, sentiment
die	**Eingeweide** (*pl.*) bowels		**emphatisch** emphatic
	eingeweiht initiated	das	**Ende, –n** end
	einig united; **— werden** to come to an agreement		**enden** to end
		die	**Endung, –en** ending
	einige (*pl.*) some		**eng** narrow, close, immediate
	ein•kaufen to shop	der	**Engländer, –** Englishman
	ein•laden, u, a to invite		**englisch** English
	ein•leiten to introduce		**entdecken** to discover
	einmal once	die	**Entdeckung, –en** discovery
	einmalig unique, single		**entfallen, entfiel, entfallen (ist)** to be allotted
	ein•schlafen, ie, a (ist) to fall asleep		**entfernen** to remove; **sich —** to go away
	ein•schüchtern to intimidate		**entführen** to abduct
	ein•sehen, a, e to realize		**entgegen** towards; **— bringen** to offer
	einsilbig monosyllabic		**entgegenkommend** obliging
	ein•steigen, ie, ie (ist) to board a vehicle		
	ein•treten, a, e (ist) to enter		**entgegengesetzt** opposite

entgehen, entging, entgangen (ist) to escape
enthalten, ie, a to contain; **sich —** to refrain
entkommen, entkam, entkommen (ist) to escape
entlang along
entnehmen, entnahm, entnommen to understand from, take out
sich **entscheiden, ie, ie** to decide
sich **entschließen, entschloß, entschlossen** to decide
sich **entschuldigen** to apologize
entsetzlich terrible
entsprechen, a, o to correspond
entstehen, entstand, entstanden (ist) to originate
entweder . . . oder either . . . or
entwickeln to develop
die **Entwicklung, –en** development
die **Epoche, –n** epoch
erblicken to perceive, see
die **Erde, –n** earth
sich **ereignen** to take place
ererbt inherited
erfahren, u, a to learn, experience
die **Erfahrung, –en** experience
der **Erfolg, –e** success
erfordern to require
die **Erfrischung, –en** refreshment
erfüllen to fill up, fulfill
die **Erfüllung, –en** fulfillment
ergänzen to complete

die **Ergänzung, –en** complement
ergeben, a, e to yield; **sich —** to surrender, resign
das **Ergebnis, –se** result
(sich) **ergießen, ergoß, ergossen** to pour out
ergreifen, ergriff, ergriffen to seize
erhalten, ie, a to receive
erheben, o, o to raise
sich **erholen** to recover
die **Erholung** relaxation, relief
sich **erinnern** to remember (*with gen.*)
die **Erinnerung, –en** recollection
sich **erkälten** to catch cold
erkennen, erkannte, erkannt to recognize
erklären to explain
erlauben to permit
die **Erlaubnis, –se** permission
das **Erlebnis, –se** experience
erleuchten to illuminate, light up
erneuern to renew
ernst serious
ernsthaft serious
die **Ernte, –n** harvest
der **Ernteböller, –** harvest salute
die **Erprobungszeit, –en** time for testing
erscheinen, ie, ie (ist) to appear
erschrecken, erschrak, erschrocken (ist) to become frightened
erschweren to aggravate
ersetzen to replace

      ersparen to save, spare; **es war mir nichts erspart** I was not spared anything
      erst first, only; **zu —** at first
      erstaunt astonished
      ertrinken, a, u (ist) to drown
      erwachsen grown up
sich **erwehren** to defend oneself (*with gen.*)
      erwerben, a, o to acquire
      erzählen to tell
die **Erzählung, –en** tale, story
      erziehen, erzog, erzogen to educate
der **Essay, –s** essay
      eßbar edible
      essen, aß, gegessen to eat
      etwa perhaps, by chance, approximately
      etwas something
      euer your
      ewig eternal
die **Ewigkeit** eternity
das **Experiment', –e** experiment

F

      fabelhaft fabulous
die **Fabrik', –en** factory
der **Fabrikant', –en, –en** manufacturer
der **Fabrik'arbeiter, –** factory worker
das **Fachgebiet, –e** special field
der **Faden, ⸚** thread
die **Fähigkeit, –en** capability
      fahren, u, a (ist) to drive, ride
die **Fährte, –n** track
der **Fall, ⸚e** case, fall; **auf jeden —** in any case

die **Falle, –n** trap
      fallen, fiel, gefallen (ist) to fall
      fallen lassen, ließ fallen, fallen lassen to drop
      falls in case
      falten to fold
die **Fami'lie, –n** family
das **Fami'lienbild, –er** family portrait
das **Fami'lienleben, –** family life
      fangen, i, a to catch
die **Farbe, –n** color; **in allen — spielen** to glitter in all colors
      färben to dye
      farbig many-colored, colored
      fast almost
      faul lazy
      faulen to rot
der **Februar** February
      fechten, o, o to fence
      federnd elastic
      fehlen to err, be absent, lack
der **Feind, –e** enemy
das **Fell, –e** skin
das **Fenster, –** window
die **Ferien** (*pl.*) vacation
      fern far, distant; **von —** from a distance
die **Ferne, –n** distance
      fest solid, firm
      fest•binden, a, u to tie
die **Festigkeit** firmness
      fett fat
      fettgedruckt boldface
      feucht moist
das **Feuer, –** fire
die **Feuersgefahr', –en** danger of fire

DEUTSCH-ENGLISCHES VOKABULAR

das **Feuerzeug, –e** lighter
die **Fichte, –n** pine tree
der **Fichtenzapfen, ⸚** pine cone
das **Fieber, –** fever
der **Film, –e** film
finden, a, u to find
der **Finger, –** finger
die **Finsternis** darkness
der **Fischadler, –** osprey
flach flat
die **Fläche, –n** area
die **Flächenausdehnung, –en** square dimension
flackern to flicker
flechten, o, o to wreathe
das **Fleisch** meat
der **Fleischhauer, –** butcher
fleißig industrious, diligent
fliegen, o, o (ist) to fly
fliehen, o, o (ist) to flee
fließen, floß, geflossen (ist) to flow
die **Flöte, –n** flute
die **Flucht** flight, escape
der **Flug, ⸚e** flight
das **Flugzeug, –e** airplane
der **Fluß, Flüsse** river
flüstern to whisper
die **Flut, –en** flood
folgen (with dat.) to follow
folgend following
die **Form, –en** form
die **Formalität', –en** formality
formulieren to formulate
die **Forschung, –en** research
die **Forschungsarbeit, –en** research work
das **Forsthaus, ⸚er** forester's house
fort away, on
die **Fortsetzung, –en** continuation
die **Frage, –n** question; **eine — stellen** to ask a question
fragen to ask
der **Fragesatz, ⸚e** interrogative sentence
(das) **Frankreich** France
der **Franzo'se, –n, –n** Frenchman
französisch French
die **Frau, –en** woman, Mrs., wife
das **Fräulein, –** Miss, young lady
frei free
die **Freiheit** freedom
freilich to be sure
frei•machen to set free
der **Freitag, –e** Friday
fressen, fraß, gefressen to eat (*of animals*)
die **Freude, –n** joy; **rosig vor —** rosy with joy
sich **freuen auf** (*with acc.*) to look forward to
sich **freuen über** (*with acc.*) to rejoice, be glad
der **Freund, –e** friend (*masc.*)
die **Freundin, –nen** friend (*fem.*)
freundlich friendly
die **Freundlichkeit, –en** friendliness
die **Freundschaft, –en** friendship
der **Friede** peace
frieren, o, o to freeze
frisch fresh, new, recent
der **Friseur', –e** hairdresser
fröhlich joyful
die **Frucht, ⸚e** fruit
fruchtbar fertile
die **Fruchtbarkeit, –en** fruitfulness, fertility

	früh	early	das	Gebäude, – building
der	Frühling, –e	spring		geben, a, e to give, pour;
das	Frühstück, –e breakfast		es gibt there is, there are
der	Fuchs, ⸚e fox		gebieten, o, o to order, command
	fühlbar perceptible		
	fühlen to feel; sich — to feel	das	Gebiß, Gebisse set of teeth
	führen to lead, guide	das	Gebot, –e commandment
der	Führer, – leader, guide	der	Gebrauch, ⸚e use
die	Führung, –en conducted tour		gebrauchen to use
		die	Gebühr, –en fee, dues
die	Fülle abundance	die	Geburt birth
	füllen to fill	der	Geburtstag, –e birthday
die	Füllfeder, –n fountain pen	der	Gedanke, –ns, –n thought
	fünf five		gedenken, gedachte, gedacht (*with gen.*) to think of
	für for		
die	Furcht fear	das	Gedicht, –e poem
sich	fürchten to be afraid		geduldig patient
der	Fuß, ⸚e foot	die	Gefahr, –en danger
die	Fußleiste, –n footrest		gefährlich dangerous
			gefallen, gefiel, gefallen to please; es gefällt mir I like it

G

die	Gabel, –n fork	das	Gefäß, –e vessel
der	Gang, ⸚e stroll	der	Gefechtsstand, ⸚e battle headquarters
	ganz all, entire, whole, quite, full; im —en on the whole	das	Geflügel poultry
die	Ganzheit entirety	der	Gefrierpunkt, –e freezing point
	gänzlich entirely		
	gar ready, quite, at all; — nicht not at all	das	Gefühl, –e feeling
			gefüllt compound
der	Garageschlüssel, – garage key		gegen towards, against
die	Garderobe, –n cloak room	der	Gegensatz, ⸚e contrast
der	Garten, ⸚ garden	das	Gegenteil, –e opposite, contrary
der	Gärtner, – gardener		gegenüber opposite
das	Gas, –e gas; — geben to step on the gas	die	Gegenwart presence
		der	Gegner, – opponent, enemy
die	Gasse, –n street, lane	das	Gehalt, ⸚er salary
der	Gast, ⸚e guest		geheim secret
der	Gasthof, ⸚e inn		gehen, ging, gegangen (ist) to go; es geht mir gut
	gebären, a, o to give birth		

I am well; **es geht mir schlecht** I am not well; **wie geht es Ihnen?** how are you?
das **Gehirn, –e** brain
gehorchen to obey (*with dat.*)
gehören to belong
der **Geist** mind, intellect
der **Geisteskranke, –n, –n** insane person
gekreuzigt crucified
gekürzt abbreviated
gelb yellow
gelblich yellowish
das **Geld, –er** money
geldlich financial
geleert bare
die **Gelegenheit, –en** opportunity
gelegentlich occasional
das **Gelenk, –e** joint
gelingen, a, u (ist) to have success (*impers. verb with dat.*)
gelten, a, o to have the reputation, be valid
gemeinsam common
die **Gemeinschaft, –en** community
gemischt mixed
das **Gemüse, –** vegetable
genau exact; **— genommen** strictly speaking
der **General', –e** general
genesen, a, e (ist) to recover
das **Genick, –e** neck
das **Genie, –s** genius
genießen, genoß, genossen to enjoy

genug enough
die **Geographie** geography
gerade straight, just; **— aus** straight ahead
gerecht just
die **Gerechtigkeit** justice
das **Gerede** talk, rumor
das **Gericht, –e** court (*judicial*)
gering small, trifle
gern gladly; **— haben** to like
das **Gerücht, –e** rumor, report
gesamt entire
das **Gesamtdeutschland** all of Germany
das **Geschäft, –e** business, job
die **Geschäftsleute** (*pl.*) businessmen
die **Geschäftsreise, –n** business trip
das **Gescharre** shuffling
geschehen, a, e (ist) to happen; **was mit ihr zu — hätte** what should be done with her
das **Geschenk, –e** gift
die **Geschichte, –n** story, history
geschichtlich historical
die **Geschicklichkeit, –en** skill
geschickt adept, skillful
das **Geschlecht, –er** sex, gender
die **Geschwindigkeit, –en** speed
die **Geschwister** (*pl.*) brother(s) and sister(s)
die **Gesellschaft, –en** company
das **Gesetz, –e** law
das **Gesicht, –er** face
gesittet respectable
die **Gestalt, –en** form, figure, shape

	gestehen, gestand, gestanden to confess	der	glücklich happy
Glücksfall, ⸚e good luck
	gestern yesterday	die	glühen to glow
Glut glow, ardor
	gesund healthy		
das	Getränk, –e beverage	das	Gold gold
das	Getümmel, – turmoil		goldgelb golden yellow
das	Geviert square		gönnen not to grudge
	gewahren to notice	der	Gott, ⸚er god
	gewaltig powerful	der	Gottesacker, ⸚ cemetery
	gewaltsam violent	das	Grab, ⸚er grave
das	Gewimmel, – throng		graben, u, a to dig
der	Gewinn, –e gain, profit	das	Gramm, – gram
	gewinnen, a, o to gain, acquire, obtain	der	Granit granite
		das	Gras, ⸚er grass
	gewiß certain, sure		grau grey
die	Gewißheit certainty, conviction		greifen, griff, gegriffen to seize
sich	gewöhnen to get used	der	Greis, –e old man
	gewöhnlich usual	die	Greisin, –nen old woman
	gewöhnt accustomed		grell dazzling, glaring
der	Giebel, – attic	die	Grenze, –n border
	gießen, goß, gegossen to pour	der	Grenzfall, ⸚e borderline case
das	Gift, –e poison	die	Grimasse, –n grimace
	giftig poisonous		groß great, large, tall
das	Gitter, – railing, bars, fence		großartig grand
der	Glanz gleam, glitter	die	Größe, –n size
das	Glas, ⸚er glass	die	Großeltern (pl.) grandparents
	gläsern made of glass		
die	Glastür, –en glass door	die	Großmutter, ⸚ grandmother
	glatt smooth, sleek		
	glauben to believe	der	Großvater, ⸚ grandfather
	gleich equal, immediately	die	Grube, –n pit
	gleichen, i, i (with dat.) to equal, resemble		grün green
		der	Grund, ⸚e ground, reason
das	Gleichgewicht balance	die	Grundform, –en principal part
	gleichzeitig simultaneous		
die	Gleichzeitigkeit simultaneousness		grundlegend fundamental, standard
	gleiten, glitt, geglitten (ist) to glide		grundsätzlich fundamental
das	Glied, –er limb, member	die	Gruppe, –n group

DEUTSCH-ENGLISCHES VOKABULAR

	grüßen to greet
der	**Gurt, –e** strap, belt
	gut good
das	**Gymnasium, Gymnasien** high school

H

das	**Haar, –e** hair
	haben, hatte, gehabt (hat) to have
	halb (*adj.*) half
	halber for the sake of
die	**Hälfte, –n** half
die	**Halle, –n** hall
der	**Hals, ⸚e** throat
	halten, ie, a to hold; **— für** to consider
	halt•machen to stop
die	**Hand, ⸚e** hand
die	**Handfläche, –n** palm
die	**Handlung, –en** action
der	**Handschuh, –e** glove
die	**Handtasche, –n** handbag
der	**Hang, ⸚e** slope
	hängen, i, a to hang, attach
die	**Harmonie', –n** harmony
	hart hard
	hassen to hate
die	**Hast** haste, hurry
	hastig hasty
	hauen, hieb, gehauen to strike
das	**Häufchen, –** little heap
	häufig frequent
das	**Haupt, ⸚er** head
der	**Hauptfluß, Hauptflüsse** main river
das	**Haupthaar, –e** hair of the head
der	**Hauptsatz, ⸚e** main clause
die	**Hauptstadt, ⸚e** capital city
die	**Hauptstraße, –n** main street
das	**Haus, ⸚er** house; **— und Hof** house and home; **nach —** homeward; **zu —** at home
die	**Hausfrau, –en** housewife
der	**Hausrat** household furniture
der	**Hausschlüssel, –** house key
das	**Haustor, –e** front door
der	**Haustorschlüssel, –** key for the front door
die	**Haut, ⸚e** skin
	heben, o, o to lift
	hegen und pflegen to cherish and protect
	heim home(ward)
das	**Heim, –e** home
die	**Heimat** homeland
	heimlich secret
	heiß hot
	heißen, ie, ei to be called; **das heißt** that is
	heiter serene
	helfen, a, o to help
	hell clear, bright
das	**Hemd, –en** shirt
der	**Hemdärmel, –** shirt sleeve
	heraus•kommen, kam heraus, herausgekommen (ist) to come out
	heraus•lassen, ließ heraus, herausgelassen to let out
	heraus•stehen, stand heraus, herausgestanden to stick out
sich	**heraus•stellen** to turn out
	heraus•ziehen, zog heraus, herausgezogen to pull out

	herb tart, sharp		
	herbei•rufen, rief herbei, herbeigerufen to call hither		**hinaus•gehen, ging hinaus, hinausgegangen (ist)** to go outside
der	**Herbst, –e** autumn		**hin•dämmern** to daydream, doze
der	**Herbstjuchzer, –** shout of joy in autumn	das	**Hindernis, –se** hindrance
die	**Herde, –n** herd, flock		**hin•deuten** to point
	her•kommen, kam her, hergekommen (ist) to come from		**hinein′•fahren, u, a (ist)** to drive in
			hinein′•halten, ie, a to hold in
	hernieder•werfen, a, o to throw down		**hinein′•säen** to sow in
			hingegen on the other hand
der	**Herr, –n, –en** Mr., gentleman, master		**hin•gehören** to belong
		sich	**hin•legen** to lie down
	her•stellen to produce, establish		**hin•nehmen, nahm hin, hingenommen** to accept
	herum′ (a)round		
sich	**herum•werfen, a, o** to throw oneself around	sich	**hin•setzen** to sit down
			hinten behind; **nach —** to the rear, backwards
	hervor′•holen to bring forth		
			hinter behind
	hervor′•ziehen, zog hervor, hervorgezogen to pull forward	der	**Hintergrund, ⸚e** background
			hin•trappeln to trot, tramp
das	**Herz, –ens, –en** heart		
	heurig this year's		**hinüber•langen** to reach across
	heute today		
	heutig of this day		**hinunter** down
	heutzutage nowadays		**hinunter•würgen** to gulp down
	hier here		
die	**Hilfe, –n** help	der	**Hinweis, –e** hint
das	**Hilfsverb, –en** auxiliary (*verb*)	die	**Hitze** heat
			hoch high, tall
der	**Himmel, –** sky, heaven		**hoch•blicken** to look up
die	**Himmelsrichtung, –en** direction	der	**Hochglanz** brilliance
			höchstens at best
	hin there; **— und her** to and fro	die	**Höchstgeschwindigkeit, –en** speed limit
	hinab′ down		**hocken** to sit
	hinaus′ out	der	**Hof, ⸚e** yard, farm; **Haus und —** house and home

	hoffen to hope
	hoffentlich it is to be hoped
die	**Höflichkeitsform, –en** polite form
die	**Höhe, –n** height
	holen to fetch, seek
das	**Holz, ¨er** wood; **das —mehl** sawdust
der	**Honig** honey
	honigsüß sweet as honey
	horchen to listen, hearken
	hören to hear
der	**Horst, –e** eyrie (nest of birds of prey)
der	**Hügel, –** hill
das	**Huhn, ¨er** chicken
der	**Humor'** humor
der	**Hund, –e** dog
der	**Hunger** hunger; **— haben** to be hungry
der	**Hungerkünstler, –** hunger artist
	hungern to fast, hunger
die	**Hungerzeit, –en** time of hunger, hunger strike
	hungrig hungry
	hüpfen (ist) to hop
der	**Hut, ¨e** hat
	hüten to guard, tend

I

die	**Idee, –n** idea
	identisch identical
das	**Idiom', –e** idiom
	idiomatisch idiomatic
	ihr her, their, your
	immer always, ever
der	**Imperativ'** imperative
der	**Impresario, –s** impresario
der	**Impuls,' –e** impulse
	imstande•sein, war imstande, imstandegewesen (ist) to be capable
	in in, into
	indem' by (doing), while (*conj.*)
	indes' while
	indirekt indirect
die	**indirekte Rede** indirect discourse
	ineinander together; **—•schachteln** to encase
der	**Infinitiv', –e** infinitive
	infolge as a result of, due to
der	**Ingenieur,' –e** engineer
der	**Inhalt, –e** contents
	inmit'ten in the midst of
	inne•halten, ie, a to stop
	innerbetrieblich internal organizational
	innerhalb inside, within
	innig fervent
	inoffiziell' unofficial
das	**Institut', –e** institute
	interessant' interesting
sich	**interessieren (für)** to be interested
das	**Interrogativ' prono'men, –** interrogative pronoun
die	**Intuition', –en** intuition
	irgend some, any
	irgendwann at some time
	irgendwohin somewhere
	irreal' unreal
der	**Irreal'satz, ¨e** unreal (imaginary) statement
der	**Irrtum, ¨er** error
(das)	**Italien** Italy
der	**Italie'ner, –** Italian (man)

J

ja yes, indeed
das **Jagdhorn, Jagdhörner** hunting-horn
der **Jäger, –** hunter
jäh sudden
das **Jahr, –e** year
die **Jahreszeit, –en** season
der **Jahrgang, Jahrgänge** vintage
das **Jahrhundert, –e** century
jämmerlich miserable, lamentable, deplorable
der **Januar** January
der **Japa′ner, –** Japanese (man)
jauchzen to shout with joy
je ever; — . . . **desto** the . . . the; **von** — all along
jeder, –e, –es each, every
jedermann every one, everybody
jedoch however
der **Jeep, –s** jeep
die **Jeepkante, –n** the edge of the jeep
jemals ever
jemand somebody
jener, –e, –es that
jenseits beyond
jetzt now
der **Jodler, –** yodelling
die **Jugend** youth
das **Jugendheimweh** nostalgia for youth
jugendlich youthful
der **Juli** July
jung young
der **Junge, –n, –n** boy
der **Jüngling, –e** young man
das **Jüngste Gericht** Last Judgment

der **Juni** June

K

der **Kachelofen, ⸚** stove made of tiles
der **Kaffee, –s** coffee
der **Käfig, –e** cage
das **Kalb, ⸚er** calf
das **Kalium** potassium
kalt cold
kämmen to comb
kämpfen to fight
die **Kanzel, –n** pulpit
die **Kapazität, –en** authority
die **Kapelle, –n** chapel
die **Kardinalia** (*pl.*) cardinal numbers
die **Karosserie′, –n** body of car
das **Karree′, –s** square, set
die **Karte, –n** card
das **Kartenspiel, –e** card game
das **Kathe′der, –** rostrum
die **Katze, –n** cat
kauen to chew
kaufen to buy
der **Kaufmann, Kaufleute** shopkeeper, merchant
kaum hardly, scarcely
kehren to turn
kein no
der **Kellereingang, ⸚e** cellar entrance
die **Kellnerin, –nen** waitress
das **Keltern** pressing of the grapes
kennen, kannte, gekannt to know by acquaintance
kennen•lernen to become acquainted
die **Kenntnis, –se** knowledge
die **Kerze, –n** candle
die **Kette, –n** chain

DEUTSCH-ENGLISCHES VOKABULAR

	keuchen to pant
das	Kilo(gramm) kilo
das	Kind, –er child
das	Kindermädchen, – nurse (-maid)
die	Kindheit childhood
das	Kinn, –e chin
das	Kino, –s cinema
die	Kirche, –n church
die	Kirchenglocke, –n church bell
	klagen to complain, lament
die	Klammer, –n parenthesis
	klar clear
die	Klasse, –n class
das	Klassenzimmer, – classroom
	klatschen to clap
das	Klavier', –e piano
das	Kleid, –er dress
die	Kleidung, –en clothing
das	Kleidungsstück, –e piece of clothing
	klein little
die	Kleinigkeit, –en trifle
das	Klima, –s climate
	klingen, a, u to ring, sound
	klingend resonant, ringing
	klobig clumsy
	klopfen to knock, pat
	klug clever
der	Knabe, –n, –n boy
	knapp close
der	Knecht, –e farm servant
das	Knie, – knee
	knirschen to crunch
der	Knopf, ⸚e button
der	Knüttel, – club
	kochen to cook, boil
der	Koffer, – suitcase
die	Kohle, –n coal
der	Kolle'ge, –n, –n colleague
	komisch comical, funny
das	Komma, –s comma, decimal point
	kommen, kam, gekommen (ist) to come
die	Komödie, –n comedy
die	Komparation', –en comparison
die	Kompetenz' competence
die	Kondition', –en condition
der	Konditional' conditional
der	Konditional'satz, ⸚e conditional clause
der	Kongreß', –e convention
der	König, –e king
der	Königshof, ⸚e the king's court
die	Konjugation', –en conjugation
	konjugieren to conjugate
die	Konjunktion', –en conjunction
der	Konjunktiv, –e subjunctive
	können, konnte, gekonnt can, may, be able to, know
die	Konkurrenzfähigkeit ability to compete
die	Konstruktion', –en construction
	konzentrieren to concentrate
das	Konzert', –e concert
	koordinierend coordinating
der	Kopf, ⸚e head
der	Kopfschmerz, –en headache
das	Kopftuch, ⸚er kerchief
das	Kopfweh headache
der	Körper, – body, substance

der	**Körperteil, –e**	part of the body
	kostbar	precious
	köstlich	delicious
	krachen	to burst, explode, crack, crash, roar
die	**Kraft, ⸚e**	strength
	kräftig	strong, robust
	krank	sick
die	**Krankheit, –en**	sickness
die	**Kreide, –n**	chalk
der	**Kreis, –e**	circle
	kreisen	to circle
das	**Kreuz, –e**	cross
	kriechen, o, o (ist)	to creep
der	**Krieg, –e**	war
das	**Krümchen, –**	crumb
der	**Krüppel, –**	cripple
die	**Kubik'wurzel, –n**	cube root
die	**Küche, –n**	kitchen
der	**Kuchen, –**	cake
der	**Kugelschreiber, –**	ball-point pen
die	**Kuh, ⸚e**	cow
	kühl	cool
	kühlen	to cool
der	**Kühlschrank, ⸚e**	refrigerator
die	**Kultur, –en**	culture, cultivation
der	**Kummer, –**	grief, sorrow
	kümmern	to care
	künden	to announce
die	**Kunst, ⸚e**	art
der	**Künstler, –**	artist
	kurz	short
die	**Kürze**	brevity, shortness
	kürzlich	recent
das	**Kurzwellenradio, –s**	short-wave set
der	**Kuß, Küsse**	kiss

L

das	**Laborato'rium, Laboratorien**	laboratory
	lachen	to laugh
	lächeln	to smile
	lächerlich	ridiculous; **sich — machen** to make a fool of o.s.
die	**Lächerlichkeit, –en**	ridicule
das	**Lackmuspapier, –e**	litmus-paper
die	**Lade, –n**	drawer
	laden, u, a	to load
der	**Laden, ⸚**	store
die	**Lage, –n**	position, situation; **in der — sein** to be able to
der	**Laie, –n, –n**	amateur
der	**Lammpelz, –e**	sheepskin coat
die	**Lampe, –n**	lamp
das	**Land, ⸚er**	land, country
das	**Landhaus, ⸚er**	country house
die	**Landsleute** (*pl.*)	fellow countrymen
die	**Landstraße, –n**	highway
	lang	long
	langgezogen	drawn out
	langsam	slow
	langweilig	boring
der	**Lärm, –e**	noise
	lärmen	to make noise
	lassen, ließ, gelassen	to let
die	**Laterne, –n**	lantern
die	**Lauben** (*pl.*)	arcade
der	**Laubenbogen, ⸚**	arcade
die	**Laubwelke**	withering leaves

der **Lauf, ⸚e** course
laufen, ie, au (ist) to run
lauschen to listen
laut loud
läuten to ring
lax lax, loose
leben to live
das **Leben** (*no pl.*) life
lebendig vital
das **Lebensjahr, -e** year (of one's life)
die **Lebensmittel** (*pl.*) provisions
das **Lebewesen, -** human being
das **Leder, -** leather
lediglich merely
leer empty
legal' legal
legen to put, place
sich **legen** to lie down
lehnen to lean
der **Lehnstuhl, ⸚e** armchair
lehren to teach
die **Lehre, -n** advice
der **Lehrer, -** teacher (*masc.*)
die **Lehrerin, -nen** teacher (*fem.*)
der **Leib, -er** body
leicht light, easy
das **Leid, -en** harm; **es tut mir leid** I am sorry
leiden, litt, gelitten (an) to suffer (from)
leider unfortunately
leihen, ie, ie to lend
leise soft, gentle, low
leiten to lead, manage, direct
die **Lektion', -en** lesson
lernen to learn
lesen, a, e to read
das **Lesen** vintage

letzt last
leuchten to glitter, gleam
die **Leute** (*pl.*) people
licht light, bright
das **Licht, -er** light
lichtgrün light green
lieb dear
die **Liebe** love
lieben to love
lieber rather
das **Lied, -er** song
liegen, a, e (ist) to lie; **es liegt daran** it is due to the fact
die **Linie, -n** line
links left
die **Lippe, -n** lip
die **List** cunning
die **Liste, -n** list
listig sly
der **Liter, -** liter
loben to praise
locken to coax
logisch logical
der **Lohn, ⸚e** reward, wages
lohnen to reward, pay
lose loose
sich **lösen** to loosen
lotrecht vertical
die **Luft, ⸚e** air
der **Luftkühler, -** air-conditioner
die **Lüge, -n** lie
lügen, o, o to tell a lie
die **Lust, ⸚e** pleasure, desire

M

machen to make, do; **es macht nichts** it does not matter
die **Macht, ⸚e** power
mächtig mighty, powerful

das	**Mädchen, –** girl	der	**Meister, –** master
das	**Magazin′, –e** magazine		**melancho′lisch** melancholy
die	**Magd, ⸚e** maid		
	mager skinny		**melden** to report
die	**Magermilch** skim milk	die	**Menge, –n** crowd
der	**Mai** May	der	**Mensch, –en, –en** person, human being
das	**Mal, –e** time; **zum ersten —** for the first time		
		das	**Menschenkind, –er** human being
der	**Maler, –** painter		
das	**Malheur** misfortune		**merkwürdig** remarkable
	man one, people, somebody		**merkwürdigerweise** strange to say
	mancher, –e, –es many a		
	manchmal sometimes		**messen, maß, gemessen** to measure
der	**Mann, ⸚er** man, husband		
	männlich male	das	**Messer, –** knife
der	**Mantel, ⸚** coat	das	**Metall, –e** metal
das	**Märchen, –** fairy tale		**metallisch** metallic
die	**Marionette, –n** marionette, puppet	das	**Meter, –** meter
		der	**Mexika′ner, –** Mexican (man)
der	**Marktplatz, ⸚e** marketplace		
		die	**Miene, –n** countenance; **keine — verziehen** not to bat an eye
	marschieren to march		
der	**März** March		
die	**Maschine, –n** machine		**mieten** to rent
das	**Maß, –e** measurement	die	**Milch** milk
die	**Masse, –n** mass	die	**Milliar′de, –n** milliard (in U.S.A. = billion)
	maßlos boundless		
	mathematisch mathematical	die	**Million′, –en** million
		der	**Millionär′, –e** millionaire
die	**Matte, –n** mat	das	**Mineral′, –e** mineral
die	**Medizin′, –en** medicine	die	**Minu′te, –n** minute
das	**Meer, –e** sea		**mischen** to mix
	mehr more	die	**Mischung, –en** mixture
	mehrere several		**mißbrauchen** to abuse
die	**Meile, –n** mile		**mißfallen, ie, a** to displease
	mein my		
	meinen to mean, think, believe		**mißlingen, a, u (ist)** to fail (*impers. verb with dat.*)
die	**Meinung, –en** opinion		
die	**Meise, –n** titmouse		**mißtrauen** to distrust
	meist most		**mißtrauisch** distrustful
	meistens mostly		**mit** with (*prep.*), along (*adv.*)

der	**Mitarbeiterkreis** staff			**mühelos** without trouble
	mit•bringen, brachte mit, mitgebracht to bring along			**mühevoll** laborious, troublesome
			der	**Mund, ⸚er** mouth
das	**Mitglied, -er** member			**münden** to flow into
	mit•laufen, ie, au (ist) to run along		die	**Mündung, -en** opening
				munter lively
das	**Mitleid** sympathy		das	**Museum, Museen** museum
	mit•nehmen, nahm mit, mitgenommen to take along		die	**Musik'** music
				müssen, mußte, gemußt to have to, must
das	**Mittagessen, -** lunch		das	**Muster, -** pattern
	mittags at noon		der	**Mut** courage
die	**Mitte, -n** middle, center		die	**Mutter, ⸚** mother
	mittelgroß medium sized		die	**Mutterschaft** motherhood, maternity
	mittels by means of			
	mitten in the midst			**N**
die	**Mitternacht, ⸚e** midnight			
der	**Mittwoch, -e** Wednesday			**nach** after, to, according to
	mitunter occasionally, now and then		der	**Nachbar, -n** neighbor
			die	**Nachbarschaft, -en** neighborhood
die	**Möbel** (*pl.*) furniture			
	modal' modal			**nachdem** afterwards, when
das	**Modal'adverb', -ien** adverb of manner			**nach•denken, dachte nach, nachgedacht** to meditate
	modern' modern			
	mögen, mochte, gemocht to like to, care to, may			**nacheinander** in turn
				nach•folgen (ist) to succeed, follow
	möglich possible			**nachfolgend** subsequent
die	**Möglichkeit, -en** possibility, opportunity			**nach•gehen, ging nach, nachgegangen (ist)** to be slow
der	**Mo'nat, -e** month			
der	**Mond, -e** moon			**nach•kommen, kam nach, nachgekommen (ist)** to catch up
der	**Montag, -e** Monday			
	mora'lisch moral			**nach•lassen, ließ nach, nachgelassen** to reduce, slacken, abate
der	**Mörder, -** murderer			
	morgen tomorrow			
der	**Morgen, -** morning		der	**Nachmittag, -e** afternoon
	morgens in the morning			**nachmittags** in the afternoon
das	**Motor'rad, ⸚er** motorcycle			
	müde tired			
die	**Mühe, -n** trouble, pains			

die	**Nachmittagssonne, –n** afternoon sun		**natür′lich** natural
	nach•schlagen, u, a to look up	die	**Naturwissenschaft, –en** science
	nach•sehen, a, e to overlook		**natur′wissenschaftlich** scientific
	nächst next	der	**Nebel** fog
der	**Nächste, –n, –n** the nearest, neighbor		**neben** beside, near, next to
	nach•stellen to place after		**nebenbei** by the way, incidental
die	**Nacht, ⸚e** night	der	**Nebensatz, ⸚e** dependent clause
die	**Nachtbeleuchtung, –en** night light	die	**Neckerei′, –en** teasing
das	**Nachthemd, –en** nightshirt	die	**Negation′, –en** negation
			nehmen, nahm, genommen to take
die	**Nachtigall, –en** nightingale	der	**Neid** envy
der	**Nachtisch, –e** dessert		**neigen** to bend, tilt, incline, draw to a close
	nächtlich nightly		**nennen, nannte, genannt** to name
	nachts at night		
die	**Nachtwache, –n** nightwatch	die	**Nessel, –n** nettle
			nesteln to lace up
der	**Nachwuchs** rising generation		**neu** new; **aufs —e** anew
	nach•ziehen, zog nach, nachgezogen (ist) to follow	die	**Neuigkeit, –en** news
			neun nine
	nackt naked		**neutral′** neutral, neuter
die	**Nadel, –n** pin, needle		**nicht** not; **— nur ... sondern auch** not only ... but also
	nah(e) near		
die	**Nähe** vicinity, nearness, proximity		**nichts** nothing
			nicken to nod
	nähen to sew		**nie** never
sich	**nähern** to approach		**niemals** never
die	**Nahrung, –en** food		**niemand** nobody
der	**Name, –ens, –n** name		**nimmer (nicht mehr)** no longer, no more
	nämlich namely, the same		**nirgends** nowhere
die	**Nation′, –en** nation		**noch** still, yet; **— einmal** once more; **— nicht** not yet
die	**Nationalflagge, –n** national flag		
die	**Nationalität′, –en** nationality	der	**Norden** north
			nordisch Nordic

die	**Nordsee**	North Sea	das	**Opfer, –**	victim
die	**Not, ⸚e**	necessity	die	**Orange, –n**	(an *nasal as in French*) orange
	nötig	necessary	der	**Orangensaft, ⸚e**	orange juice
	notwendig	necessary		**ordnen**	to arrange
die	**Notwendigkeit**	necessity	die	**Ordinalia** (*pl.*)	ordinal numbers
der	**November**	November			
der	**Nu**	moment, instant	die	**Ordnung, –en**	order
	nun	now	der	**Ordonnanz'offizier', –e**	staff officer
	nur	only			
	nützen	to be of use	der	**Ort, –e**	place
			die	**Ortsveränderung, –en**	change of place

O

	ob	whether, if	(das)	**Österreich**	Austria
	oben	above	der	**Österreicher, –**	Austrian (man)
	oberhalb	above			
die	**Oberstube, –n**	attic	das	**Ostgebiet, –e**	Eastern Territory
	obgleich'	although		**östlich**	eastern, easterly
das	**Objekt', –e**	object			
das	**Obst**	fruit			
der	**Obstbaum, ⸚e**	fruit tree			
	obwohl	although			

P

der	**Ochse, –n, –n**	ox	(ein)	**paar**	a few
	öd	bleak, desolate		**packen**	to pack
	oder	or	das	**Paket', –e**	package
der	**Ofen, ⸚**	stove	der	**Palast', ⸚e**	palace
	offenbar	obvious	der	**Panther, –**	panther
	öffentlich	public	das	**Papier', –e**	paper
	offiziell'	official	der	**Paragraph, –en, –en**	paragraph
der	**Offizier', –e**	officer			
	öffnen	to open	der	**Park, –e**	park
	oft	often	das	**Partizip', –ien**	participle
	ohne	without	das	**Partizip' Perfekt**	past participle
	ohnmächtig werden	to faint			
			das	**Partizip' Präsens**	present participle
das	**Ohr, –en**	ear			
der	**Oktober**	October	der	**Paß, Pässe**	pass
der	**Oktobertag, –e**	day in October		**passend**	proper(ly)
				passieren	to happen
der	**Onkel**	uncle		**passioniert**	impassioned
die	**Operation', –en**	operation	das	**Passiv'**	passive voice
das	**Opernhaus, ⸚er**	opera house	der	**Patient', –en, –en**	patient

	pechschwarz pitch-black		die	**Portugiesin, –nen** Portuguese (*fem.*)
	peinlich embarrassing			
die	**Peinlichkeit, –en** embarrassment		das	**Possessiv'prono'men, –** possessive pronoun
	pensionieren to pension		die	**Post** mail
die	**Periode, –n** period		die	**Postkarte, –n** postal card
die	**Person', –en** person			**prächtig** magnificent
das	**Personal'** personnel, staff		das	**Prädikat', –e** predicate
die	**Personal'form des Verbs** the finite verb			**prädikativ'** as a predicate
			das	**Präfix', –e** prefix
das	**Personal'prono'men, –** personal pronoun			**prallen** to bounce
			die	**Prämi'sse, –n** premise
	persön'lich personal		die	**Präposition', –en** preposition
das	**Pfeifchen, –** little whistle			
die	**Pfeife, –n** pipe, whistle		der	**Präsident', –en, –en** president
	pfeifen, pfiff, gepfiffen to whistle			
			das	**Präzisions'meßgerät, –e** precision measuring instrument
das	**Pferd, –e** horse			
	pflastern to pave		der	**Preis, –e** price, prize
die	**Pflege, –n** custody		die	**Preisangabe, –n** price quotation
	pflegen to tend, cultivate			
die	**Pflicht, –en** compulsion, duty, obligation			**preisen, ie, ie** to praise
				preis•geben, a, e to expose
	pflücken to pluck, pick			**pressen** to press
die	**Pfote, –n** paw			**privat'** private
der	**Philosoph', –en, –en** philosopher		die	**Probe, –n** rehearsal
			die	**Proberöhre, –n** test tube
die	**Phrase, –n** phrase		das	**Problem', –e** problem
die	**Pisto'le, –n** pistol			**professionell'** professional
die	**Pisto'lentasche, –n** holster		der	**Professor, –en** professor (*masc.*)
	planen to plan			
die	**Planke, –n** plank, board		die	**Professor'in, –nen** professor (*fem.*)
das	**Platin'** platinum			
die	**Platte, –n** top of table		das	**Programm', –e** program
der	**Platz, ⸚e** place, square, seat			**progressiv'** progressive
der	**Platzanweiser, –** usher (*masc.*)		das	**Projekt, –e** project
			die	**Proportion', –en** proportion
die	**Platzanweiserin, –nen** usher (*fem.*)			**protestantisch** Protestant
			das	**Prozent', –e** percent
	plötzlich suddenly		die	**Prüfung, –en** exam
die	**Pointe, –n** point			
die	**Portion, –en** portion			

das	**Publikum** audience		die	**Rede, –n** speech, discourse
der	**Puls, –e** pulse		die	**Redefigur, –en** figure of speech
der	**Punkt, –e** point, period			
	pünktlich punctual			**reden** to talk, speak
	putzen to clean		die	**Redewendung, –en** idiom
				redlich honest
	Q		der	**Redner, –** speaker
das	**Quadrat′, –e** square		die	**Regel, –n** rule
der	**Quadratkilome′ter, –** square kilometer			**regelmäßig** regular
			der	**Regen** rain
die	**Quadratwurzel, –n** square root		die	**Regierung, –en** government
	quälen to torment, distress, annoy, torture			**registrieren** to register
				regnen to rain
				reiben, ie, ie to rub
	R			**reich** rich
der	**Rachen, –** jaws			**reichen** to reach
das	**Rad, ⸚er** wheel, tire			**reichlich** abundant, plentiful
das	**Radio, –s** radio			
der	**Rand, ⸚er** edge		der	**Reichtum, ⸚er** wealth
	rasch quick, swift			**reif** ripe
	rasen to race			**reifen** to ripen, mature
der	**Rat, Ratschläge** advice		die	**Reihe, –n** row
	um — fragen to ask for advice		sich	**reihen** to string
			die	**Reise, –n** journey, trip
	raten, ie, a to advise, guess			**reisen** to travel
das	**Rathaus, ⸚er** town hall			**reißen, riß, gerissen** to tear
	ratsam advisable			**reiten, ritt, geritten (ist)** to ride horseback
der	**Räuber, –** robber			
	rauchen to smoke		der	**Reiz, –e** charm, attraction
der	**Raum, ⸚e** room		das	**Relativ′prono′men, –** relative pronoun
	rauschen rustle			
die	**Reaktion′, –en** reaction		der	**Relativ′satz, ⸚e** relative clause
	real′ real			
der	**Rechenschaftsbericht, –e** statement of accounts			**rennen, rannte, gerannt (ist)** to run
die	**Rechnung, –en** calculation, bill, account		die	**Reporta′ge, –n** eye-witness account
das	**Recht, –e** right		das	**Resultat′, –e** result, outcome
	recht geben to agree			
	recht haben to be right			**reuen** to repent
	rechts right (*direction*)		der	**Revolver, –** revolver

	richten to set right, judge, aim, direct, address
	richtig right
die	Richtung, –en direction
	riechen, o, o to smell
der	Riese, –n, –n giant
	riesig gigantic
der	Ring, –e ring
	ringsum all around
der	Rock, ⸚e man's coat, woman's skirt
der	Römer, – Roman (man)
	römisch-katholisch Roman Catholic
der	Röntgenapparat', –e X-ray machinery
die	Rose, –n rose
	rosig rosy
	rot red
	rotwangig rosy-cheeked
der	Rücken, – back
der	Rucksack, ⸚e knapsack
	rückwärts backward
das	Rudel, – flock
	rufen, ie, u to call, shout
die	Ruhe rest, stillness
	ruhen to rest
	ruhig quiet
der	Ruhm fame
sich	rühren to stir, move
	rund round, approximate
die	Rundheit, –en roundness
	runz(e)lig wrinkled
der	Russe, –n, –n Russian (man)
(das)	Rußland Russia
das	Rüstzeug tools, (mental) equipment
	rütteln to jolt

S

der	Saal, Säle hall
die	Saat, –en crops
die	Sache, –n thing, cause
der	Saft, ⸚e juice
die	Sage, –n legend, tradition
	sagen to say, tell
der	Salat', –e salad
	sammeln to gather, collect
der	Samstag, –e Saturday
der	Samtvorhang, ⸚e velvet curtain
	sanft gentle
die	Sängerin, –nen singer
	satt rich, full, saturated, satiated
der	Satz, ⸚e sentence, jump
das	Satzgefüge, – complex sentence
die	Satzreihe, –n synopsis
der	Satzteil, –e part of a sentence
	saufen, soff, gesoffen to drink
	saugen, o, o to suck
der	Säugling, –e baby
der	Saum, ⸚e seam
	säumen to hem
die	Säure, –n acid
	schaden to harm; **es ist schade** it is a pity; **es schadet nichts** it does not matter
der	Schaden, ⸚ harm
das	Schaf, –e sheep
	schaffen, schuf, geschaffen to create
der	Schafhuf, –e sheep's hoof
der	Schafleib, –er sheep's body
der	Schall, ⸚e sound
die	Schallplatte, –n record
sich	schämen to be ashamed
	scharf sharp
der	Schatten, – shade, shadow
der	Schatz, ⸚e sweetheart

DEUTSCH-ENGLISCHES VOKABULAR

     schätzen to appreciate, esteem, estimate
     schauen to look
das **Schaufenster, –** shop window
der **Schauspieler, –** actor
die **Schauspielerin, –nen** actress
     scheiden, ie, ie (ist) to depart, separate
     scheinbar seeming
     scheinen, ie, ie to shine, seem
der **Schenkel, –** thigh
     schenken to give
die **Schere, –n** scissors
das **Scherenfernrohr, –e** stereotelescope
     scherzen to joke
das **Scherzwort, –e** word spoken in jest
     scheuern to scrub
die **Scheune, –n** barn
     schicken to send
das **Schicksal, –e** fate
     schieben, o, o to shove, slide, move
     schießen, schoß, geschossen to shoot
die **Schlacht, –en** battle
der **Schlaf** sleep
     schlafen, ie, a to sleep
     schläfrig sleepy
der **Schlafwagen, –** sleeper
der **Schlaganfall, ⸚e** stroke
     schlagen, u, a to beat
die **Schlange, –n** snake
     schlank slender
der **Schlauch, ⸚e** tube, pipe, hose
     schlecht bad, wicked
     schleichen, i, i (ist) to sneak

     schlendern to stroll
     schlenkern to dangle, swing
     schließen, schloß, geschlossen to close, shut
     schließlich finally
das **Schloß, Schlösser** castle
     schlummern to doze
der **Schluß, ⸚e** end
der **Schlüssel, –** key
     schmal narrow, thin
     schmecken to taste, enjoy
     schmelzen, o, o to melt
der **Schmelztiegel, –** crucible
der **Schmerz, –en** pain, grief
     schmerzen to ache
     schmücken to decorate
das **Schneckengehörn** spiral horns
     schneiden, schnitt, geschnitten to cut
     schneien to snow
     schnell fast, quick
die **Schnitte, –n** slice
     schnitzen to carve
die **Schokolade, –n** chocolate
     schon already
     schön beautiful, nice
     schonen to spare, protect
     schräg slanting, oblique
der **Schrank, ⸚e** cabinet
     schrecklich terrible
der **Schrei, –e** cry
     schreiben, ie, ie to write
der **Schreiber, –** writer
die **Schreibmaschine, –n** typewriter
der **Schreibtisch, –e** desk
     schreien, ie, ie to cry
     schreiten, schritt, geschritten (ist) to step, stride
     schriftlich written

der	Schritt, -e	step		sein, war, gewesen (ist)	to be
der	Schuh, -e	shoe		seit(dem)	since (*temp.*)
die	Schule, -n	school	die	Seite, -n	side, page; **zur —**
der	Schüler, -	pupil		**stehen**	to stand by
die	Schulter, -n	shoulder		seitlich	at the side (*with gen.*)
(sich)	schütteln	to shake			
	schwach	weak	die	Sekun'de, -n	second
die	Schwäche, -n	weakness		selbst	self, even
	schwanken	to sway	die	Selbstverachtung, -en	self-contempt
	schwarz	black		selten	rare
der	Schwarzwald	Black Forest		senden, sandte, gesandt	to send
	schwatzen	to chat		senken	to lower
	schweben	to soar, float, hover	der	September	September
	schweigen, ie, ie	to be silent		seßhaft	settled, established
die	Schweiz	Switzerland		setzen	to put, place
der	Schweizer, -	Swiss (man)	sich	setzen	to sit down
die	Schwelle, -n	threshold		sicher	certain, secure, safe
	schwer	heavy, difficult		sicherlich	certainly
die	Schwerfälligkeit, -en	clumsiness, slowness		sichtbar	visible
	schwermütig	melancholy		siebzigjährig	seventy years old
die	Schwester, -n	sister		siehe	see!
die	Schwiegertochter, ⸚	daughter-in-law	das	Silber	silver
	schwierig	difficult		singen, a, u	to sing
die	Schwierigkeit, -en	difficulty		sinken, a, u (ist)	to sink
	schwimmen, a, o (ist)	to swim	der	Sinn, -e	sense, mind, meaning
	schwinden, a, u (ist)	to vanish		sinnen, a, o	to think
	schwingen, a, u	to swing		sinnvoll	meaningful
	sechzig	sixty	die	Situation, -en	situation, state of affairs
der	See, -n	lake	der	Sitz, -e	seat
die	Seele, -n	soul		sitzen, saß, gesessen	to sit
	sehen, a, e	to see	der	Smoking, -s	dinner jacket
sich	sehnen	to long, yearn		so	so, thus, as; **— daß** so that; **— ... wie** as ... as
die	Sehnsucht, ⸚e	longing, desire		sobald	as soon as
	sehr	very		soeben	just
	sein	his, its	das	Sofa, -s	sofa

230   *MODERNES DEUTSCH*

DEUTSCH-ENGLISCHES VOKABULAR

	sofort immediately	das	**Spiel, –e** play, game
	sogar' even		**spielen** to play; **in Farben**
der	**Sohn, ⸚e** son		— to glitter in all colors
	solange as long as	die	**Spinne, –n** spider
	solcher, –e, –es such		**spinnen, a, o** to spin
der	**Soldat', –en, –en** soldier		**spitzen** to point
	sollen, sollte, gesollt shall, to ought to, be supposed to, be to, be said to	die	**Sprache, –n** language
			sprechen, a, o to speak
		der	**Sprecher, –** speaker
das	**Solo, –s** solo		**sprengen** to disperse, blow up
der	**Sommer, –** summer		
die	**Sommernacht, ⸚e** summer night	das	**Sprichwort, ⸚er** proverb
			springen, a, u (ist) to jump
	sondern but, on the contrary		**spüren** to feel
		der	**Staat, –en** state
der	**Sonnabend, –e** Saturday	die	**Stadt, ⸚e** city
die	**Sonne, –n** sun	der	**Stadtteil, –e** district of a city
sich	**sonnen** to bask		
die	**Sonnenbrille, –n** sunglasses	der	**Stahl** steel
			stählern made of steel
das	**Sonnenlicht** sunlight	der	**Stamm, ⸚e** stem, root
der	**Sonntag, –e** Sunday	die	**Stammsilbe, –n** root
	sonst else, otherwise	der	**Stammvokal, –e** stem vowel
	sooft whenever		
die	**Sorge, –n** worry, sorrow		**stand•halten, ie, a** to resist
sich	**sorgen** to worry		**ständig** permanent
	sorglos carefree	die	**Stange, –n** pole, stick
	soweit as far as; **— es geht** as far as possible		**stark** strong
		die	**Starre** rigidity
	sowie as soon as		**starren** to stare
	sowohl . . . als (auch) as well . . . as	die	**Statistik** statistics
			statt instead of
	spannen to span, stretch		**statt•finden, a, u** to take place
der	**Spaß, ⸚e** fun; **— machen** to be fun		**staubig** dusty
			staunen to be astonished, be surprised
	spät late		
	spazieren•gehen, ging spazieren, spazierengegangen (ist) to go for a walk		**stechen, a, o** to sting
			stecken to stick, put
			stehen, stand, gestanden to stand; **zur Seite —** to stand by
die	**Speise, –n** food		
der	**Sperling, –e** sparrow		

stehen•bleiben, ie, ie (ist) to stop
stehlen, a, o to steal
steif stiff
steigen, ie, ie (ist) to mount, ascend, climb
steil steep
der **Stein, -e** stone
der **Steinhaufen, -** heap of stones
steinig stony
die **Stelle, -n** place; **an —** in place of
stellen to put, place, set
sich **stellen** to confront, place o.s.
die **Stellung, -en** position
sich **stemmen** to stem, prop
sterben, a, o (ist) to die
der **Stern, -e** star
stets always
die **Steuer, -n** tax
steuern to steer
der **Stiel, -e** stalk
still still, quiet
die **Stille** quietness; **in der —** silently
still•schweigen, ie, ie to be silent
die **Stimme, -n** voice; **mit lauter (leiser) — sprechen** to speak in a loud (low) voice
stimmen to tune, be in tune
stinken, a, u to stink
die **Stirn(e), -en** forehead
der **Stock, ⸗e** stick, cane
der **Stoff, -e** material
stolz proud
stören to disturb
stoßen, ie, o to push
strahlen to radiate

der **Strand, ⸗e** beach
die **Straße, -n** street, road
die **Straßenkreuzung, -en** intersection
der **Straßenrand** curb
strecken to stretch
streichen, i, i to stroke
der **Streifen, -** streak, stripe
streiten, stritt, gestritten to quarrel
streng strict
die **Strenge** severity
streuen to strew
das **Stroh** straw
strömen to flow
die **Struktur', -en** structure
die **Stube, -n** room
das **Stück, -e** piece, play
der **Student', -en, -en** student (*masc.*)
die **Studen'tin, -nen** student (*fem.*)
studieren to study
das **Studium, Studien** study
die **Stufe, -n** step, stair
der **Stuhl, ⸗e** chair
stumm dumb, mute
stumpf dull
die **Stunde, -n** hour
stundenlang for hours
der **Sturm, ⸗e** storm
der **Sturz, ⸗e** sudden fall
stürzen to fall
stützen to prop, support
das **Subjekt', -e** subject
subordinier'end subordinating
das **Substantiv', -e** noun
substanti'visch as a noun
suchen to look for, search
(das) **Süddeutschland** South Germany
der **Süden** south

DEUTSCH-ENGLISCHES VOKABULAR

das	**Suffix, –e** suffix		der	**Thea'terdirektor, –en** theater manager	
	süß sweet				
die	**Symphonie', –n** symphony		das	**Thema, Themen** topic	
die	**Szene, –n** scene		das	**Thermome'ter, –** thermometer	

T

			der	**Thron, –e** throne	
die	**Tabel'le, –n** chart			**tief** deep	
die	**Tafel, –n** board		das	**Tier, –e** animal	
der	**Tag, –e** day; — für — day by day		der	**Tisch, –e** table	
				toben to rage	
die	**Tagebucheintragung, –en** entry in a diary		das	**Toben** turmoil	
			die	**Tochter, ⸚** daughter	
das	**Tageslicht** daylight		der	**Tod** death	
	täglich daily			**tollen** to romp	
der	**Takt, –e** measure (*mus.*)			**tönen** to ring	
das	**Tal, ⸚er** valley		das	**Tor, –e** door	
das	**Talent', –e** talent			**töten** to kill	
der	**Tanz, ⸚e** dance			**tragen, u, a** to carry, wear	
	tanzen to dance		die	**Träne, –n** tear	
die	**Tanzfigur', –en** dance figure			**transitiv** transitive	
			die	**Traube, –n** grape	
der	**Tanzschritt, –e** dance step		der	**Traum, ⸚e** dream	
	tapfer brave			**träumen** to dream	
die	**Tasche, –n** pocket, bag			**traurig** sad	
die	**Taschenlampe, –n** flashlight		die	**Traurigkeit** sadness	
				treffen, traf, getroffen to meet, hit	
	tasten to feel for, grope			**treiben, ie, ie** to drive	
die	**Tat, –en** deed, action			**trennbar** separable	
die	**Tatsache, –n** fact			**trennen** to separate	
	taumeln to stagger		die	**Treppe, –n** staircase, story	
	tausend thousand			**treten, trat, getreten (ist)** to step, tread	
das	**Taxi, –s** taxi				
der	**Taxichauffeur', –e** cab driver			**treu** loyal	
				trinken, a, u to drink	
die	**Technik** technique		die	**Trittleiste, –n** footrest	
der	**Tee, –s** tea			**trocken** dry	
der	**Teil, –e** part, share		die	**Trockenheit** dryness, drought	
das	**Telegramm, –e** telegram				
die	**Tendenz', –en** tendency			**trocknen** to dry	
der	**Teppich, –e** carpet			**trotz** in spite of	
	teuer dear, expensive			**trotzdem** despite the fact that	
der	**Teufel, –** devil				
das	**Thea'ter, –** theater				

	trüb dull		übervoll overcrowded
	trübselig sad, miserable		überwin′den, a, u to overcome
das	Tuch, ⸚er cloth		überzeugen to convince
	tun, tat, getan to do, act;	die	Überzeugung, –en conviction
	es tut mir leid I am sorry;		übrig remaining
	es tut wohl it feels good	die	Übung, –en exercise
die	Tür, –en door	das	Ufer, – bank, shore
die	Türkei Turkey	die	Uhr, –en watch, clock; Wieviel — ist es? What time is it?
der	Turm, ⸚e tower		um (a)round, at; — ... willen for the sake of; — ... zu in order to
	turnen to do gymnastics		

U

	üben to rehearse, practise	sich	um•blicken to look around
	über over, above, about		umdrängen to press around
	überall everywhere, all over	die	Umgangssprache colloquial language
	überbrücken to bridge		umge′ben, a, e to surround
	überden′ken, überdachte, überdacht to think over	die	Umgebung, –en surroundings
	überein•stimmen to agree		umgekehrt opposite, reverse, contrary
sich	überge′ben, a, e to vomit		um•kehren to return
	überhaupt in general; — nicht not at all	der	Umkreis, –e circle, vicinity
	überle′ben to outlive, survive		umkreisen to encircle
	übermorgen the day after tomorrow	die	Umschreibung, –en circumlocution, transcription
	überqueren to cross	sich	um•sehen, a, e to look around
	überra′schen to surprise		um•sinken, a, u (ist) to sink down
	überreich overly rich	der	Umstand, ⸚e circumstance
die	Überschrift, –en title	sich	um•wenden, wandte um, umgewandt to turn over
	übersehen, a, e to perceive		um•ziehen, zog um, umgezogen (ist) to move
	überset′zen to translate	sich	um•ziehen, zog um, umgezogen to change clothes
die	Überset′zung, –en translation		
	übersteigen, ie, ie to exceed		
	über•treten, trat über, übergetreten (ist) to transgress, go over		

unabwendbar inevitable
unbedingt absolute
unbekannt unknown
unbekümmert carefree
unbenützt unused
unbeschreiblich indescribable
unbestimmt indefinite, vague
unbestreitbar indisputable
und and
undeklinierbar indeclinable
undekliniert undeclined
unendlich endless, infinite
unerfüllt unfulfilled
unermüdlich untiring
unerreichbar unattainable
unerschöpflich inexhaustible
ungeachtet notwithstanding
ungeduldig impatient
ungefähr approximate
ungeheuer enormous
ungemein extraordinary
ungerecht unjust, unfair
ungeschickt awkward, clumsy
ungewiß uncertain
ungezählt uncounted
unglücklich unhappy
die **Universität', –en** university
unmittelbar immediate
unmöglich impossible
unpersön'lich impersonal
das **Unrecht, –e** wrong
unrecht haben to be wrong
unregelmäßig irregular

unruhig restless, unquiet
unsagbar unspeakable
unsäglich unspeakable
unschätzbar invaluable
unschlüssig undecided
unser our
unten below, downstairs
unter under, among
unterbre'chen, a, o to interrupt
unterhalb below
unterhal'ten, ie, a to support, maintain, entertain
sich **unterhal'ten, ie, a** to amuse *or* enjoy oneself
unterneh'men, unternahm, unternommen to undertake
die **Unternehmung, –en** enterprise
unterschei'den, ie, ie to distinguish, differ
der **Unterschied, –e** difference
unterstreichen, i, i to underline
unterstüt'zen to support
die **Unterstüt'zung, –en** support
die **Untersuchung, –en** research, investigation
untrennbar inseparable
unvergeßlich ever memorable, unforgettable
unvermutet unexpected
unwahrscheinlich unlikely
unwillkürlich involuntary
unwürdig unworthy, disgraceful
unzählig innumerable, countless
die **Urkunde, –n** document

der **Urlaub, -e** vacation, leave
der **Ursprung, ⸚e** origin
ursprünglich original
das **Urteil, -e** judgment

V

variieren to vary
die **Vase, -n** vase
der **Vater, ⸚** father
verändern to change
die **Veränderung, -en** change
verant'wortlich responsible; **— machen** to hold responsible
die **Verant'wortung, -en** responsibility
verbessern to improve, correct
die **Verbesserung, -en** correction
verbieten, o, o to forbid
verbinden, a, u to connect
die **Verbindung, -en** connection
der **Verbrecher, -** criminal
verbringen, verbrachte, verbracht to pass (*time*)
der **Verbstamm, ⸚e** root (*of verb*)
verdächtig suspicious
verdächtigen to distrust, be suspicious
verdammen to damn
verderben, a, o to spoil, ruin
verdienen to earn, deserve
verdoppeln to double
die **Verehrung, -en** respect, reverence
vereinfachen to simplify
die **Vereinigten Staaten** United States

verfault rotten
verfehlen to miss
verfliegen, o, o (ist) to vanish
verfolgen to chase
die **Verfolgung, -en** chase
die **Verfügung, -en** disposal
vergangen past, gone by
die **Vergangenheit** past
vergeblich in vain
vergehen, verging, vergangen (ist) to pass
vergessen, vergaß, vergessen to forget
das **Vergißmeinnicht** forget-me-not
der **Vergleich, -e** comparison
vergleichen, i, i to compare
die **Vergleichstabelle, -n** comparison chart
sich **vergnügen** to amuse oneself
das **Vergnügen, -** pleasure
vergrößern to enlarge
sich **verhalten, ie, a** to conduct oneself
verharren to remain
verkaufen to sell
der **Verkäufer, -** salesman
die **Verkäuferin, -nen** saleslady
der **Verkehr** traffic, communication
verklagen to accuse
verlangen to require, demand
verlängern to prolong, extend
verlassen, verließ, verlassen to leave
sich **verlaufen, ie, au** to go astray, elapse

der	**Verleger, –** publisher			**verstehen, verstand, verstanden** to understand
	verletzen to hurt			**verstoßen, ie, o** to offend, expel
	verliebt in love			
	verlieren, o, o to lose		sich	**verstricken** to get entangled
der	**Verlust, –e** loss			
	vermeiden, ie, ie to avoid		der	**Versuch, –e** experiment
	vermissen to miss			**versuchen** to try; **sich —** to try one's skill
	vermögen, vermochte, vermocht to be capable			
	verpflichtet obliged		die	**Versuchsanstalt, –en** experimental station
die	**Verpflichtung, –en** obligation, responsibility			
			die	**Versuchsserie, –n** series of tests
	verraten, ie, a to reveal, betray		die	**Verszeile, –n** verse
	verrückt crazy		sich	**vertiefen** to become absorbed
	versammeln to gather, meet			
			das	**Vertrauen** confidence
die	**Versammlung, –en** meeting			**vertraut** familiar
				vertreten, a, e to represent
	verscheuchen to scare away		der	**Vertreter, –e** representative
	verschieden various, different		die	**Verwaltung, –en** administration
	verschlafen, ie, a to oversleep			**verwandeln** to change, transform
	verschließen, verschloß, verschlossen to lock up			**verwandt** congenial, related, sympathetic
	verschlucken to swallow		die	**Verwandten** (*pl.*) relatives
	verschütten to spill		die	**Verwandtschaft** relation
	verschüttet buried			**verweigern** to deny, refuse
	verschwinden, a, u (ist) to disappear			**verweilen** to linger
				verwenden to use
	versichern to insure			**verwirren** to confuse, perplex
	versinken, a, u (ist) to sink down			
				verwunden to wound
sich	**verspäten** to be late			**verzeihen, ie, ie** to forgive
	versprechen, a, o to promise			**verzückt** ecstatic
				viel much
	verspüren to perceive			**viele** many
	verständig sensible			**vielleicht** perhaps
das	**Versteck, –e** hiding-place			**vier** four
	verstecken to hide		das	**Viertel, –** quarter

das	**Vierteljahr, –e** three months			**vor•lesen, a, e** to read aloud
	violett violet	die		**Vorlesung, –en** lecture
der	**Vogel, ̈** bird	die		**Vorliebe** preference
der	**Vokal, –e** vowel	der		**Vormittag, –e** morning
das	**Volk, ̈er** folk, nation, people			**vormittags** in the morning
	voll full			**vorne** in front; **nach —** to the front; **von —** from the beginning
	vollbrin′gen, vollbrachte, vollbracht to accomplish	der		**Vorrat, ̈e** supply
	vollen′den to finish, complete	der		**Vorsatz, ̈e** design
	vollen′det complete	der		**Vorschlag, ̈e** proposal
	völlig entire, complete			**vor•schlagen, u, a** to propose
	von of, from, by			**vorsichtig** careful
	vor before, in front of			**vor•stellen** to introduce; **ich stelle mich vor** I introduce myself; **ich stelle mir vor** I imagine
	voran•gehen, ging voran, vorangegangen to precede			
	vor•bereiten to prepare	die		**Vorstellung, –en** imagination, performance
die	**Vorbereitung, –en** preparation	der		**Vorteil, –e** advantage
der	**Vorfahre, –n, –n** ancestor	der		**Vortrag, ̈e** lecture, recital
der	**Vorgang, ̈e** process, proceeding			**vor•trinken, a, u** to demonstrate how to drink
der	**Vorgarten, ̈** front garden			**vorüber•ziehen, zog vorüber, vorübergezogen (ist)** to pass
	vor•gehen, ging vor, vorgegangen (ist) to go too fast			
der	**Vorgesetzte, –n, –n** superior			**vorwärts** forward
	vorgestern the day before yesterday	der		**Vorwurf, ̈e** reproach, rebuke
	vorhan′den present; **— sein** to be, exist			**vorzeitig** premature
der	**Vorhang, ̈e** curtain	die		**Vorzeitigkeit** one action occurring before another in the past
	vorher before, previously			
	vorhin before			
	vorig last, former, preceding			**W**
	vor•kommen, kam vor, vorgekommen (ist) to occur, happen, seem	die		**Waage, –n** balance
		die		**Wachgruppe, –n** watch
				wach•halten, ie, a to keep awake

DEUTSCH-ENGLISCHES VOKABULAR

	wachsen, u, a (ist) to grow
der	Wächter, – watchman
die	Wachzeit, –en watch period
die	Waffe, –n weapon
	wagen to dare
der	Wagen, – carriage, car
	wählen to choose, select, vote
	wahllos aimless
	wähnen to imagine
	wahnsinnig insane, terrific
	wahr true
	während during, while
die	Wahrheit, –en truth
	wahrscheinlich probable
die	Wahrscheinlichkeit probability
die	Waise, –n orphan
der	Wald, ⸚er forest, wood
die	Waldstraße, –n forest road
der	Waldweg, –e woodland path
die	Wand, ⸚e wall
das	Wanderleben, – roving life
	wann when
	warm warm
	warten to wait
	warum why
	was what; — für ein what sort of a
	waschen, u, a to wash
das	Wasser, ⸚ water
der	Wasserkopf, ⸚e head with water on the brain
	weben, o, o to weave
der	Wechsel, – change
	wechseln to change
	weder... noch neither... nor
	weg away

der	Weg, –e road; des — es kommen to come along the road; sich auf den — machen to set out
	wegen because of, on account of
	weg•gehen, ging weg, weggegangen (ist) to go away
	weg•lassen, ließ weg, weggelassen to leave off, omit
die	Wegrichtung, –en direction of the way
die	Wehr resistance; sich zur — setzen to offer resistance
	weh•tun, tat weh, wehgetan to hurt, ache
das	Weib, –er woman
	weiblich female
	weichen, i, i (ist) to yield
sich	weigern to refuse
	weil because
die	Weile while
der	Wein, –e wine
(die)	Weihnacht(en) (*verb always sing.*) Christmas
der	Weinberg, –e vineyard
	weinen to weep, cry
die	Weise, –n manner, way
	weisen, ie, ie to point out
	weiß white
	weit wide, far
	weiter further
	weiter•fahren, u, a (ist) to drive on
	weiter•schleichen, i, i (ist) to crawl, creep
	welcher, –e, –es which
die	Welle, –n wave
	welsch Italian
die	Welt, –en world

das	**Weltbild, -er**	theory of life
der	**Weltkrieg, -e**	world war
	wenden, wandte, gewandt to turn	
	wenig little; **ein —** a little	
	wenigstens at least	
	wenn if, when	
	wer who	
	werden, wurde, geworden (ist) to become	
	werfen, a, o to throw	
das	**Werk, -e** work	
	wertvoll valuable, worthy	
	weshalb wherefore, why	
das	**Wetter** weather	
	wichtig important	
der	**Widder, -** ram	
	wider against	
der	**Widerhall** echo	
der	**Widerstand, ⸚e** resistance	
	wie how, as, like	
	wieder again	
	wiederho'len to repeat, review	
die	**Wiederho'lung, -en** repetition, review	
	wieder•kommen, kam wieder, wiedergekommen (ist) to return	
	wiegen, o, o to weigh	
	Wien Vienna	
die	**Wiese, -n** meadow	
der	**Wiesenweg, -e** meadow path	
	wieso why	
	wieviel, -(e) how much (many); **— Uhr ist es?** What time is it?	
	wild wild	
das	**Wild** game	
die	**Wildgans, ⸚e** wild goose	
der	**Wille** will	
der	**Wind, -e** wind	
	windbewegt windswept	
	winden, a, u to wind	
der	**Winter, -** winter	
der	**Wintermantel, ⸚** overcoat	
das	**Winterwetter** winter weather	
	winzig tiny	
der	**Wipfel, -** treetop	
	wirken to effect, work, bring about, produce	
	wirklich real	
die	**Wirklichkeit** reality	
die	**Wirkung, -en** effect	
	wischen to wipe	
	wissen, wußte, gewußt to know (*a fact*)	
die	**Wissenschaft, -en** science, knowledge	
der	**Wissenschaftler, -** scientist	
der	**Witz, -e** joke	
	wo where	
die	**Woche, -n** week	
	woher from where	
	wohin where (to)	
	wohl probably, well, indeed; **es tut —** it feels good	
	wohnen to live, dwell	
die	**Wohnung, -en** apartment	
die	**Wolke, -n** cloud	
der	**Wolkenwulst, ⸚e** cloud bulge	
	wollen, wollte, gewollt to want to, wish to, claim to	
der	**Wollfaden, ⸚** thread of wool	
der	**Wollrücken, -** woolly back	
	womöglich possibly	
	worauf on what, whereupon	

DEUTSCH-ENGLISCHES VOKABULAR

das **Wort, -e** or **⸚er** word;
— **halten** to keep one's word
das **Wörterbuch, ⸚er** dictionary
die **Wortfamilie, -n** word family
die **Wortfolge, -n** word order
die **Wortliste, -n** word list
wortlos silent
der **Wortstamm, ⸚e** word stem
die **Wortverbindung, -en** phrase
wunderlich odd
wundern to surprise
der **Wunsch, ⸚e** wish, desire
wünschen to wish, desire
der **Wunschsatz, ⸚e** optative clause
würdigen to appreciate, rate
der **Wurm, ⸚er** worm
die **Wurst, ⸚e** sausage

Z

die **Zahl, -en** number
das **Zahlwort, ⸚er** numeral
der **Zahn, ⸚e** tooth
zart delicate, tender
die **Zärtlichkeit, -en** affection, tenderness
der **Zauberkünstler, -** magician
der **Zaun, ⸚e** fence
zehn ten
das **Zeichen, -** sign
der **Zeigefinger, -** index finger
zeigen to show
der **Zeiger, -** hand (*of a clock*)
die **Zeit, -en** time, tense

die **Zeitangabe, -n** time expression
die **Zeitdauer** duration of time
die **Zeitung, -en** newspaper
die **Zeitungsreportage, -n** (*soft "g"*) newspaper report
zerbrechen, a, o to break to pieces
zerfranst fuzzy
zerreißen, zerriß, zerrissen to tear, break, split
zerren to pull, drag
zerschlagen, u, a to break into pieces
zerstören to destroy
das **Zerwürfnis, -se** dispute
ziehen, zog, gezogen to pull, move
das **Ziel, -e** goal, aim
ziemlich rather
das **Zifferblatt, ⸚er** clock-face
die **Ziffertafel, -n** register
das **Zimmer, -** room
zimmern to build, make
zirka approximately
der **Zirkel, -** circle
die **Zivilisation', -en** civilization
zögern to hesitate
der **Zorn** anger; **rot vor —** red with anger
zornig angry
zu to, too, shut, toward
der **Zucker** sugar
zuerst at first
der **Zufall, ⸚e** chance
zufrieden satisfied
der **Zug, ⸚e** train, feature
zu•geben, a, e to admit
zu'gehörig belonging
die **Zu'gehörigkeit, -en** belonging, membership

sich	**zu•gesellen** to join	der	**Zuschauer,** – spectator
	zügig uninterrupted	der	**Zuschauerraum,** ⸚**e** auditorium
	zu•hören to listen		
der	**Zuhörer,** – listener, audience		**zu•schlagen, u, a** to bang, slam
die	**Zu'kunft** future		**zu•schreiten, schritt zu, zugeschritten (ist)** to step up
	zumindest at least		
die	**Zuneigung, –en** affection		**zu•spielen** to play into a person's hands
	zu•reden to encourage, persuade		
	zurück' back, behind	der	**Zu'stand,** ⸚**e** condition, state
	zurück•kehren to return		
	zurück•kommen, kam zurück, zurückgekommen (ist) to come back, return		**zustande•bringen, brachte zustande, zustandegebracht** to accomplish
	zurück'•legen to walk over	die	**Zu'standsverän'derung, –en** change of condition
	zurück•schrecken to shrink back		**zuverläßig** reliable
	zurück•weichen, i, i to retreat		**zuvor•kommen, kam zuvor, zuvorgekommen (ist)** to surpass
	zu•rufen, ie, u to call to		
	zusam'men together	sich	**zu•wenden, wandte zu, zugewandt** to turn to
	zusammen•fahren, u, a (ist) to start back	der	**Zwang** force, compulsion
	zusam'mengesetzt compound		**zwar** indeed, to be sure
	zusam'men•laufen, ie, au (ist) to congregate		**zwei** two
		der	**Zweifel,** – doubt; — **hegen** to entertain doubts
sich	**zusam'men•setzen** to sit together; — **(aus)** to consist of	der	**Zweig, –e** branch
			zwingen, a, u to force
			zwinkern to blink
die	**Zusam'mensetzung, –en** compound, composition		**zwischen** between
		der	**Zwischenfall,** ⸚**e** incident

Englisch-deutsches Vokabular

A

a, an ein
able fähig; **to be —** können, konnte, gekonnt
about über; ungefähr (*approxim.*)
above oberhalb
abroad im (ins) Ausland
accept an•nehmen, nahm an, angenommen
accompany begleiten
according to nach
acid die Säure, –n
act handeln
actor der Schauspieler, –
actress die Schauspielerin, –nen
add addieren; hinzu•fügen
administration die Verwaltung, –en
admire bewundern
adult der Erwachsene, –n, –n
advise raten, ie, a
afraid ängstlich; **to be —** Angst haben, sich fürchten
after nach (*prep.*), nachdem (*conj.*)
afternoon der Nachmittag, –e
again wieder
against gegen
age das Alter; **of —** alt
ago vor; **a year —** vor einem Jahr
agree zu•stimmen
airplane das Flugzeug, –e
algebra die Algebra
all all
allow erlauben; **to be —ed** dürfen, durfte, gedurft
alone allein
along mit (*adv.*); entlang (*prep.*)
already bereits, schon
Alsace das Elsaß
also auch
although obwohl, obgleich
always immer
America (das) Amerika
American amerikanisch (*adj.*); der Amerikaner, –; die Amerikanerin, –nen
among unter
analyze analysieren
and und
anger der Zorn

angry zornig; **to get —** sich ärgern
animal das Tier, –e
Ann Anna
answer antworten, beantworten
answer die Antwort, –en
anything etwas
apartment die Wohnung, –en
apologize sich entschuldigen
appetite der Appetit
apple der Apfel, ⸚
apple tree der Apfelbaum, ⸚e
April der April
arrive an•kommen, kam an, angekommen (ist)
arrogant arrogant
article der Artikel, –
artist der Künstler, –
as wie, so, als
as . . . as so . . . wie
as if als ob
as long as solange
as soon as so bald als
as well as sowohl . . . als (auch)
ask (*for information*) fragen (um)
ask (*for a favor*) bitten, bat, gebeten, (um)
asleep schlafend
at an; bei; um (*time*)
attentive aufmerksam
audience das Publikum
August der August'
Austria (das) Österreich
Austrian österreichisch
auto das Auto, –s
autumn der Herbst, –e
available erhältlich
avoid vermeiden, ie, ie
awake erwachen (ist); wach (*adj.*)
away weg, entfernt
axis die Achse, –n

B

bad schlecht
back zurück
bake backen, buk, gebacken
bakery die Bäckerei, –en
ball der Ball, ⸚e
bark bellen
bath das Bad, ⸚er; **to take a —** sich baden
bathroom das Badezimmer, –
be sein, war, gewesen (ist)
be alive leben
beach der Strand, ⸚e
beat schlagen, u, a
beautiful schön
because weil; **— of** wegen (*with gen.*)
become werden, wurde, geworden (ist)
bed das Bett, –en
bedroom das Schlafzimmer, –
beer das Bier, –e
before vor (*prep.*); bevor (*conj.*); ehe (*conj.*)
begin beginnen, a, o
behave sich benehmen, benahm, benommen
behind hinter; hinten
believe glauben
bell die Glocke, –n
belong gehören
below unterhalb
bend biegen, o, o
Berlin Berlin
beside neben
best best
better besser
between zwischen
beyond jenseits
big groß
bind binden, a, u
bird der Vogel, ⸚

ENGLISCH-DEUTSCHES VOKABULAR

birth die Geburt, –en; **to give —** gebären, a, o
birthday der Geburtstag, –e
bite beißen, biß, gebissen
black schwarz
blanket die Decke, –n
blow blasen, ie, a
blue blau
board (a train) ein•steigen, ie, ie (ist)
boat das Schiff, –e
boiling point der Siedepunkt, –e
bomb die Bombe, –n
book das Buch, ¨er
born geboren
borrow borgen
both beide
boundless maßlos
bouquet der Strauß, ¨e
box die Schachtel, –n
boy der Knabe, –n, –n; der Junge, –n, –n
boyfriend der Freund, –e
bread das Brot, –e
break brechen, a, o; **to — in** ein•brechen, a, o (ist)
breakfast das Frühstück, –e
bridge die Brücke, –n
bring bringen, brachte, gebracht; **to — along** mit•bringen, brachte mit, mitgebracht
broad breit
brother der Bruder, ¨
brothers and sisters die Geschwister
brown braun
brush der Pinsel, –
build bauen
building das Gebäude, –
bundle das Bündel, –
business das Geschäft, –e; **— trip** die Geschäftsreise, –n
but aber; allein; sondern
buy kaufen
by von; durch; mit; **— plane** mit dem Flugzeug; **— adding** indem man addiert

C

cake der Kuchen, –
call rufen, ie, u; **to be —ed** heißen, ie, ei
can können, konnte, gekonnt
cancer der Krebs
captain der Hauptmann, Hauptleute
car das Auto, –s
care sich sorgen; mögen, mochte, gemocht; **I do not —** es ist mir egal; **for all I —** meinetwegen
carry tragen, u, a; **to — out** ausführen
carve schnitzen
case der Fall, ¨e; **in — falls**
castle das Schloß, Schlösser
cat die Katze, –n
catch fangen, i, a; **to — cold** sich erkälten
cause verursachen
cave die Höhle, –n
cellar der Keller, –
central station der Hauptbahnhof, ¨e
chair der Stuhl, ¨e
chairman der Vorsitzende, –n, –n
change ändern; sich verändern; **to — clothes** sich um•ziehen, zog um, umgezogen
chapter das Kapitel, –
Charles Karl
charming charmant
cheap billig
chemical chemisch
chemistry die Chemie
child das Kind, –er

childhood die Kindheit, –en
Chinese chinesisch
Christmas Weihnacht(en)
church die Kirche, –n
cigarette die Zigarette, –n
city die Stadt, ⸚e
claim wollen, wollte, gewollt
clean reinigen
clear klar
clever klug
climate das Klima, –s
climb steigen, ie, ie (ist)
clock die Uhr, –en; **at four o'clock** um vier Uhr
close schließen, schloß, geschlossen; zu•machen
clothes die Kleider (*pl.*)
cloud die Wolke, –n
coat der Mantel, ⸚
coffee der Kaffee, –s
cold kalt; die Kälte; die Erkältung, –en
collect sammeln
collection die Sammlung, –en
color die Farbe, –n
colorful bunt
come kommen, kam, gekommen (ist)
come back zurück•kommen, kam zurück, zurückgekommen (ist)
come in herein•kommen, kam herein, hereingekommen (ist)
come out heraus•kommen, kam heraus, herausgekommen (ist)
comfort trösten
command befehlen, a, o
communication die Verständigung, –en
company die Gesellschaft, –en
compare vergleichen, i, i
complain sich beklagen
complete vollkommen (*adj.*)

complete beenden
compose komponieren
composition der Aufsatz, ⸚e
compound die Zusammensetzung, –en
concert das Konzert', –e
condition die Verfassung, –en; der Zustand, ⸚e
connection die Verbindung, –en
conscience das Gewissen
consist (of) bestehen, bestand, bestanden (aus)
contain enthalten, ie, a
contents der Inhalt, –e
continue fort•setzen
contrary entgegengesetzt; **on the —** sondern
converse sich unterhalten, ie, a
cooky die Bäckerei, –en
correct richtig
cost kosten
countenance der Gesichtsausdruck; das Antlitz
country das Land, ⸚er; **in the —** auf dem Land; **to the —** auf das Land
course der Kurs, –e
cover bedecken
create schaffen, schuf, geschaffen
creep kriechen, o, o (ist)
crew die Mannschaft, –en
cross überque'ren
crowd die Menge, –n; **— of people** die Menschenmenge, –n
cry schreien, ie, ie; weinen
cup die Tasse, –n
curled gelockt
curtain der Vorhang, ⸚e
cut schneiden, schnitt, geschnitten

D

dance tanzen
dangerous gefährlich
Danube die Donau
dark dunkel
date das Datum, Daten
daughter die Tochter, ⸚
day der Tag, –e; **one —** eines Tages
debt die Schuld, –en
December der Dezember
decide beschließen, beschloß, beschlossen; sich entscheiden, ie, ie; sich entschließen, entschloß, entschlossen
decline ab•lehnen
deed die Tat, –en
degree der Grad, –e
deny leugnen
depart scheiden, ie, ie
desire die Lust, ⸚e
despite the fact that trotzdem
destroy zerstören
develop entwickeln
dialect der Dialekt, –e
die sterben, a, o (ist)
difficult schwer, schwierig
difficulty die Schwierigkeit, –en
dig graben, u, a
dining room das Eßzimmer, –
dirty schmutzig
disappear verschwinden, a, u (ist)
discover entdecken
discussion die Diskussion', –en
dislike mißfallen; **I — it** es mißfällt mir
distance die Entfernung, –en
distil destillieren
do tun, tat, getan; machen
doctor der Arzt, ⸚e
dog der Hund, –e
door das Tor, –e; die Tür, –en
drawer die Lade, –n
dream der Traum, ⸚e
dress sich an•ziehen, zog an, angezogen
dress das Kleid, –er
dried getrocknet
drink trinken, a, u; saufen, soff, gesoffen
drive fahren, u, a; treiben, ie, ie
driver der Chauffeur', –e
drop fallen lassen, ließ fallen, fallen gelassen
due to durch; wegen
during während (*with gen.*)

E

each jeder, –e, –es
early früh
earn verdienen
earth die Erde
East der Osten
easy leicht
eat essen, aß, gegessen; fressen, fraß, gefressen (*of animals*)
educate bilden
effort die Anstrengung, –en; **make an —** sich bemühen
either ... or entweder ... oder
elbow der Ellbogen, –
elegant elegant'
employee der Angestellte, –n, –n
end enden
England (das) England
English englisch
Englishman der Engländer, –
enjoy genießen, genoß, genossen; **to — oneself** sich amüsieren; sich unterhalten
enough genug
enter ein•treten, a, e (ist)

entire ganz, gesamt
entrance der Eingang, ⸚e
equator der Äquator
Europe Europa
evening der Abend, –e
ever je
every jeder, –e, –es
everybody jeder, –e, –es
everything alles
evil schlecht
exam die Prüfung, –en; das Examen, –
excellent ausgezeichnet
excite auf•regen; **to get —d** sich auf•regen
excursion der Ausflug, ⸚e
exhibition die Ausstellung, –en
exist vorhanden sein
expect erwarten
expensive teuer
experience die Erfahrung, –en
experiment das Experiment', –e
explain erklären
express aus•drücken
eye das Auge, –n

F

fabulous fabelhaft
face das Gesicht, –er
factory die Fabrik, –en
fail mißlingen, a, u (ist)
fairy tale das Märchen, –
fall fallen, fiel, gefallen (ist); **to — asleep** ein•schlafen, ie, a (ist)
fall der Herbst, –e
family die Familie, –n
famous berühmt
farmer der Bauer, –n
fast schnell
fate das Schicksal, –e
father der Vater, ⸚

fear die Angst, ⸚e
February der Februar
feel fühlen
fellow der Jüngling, –e
fence fechten, o, o
fence der Zaun, ⸚e
fetch holen
fever das Fieber, –
few wenige
field der Acker, ⸚
figure die Zahl, –en
film der Film, –e
filtrate filtrieren
finally endlich
find finden, a, u
fine fein; gut; **I am —** es geht mir gut
finish beenden
fire ab•feuern
first erst; **at —** zuerst; zunächst; **in the — place** erstens; **for the — time** zum erstenmal
five fünf
flat flach; **— tire** die Panne, –n
flee fliehen, o, o (ist)
float schwimmen, a, o (ist)
floor der Fußboden, ⸚
flower die Blume, –n
flow fließen, floß, geflossen (ist)
fly fliegen, o, o (ist)
follow folgen (ist)
food die Speise, –n
fool der Narr, –en, –en; **to make a — of o. s.** sich lächerlich machen
for für (*prep.*); denn (*conj.*); **— the sake of** um . . . willen
force zwingen, a, u
foreign ausländisch
forget vergessen, vergaß, vergessen
forgive verzeihen, ie, ie
formula die Formel, –n

ENGLISCH-DEUTSCHES VOKABULAR

fortune das Vermögen, -
four vier
fourteen vierzehn
franc der Franc, -s
Frankfort Frankfurt
freedom die Freiheit
freeze frieren, o, o
French französisch
fresh frisch
Friday der Freitag, -e
friend der Freund, -e; die Freundin, -nen; **great —s** gute Freunde
friendliness die Freundlichkeit, -en
frightened erschrocken; **to become —** erschrecken, erschrak, erschrocken (ist)
from von; aus
front: in front of vor
fruit(s) das Obst; **— tree** der Obstbaum, ⁻e
fry braten, ie, a
full voll
furnished möbliert

G

gain gewinnen, a, o
garden der Garten, ⁻
gather sammeln
general der General, ⁻e
generation die Generation, -en
gentleman der Herr, -n, -en
German deutsch; der Deutsche, -n, -n
Germany (das) Deutschland
get (= *become*) werden, wurde, geworden (ist); (= *receive*) bekommen, bekam, bekommen; erhalten, ie, a; **to — angry** sich ärgern; **to — excited** sich auf•regen; **to — rid** los•werden; **to — up** auf•stehen, stand auf, aufgestanden (ist); **to — used (to)** sich gewöhnen (an)
girl das Mädchen, -; **— friend** die Freundin, -nen
give geben, a, e; **to — up** auf•geben, a, e
glad froh; **to be —** sich freuen (über) (*with acc.*); es freut mich
glass das Glas, ⁻er
glasses die Brille, -n
glide gleiten, glitt, geglitten (ist)
glove der Handschuh, -e
go gehen, ging, gegangen (ist); fahren, u, a (ist); **to — away** sich entfernen; **to — out** (hin)-aus•gehen, ging hinaus, hinausgegangen (ist); **to — for a walk** spazieren•gehen
good gut
goose die Gans, ⁻e; **wild —** die Wildgans ⁻e
grandmother die Großmutter, ⁻
grape die Traube, -n
grass das Gras, ⁻er
grateful dankbar
great groß; **— friends** gute Freunde
green grün
greet begrüßen
grey grau
group die Gruppe, -n
grow wachsen, u, a (ist)
guest der Gast, ⁻e; **— book** das Gästebuch, ⁻er

H

hair das Haar, -e
half halb; die Hälfte, -n
Hamburg Hamburg
hand die Hand, ⁻e
handsome stattlich

hang hängen, i, a
happen geschehen, a, e (ist)
happy glücklich
hard hart; schwer
hat der Hut, ⸚e
hate hassen
have haben, hatte, gehabt; **to — to** müssen, mußte, gemußt
he er
head der Kopf, ⸚e
headache das Kopfweh
healthy gesund
heap der Haufen, –; **— of stones** der Steinhaufen, –
hear hören
heart das Herz, –ens, –en
heat heizen
heaven der Himmel
heavy schwer
Heidelberg Heidelberg
helicopter der Hubschrauber, –
help helfen, a, o
help die Hilfe, –n
her ihr
here hier
hide sich verstecken; sich verbergen, a, o
high hoch
hill der Hügel, –
his sein
history die Geschichte, –n
hit treffen, traf, getroffen
hold halten, ie, a
home das Heim, –e; **at —** zu Hause
homeless obdachlos
homemade hausgemacht
home(ward) nach Hause
homework die Hausaufgabe, –n
honest ehrlich
hope hoffen
hope die Hoffnung, –en

horse das Pferd, –e
hospital das Krankenhaus, ⸚er
hot heiß
hotel das Hotel, –s
hour die Stunde, –n
house das Haus, ⸚er; **— in the country** das Landhaus, ⸚er
how wie; **— are you?** wie geht es Ihnen?
however aber
human being der Mensch, –en, –en
hungry hungrig; **to be —** Hunger haben
hurry eilen; sich beeilen
hurry die Eile; **to be in a —** Eile haben
hurt oneself sich verletzen; sich weh•tun, tat weh, wehgetan
husband der Mann, ⸚er

I

I ich
idea die Idee, –n
if wenn; ob
ill krank
illness die Krankheit, –en
imagine sich vor•stellen; sich ein•bilden
imitate imitieren
immediately sofort
important wichtig
improve verbessern
in in
induce bewegen, o, o
industrious fleißig
information desk die Auskunft
inherit erben
initial der Anfangsbuchstabe, –n, –n
initials das Monogramm
innocence die Unschuld

ENGLISCH-DEUTSCHES VOKABULAR

inorganic anorganisch
instead of anstatt
intelligent intelligent
interest : be interested (in) sich interessieren (für)
interesting interessant
introduce vor•stellen
invention die Erfindung, –en
invitation die Einladung, –en
invite ein•laden, u, a
irregular unregelmäßig
it es
Italy (das) Italien

J

January der Januar
job die Arbeit, –en
John Hans
joy die Freude, –n
judge der Richter, –
July der Juli
jump springen, a, u (ist)
just eben; ebenso; erst; gerade

K

keep halten, ie, a
kerchief das Kopftuch, ¨er
kill töten
kilometer das Kilometer, –
kind freundlich
kitchen die Küche, –n
knapsack der Rucksack, ¨e
knife das Messer, –
knock klopfen
know wissen, wußte, gewußt; kennen, kannte, gekannt; können, konnte, gekonnt

L

laboratory das Laboratorium, Laboratorien
lake der See, –n; **— Constance** der Bodensee

large groß
last (*adj.*) letzt; vorig
last dauern
late spät; **to be —** sich verspäten
laugh lachen
law das Gesetz, –e
lay legen
lead führen
lead das Blei
leaf das Blatt, ¨er
learn lernen
leave (= *desert*) verlassen, verließ, verlassen; (*of a train*) ab•fahren, u, a (ist)
lecture die Vorlesung, –en
left links
leg das Bein, –e
lend leihen, ie, ie
less weniger
let lassen, ließ, gelassen
letter der Brief, –e
library die Bibliothek, –en
lie liegen, a, e; **to — down** sich nieder•legen; sich hin•legen
lie lügen, o, o
lie die Lüge, –n
life das Leben
lift heben, o, o
light das Licht, –er
like wie (*conj.*)
like gern haben; gefallen, gefiel, gefallen; mögen, mochte, gemocht; **I should —** ich möchte
line die Linie, –n
lip die Lippe, –n
liquid flüssig
liquid die Flüssigkeit, –en
list die Liste, –n
listen zu•hören
little klein
live wohnen; leben

living room das Wohnzimmer, –
load laden, u, a
locate: be located sich befinden, a, u
long lang
look sehen, a, e; **to — at** an•sehen; **to — for** suchen; **to — forward (to)** sich freuen (auf) (*with acc.*); **to — like** aus•sehen, a, e
lose verlieren, o, o
loss der Verlust, –e
loud laut
love lieben
low leise; tief
lunch das Mittagessen, –

M

magazine die Zeitschrift, –en
maid die Magd, ⸚e
mail die Post
main haupt–; **— street** die Hauptstraße, –n
make machen; lassen, ließ, gelassen; **to — an effort** sich bemühen
man der Mann, ⸚er; der Mensch, –en, –en (*human being*)
manly männlich
many viele; **— a** mancher, –e, –es
mark die Mark, –
marketplace der Marktplatz, ⸚e
Mary Marie
master der Herr, –n, –en; der Meister, –
mathematics die Mathematik
may dürfen, durfte, gedurft; können, konnte, gekonnt; mögen, mochte, gemocht

meal die Mahlzeit, –en
mean bedeuten; meinen
meaning die Bedeutung, –en
means: by means of mittels
meanwhile inzwischen
measure messen, maß, gemessen
meat das Fleisch
medicine die Medizin', –en
meet treffen, traf, getroffen
meeting die Versammlung, –en
melt schmelzen, o, o
member das Mitglied, –er
method die Metho'de, –n
microscope das Mikroskop', –e
middle die Mitte, –n
midst: in the midst inmitten
milk die Milch
Miss (das) Fräulein, –
mist der Nebel, –
mistake der Fehler, –
mixture die Mischung, –en
modern modern'
Monday der Montag, –e
money das Geld, –er
month der Mo'nat, –e
more mehr
morning der Morgen, –
most meist
mother die Mutter, ⸚
mount auf•steigen, ie, ie (ist)
mountain der Berg, –e
mouth der Mund, ⸚er
move bewegen; (um)•ziehen, zog, gezogen (ist) (*change residence*)
movie das Kino, –s; der Film, –e
Mr. (der) Herr, –n, –en
much viel; sehr
Munich München
museum das Museum, Museen
music die Musik'
must müssen, mußte, gemußt
my mein

N

nail der Nagel, -̈
name nennen, nannte, genannt
name der Name, –ns, –n
narrow eng
nation die Nation, –en
near (by) nahe; —**er to a doctor** einem Arzte näher
necessary nötig
need brauchen
neighbor der Nachbar, –n;
 —**hood** die Nähe
neither ... nor weder ... noch
Netherlands die Niederlande (*pl.*)
never nie
new neu
news die Nachricht, –en; die Neuigkeit, –en
newspaper die Zeitung, – n
next nächst
nice nett; schön
night die Nacht, -̈e
no nein; kein
no one niemand, keiner
noise der Lärm
none keiner, –e, –es
North America (das) Nordamerika
nose die Nase, –n
not nicht; — **only ... but also** nicht nur ... sondern auch;
 — **yet** noch nicht
nothing nichts
novel der Roman, –e
now jetzt

O

occur ein•fallen, fiel ein, eingefallen (ist)
ocean der Ozean, –e; das Meer, –e
of von; aus
offer bieten, o, o
office das Büro, –s
officer der Offizier, –e
often oft
old alt
on an; auf
once einmal
one ein; eins; man
only nur; erst
onto auf
open offen (*adj.*)
open öffnen; auf•machen
opportunity die Gelegenheit, –en
opposite gegenüber
or oder
orange die Orange, –n
order befehlen, a, o; bestellen
order der Befehl, –e; **in — to** um ... zu
organic organisch
organization die Organisation, –en
ought to sol`en, sollte, gesollt
our unser
out (of) aus (*with dat.*)
outside außerhalb (*prep.*); draußen (*adv.*)
over über
overtime die Überstunden (*pl.*)
 to work — Überstunden machen
own eigen (*adj.*)
own besitzen, besaß, besessen
owner der Besitzer, –

P

paint malen; streichen, i, i
painter der Maler, –
paper das Papier', –e; die Zeitung, –en
parents die Eltern (*pl.*)

park der Park, −e
part der Teil, −e
participant der Teilnehmer, −
pass vergehen, verging, vergangen (ist); vorbei•gehen to — (*an exam*) bestehen, bestand, bestanden
passenger der Passagier, −e
patient der Patient, −en, −en
pay bezahlen
peace der Friede, (*gen.*) des Friedens
pear die Birne, −n; **— tree** der Birnbaum, ⸚e
pencil der Bleistift, −e
people die Leute (*pl.*)
perfect vollkommen; tadellos
performance die Vorstellung, −en
permit erlauben; **to be —ted** dürfen, durfte, gedurft
person die Person, −en; der Mensch, −en, −en
physics die Physik′
pick pflücken
picture das Bild, −er
piece das Stück, −e
pin die Nadel, −n
pity das Mitleid; **it is a —** es ist schade
place der Platz, ⸚e; **in the first —** erstens
plan der Plan, ⸚e; planen
plane das Flugzeug, −e; **to go by —** mit dem Flugzeug fahren
plant die Pflanze, −n
play spielen
play das Spiel, −e
please bitte
please gefallen, gefiel, gefallen; **I am —d with it** es gefällt mir
plum die Pflaume, −n

plural der Plural′
pocket die Tasche, −n
poem das Gedicht, −e
poet der Dichter, −
point zeigen; weisen, ie, ie
point der Punkt, −e
poison das Gift, −e
policeman der Polizist′, −en, −en
politeness die Höflichkeit, −en
poor arm; schlecht
postpone auf•schieben, o, o
potato die Kartoffel, −n
pound das Pfund, −e
pour gießen, goß, gegossen
praise loben; preisen, ie, ie
predominant vorherrschend
prefer lieber haben
prepare vor•bereiten
present das Geschenk, −e
president der Präsident′, −en, −en
pretty hübsch
prince der Prinz, −en, −en
printer der Buchdrucker, −
prison das Gefängnis, −se
prisoner der Gefangene, −n, −n
problem die Aufgabe, −n; das Problem′, −e
product das Produkt′, −e
professor der Professor, −en
prohibited verboten
promise versprechen, a, o
pronunciation die Aussprache, −n
proud stolz
prove beweisen, ie, ie
psychology die Psychologie
pull ziehen, zog, gezogen
punctual pünktlich
punish bestrafen
pupil der Schüler, −
push stoßen, ie, o
put stellen; legen; setzen

Q

quality die Eigenschaft, –en
quarrel streiten, stritt, gestritten
quick schnell
quite ganz

R

race das Rennen, –
radio das Radio, –s
railway station der Bahnhof, ⸚e
rain regnen
rain der Regen
raise heben, o, o; erhöhen
raisin die Rosine, –n
reach erreichen
read lesen, a, e
ready bereit; fertig
real wirklich
receive bekommen, bekam, bekommen; erhalten, ie, a
recently kürzlich
recommend empfehlen, a, o
record die Schallplatte, –n
record-player der Plattenspieler, –
recover sich erholen; genesen, a, e (ist)
red rot
refer sich beziehen, bezog, bezogen
refresh stärken
refuse sich weigern
relative der (die) Verwandte, –n, –n
remain bleiben, ie, ie (ist)
remember sich erinnern
rent vermieten
rent die Miete, –n
repeat wiederholen
report berichten
report der Bericht, –e
resemble gleichen, i, i

resign sich ergeben, a, e
rest ruhen; sich aus•ruhen
rest die Ruhe
restaurant das Restaurant, –s
return zurück•geben, a, e; zurück•gehen, ging zurück, zurückgegangen (ist)
reward belohnen
reward die Belohnung, –en
Rhine der Rhein
rice der Reis
rich reich
rid los
ride reiten, ritt, geritten (ist); fahren, u, a (ist)
right recht; **to be —** recht haben
ring der Ring, –e; läuten
ripe reif
rise auf•gehen, ging auf, aufgegangen (ist)
river der Fluß, Flüsse
road die Straße, –n
roar rauschen
roast braten, ie, a
roll rollen
roof das Dach, ⸚er
room das Zimmer, –
rose die Rose, –n
rotate sich drehen
round rund
rub reiben, ie, ie
run rennen, rannte, gerannt (ist); laufen, ie, au (ist); **to — away** weg•laufen, ie, au (ist)
runner der Läufer, –
Russia (das) Rußland

S

sake: for the sake of um ... willen
salad der Salat', –e

salary   das Gehalt, ⸚er
sale   der Verkauf, ⸚e; **to be on —**   zu verkaufen sein
salesman   der Verkäufer, –
same   selb
sand   der Sand
sandwich   das belegte Brot
save   retten; sparen (*money*)
say   sagen; **to be said to**   sollen, sollte, gesollt
scarf   der Schal, –s
scholarship   das Stipendium, Stipendien
school   die Schule, –n
scold   schelten, a, o
sea   das Meer, –e; die See
second   zweit; **in the — place**   zweitens
secretary   der Sekretär', –e; die Sekretär'in, –nen
see   sehen, a, e
seem   scheinen, ie, ie
seize   greifen, griff, gegriffen
self   selbst; selber, –e, –es
sell   verkaufen; **to — out**   ausverkaufen
send   senden, sandte, gesandt; **to — off**   ab•senden, sandte ab, abgesandt
sentence   der Satz, ⸚e
September   der September
service   die Bedienung, –en
set   unter•gehen, ging unter, untergegangen (ist)
several   mehrere
shall   sollen, sollte, gesollt
she   sie
sheep   das Schaf, –e
shilling   der Schilling, –e
shine   scheinen, ie, ie
shoot   schießen, schoß, geschossen

shop   das Geschäft, –e
short   kurz
shot   der Schuß, Schüsse
shove   schieben, o, o
show   zeigen
shut   zu•machen
sick   krank
sign   das Zeichen, –
silent   ruhig; **to be —**   schweigen, ie, ie
simple   einfach
since   da; seit (*prep.*); seit(dem) (*conj.*)
sing   singen, a, u
singer   der Sänger, –
single   einzig
sink   sinken, a, u (ist)
sister   die Schwester, –n
sit   sitzen, saß, gesessen; **to — down**   sich setzen
situate: to be situated   sich befinden, a, u
ski   ski•laufen, ie, au (ist)
skiing   das Skilaufen
skin   die Haut, ⸚e
skirt   der Rock, ⸚e
sky   der Himmel
sleep   schlafen, ie, a
slide rule   der Rechenschieber, –
slow   langsam
small   klein
smell   riechen, o, o
smile   lächeln
smoke   rauchen
sneak   schleichen, i, i (ist)
snow   schneien
snow   der Schnee
so   so; **— that**   so daß; damit
society   die Gesellschaft, –en
Socrates   Sokrates
soldier   der Soldat', –en, –en
solution   die Lösung, –en

ENGLISCH-DEUTSCHES VOKABULAR

solve lösen
some einige (*pl.*); etwas
someone jemand
something etwas
sometimes manchmal
son der Sohn, ⸚e
song das Lied, –er
soon bald; **as — as** so bald als
sorrow die Sorge, –n
sorry leid; **I am —** es tut mir leid
sort die Art, –en; **what — of** was für ein
sound klingen, a, u
soup die Suppe, –n
South America (das) Südamerika
sparkle funkeln; glänzen
speak sprechen, a, o
speaker der Sprecher, –; der Redner, –
special besonder
speech die Rede, –n
spend (*money*) aus•geben, a, e; (*time*) verbringen, verbrachte, verbracht
spin sich drehen; spinnen, a, o
spite die Bosheit, –en; **in — of** trotz (*with gen.*)
spoil verderben, a, o
sport der Sport, –e
spring springen, a, u (ist)
square root die Quadratwurzel, –n
stand stehen, stand, gestanden
start an•fangen, i, a
station der Bahnhof, ⸚e; die Station, –en
stay bleiben, ie, ie (ist)
steal stehlen, a, o
steep steil
step treten, a, e (ist)

still noch
sting stechen, a, o
stink stinken, a, u
stone der Stein, –e
stop stehen•bleiben, ie, ie (ist)
store der Laden, ⸚; das Geschäft, –e
story die Geschichte, –n
straight gerade
strange fremd
stranger der Fremde, –n, –n
straw das Stroh
stream strömen
street die Straße, –n
strict streng
stride schreiten, schritt, geschritten (ist)
strike hauen, hieb, gehauen
strive sich bemühen
stroke streichen, i, i
strong stark
student der Student', –en, –en; die Studen'tin, –nen
study studieren
study das Studium, Studien
subconscious das Unterbewußtsein
substance die Substanz', –en
succeed gelingen, a, u (ist)
success der Erfolg, –e
such solcher, –e, –es
suck saugen, o, o
suffer leiden, litt, gelitten
suit der Anzug, ⸚e
summer der Sommer, –
sun(shine) die Sonne, –n
supper das Abendessen, –
support unterstützen
suppose: to be supposed to sollen, sollte, gesollt
surprise überraschen; **to be —ed** sich wundern

surprise die Überraschung, –en
surrender sich ergeben, a, e
sweater der Pullover, –
sweet süß
sweets die Süßigkeit, –en
swim schwimmen, a, o (ist)
swing schwingen, a, u
Switzerland die Schweiz
symphony die Symphonie', –n

T

table der Tisch, –e
take nehmen, nahm, genommen; **to — off** ab•nehmen (*hat*); aus•ziehen, zog, gezogen (*coat*); **to — a picture** auf•nehmen; **to — place** sich ereignen; statt•finden, a, u; **to — a walk** einen Spaziergang machen
talk sprechen, a, o
tall groß; hoch
tax die Steuer, –n
teach lehren
teacher der Lehrer, –; die Lehrerin, –nen
team die Mannschaft, –en
tear reißen, riß, gerissen
tell sagen; erzählen; **to — a lie** lügen, o, o
temperature die Temperatur', –en
tennis ball der Tennisball, ⸚e
test tube die Proberöhre, –n
than als
thank danken; **— you** danke
that daß (*conj.*); das (*dem. pron.*); jener, –e, –es
the der, die, das; **the . . . the** je . . . desto
theater das Theater, –
theft der Diebstahl, ⸚e
their ihr
then dann; damals

there da, dort; **— is** es gibt
they sie
thief der Dieb, –e
thin dünn
thing das Ding, –e; die Sache, –n
think denken, dachte, gedacht
third dritt (*adj.*)
third das Drittel, –
thirsty durstig; **to be —** Durst haben
thirteen dreizehn
this dieser, –e, –es
thoroughness die Gründlichkeit
thought der Gedanke, –ns, –n
three drei
through durch
throw werfen, a, o; **to — away** weg•werfen, a, o
ticket die Karte, –n
till bis
time die Zeit, –en; **for the first —** zum erstenmal
tire der Reifen, –; **flat —** die Panne, –n
tired müde
to zu; nach; an; in
today heute
tolerant tolerant'
tomorrow morgen
tonight heute abend
too auch; zu
tooth der Zahn, ⸚e
total die Summe, –n
tourist der Tourist', –en, –en
town die Stadt, ⸚e
toy das Spielzeug, –e
trace die Spur, –en
trade relations die Handelsbeziehung, –en
train der Zug, ⸚e
translate übersetzen
travel reisen
treat behandeln

ENGLISCH-DEUTSCHES VOKABULAR

tree der Baum, ⸚e
tremble zittern
trigonometry die Trigonometrie′
trip die Reise, –n
tropics die Tropen (*pl.*)
true wahr
truth die Wahrheit
try versuchen
tuition das Studiengeld, –er
Turkey die Türkei
turn wenden, wandte, gewandt; drehen; **to — off** ab•drehen; **to — on** an•drehen
twelve zwölf
twice zweimal
two zwei
typewriter die Schreibmaschine, –n

U

ugly häßlich
umbrella der Schirm, –e
unbearable unerträglich
uncle der Onkel, –
under unter
understand verstehen, verstand, verstanden
undress sich aus•ziehen, zog aus, ausgezogen
United States die Vereinigten Staaten
university die Universität′, –en
until bis
use benützen; gebrauchen; **to get —d** sich gewöhnen
usual gewöhnlich

V

vacation die Ferien (*pl.*)
vaccinate impfen
valid gültig; **to be —** gelten, a, o
verb das Verb, –en

very sehr; **— much** sehr
Vienna Wien
village das Dorf, ⸚er
vineyard der Weinberg, –e
vintage der Jahrgang, ⸚e
visit besuchen
visitor der Besuch, –e
voice die Stimme, –n; **in a loud —** mit lauter Stimme

W

wait warten
waiter der Kellner, –
wake up erwachen
walk gehen, ging, gegangen (ist)
walk der Spaziergang, ⸚e; **to take a —** einen Spaziergang machen; **to go for a —** spazieren•gehen
wall die Wand, ⸚e
want wollen, wollte, gewollt
war der Krieg, –e
warm warm
warn warnen
wash waschen, u, a
watch die Uhr, –en
water das Wasser, ⸚
we wir
weak schwach
wear tragen, u, a
weather das Wetter, –
weave weben, o, o
week die Woche, –n
weekend das Wochenende, –
weep weinen
weigh wiegen, o, o
well gut; wohl
West der Westen
what was (*pron.*); welcher, –e, –es (*adj.*); **— sort of** was für ein
when als; wann; wenn
whenever wenn
where wo

whether (or not) ob
which der, die, das; welcher, -e, -es; was
while während, indem
while die Weile, -n
whistle pfeifen, pfiff, gepfiffen
white weiß
who wer (*inter. pron.*); der, die, das (*rel. pron.*)
whole ganz
whose wessen (*inter. pron.*); dessen, deren (*rel. pron.*)
why warum
wide breit
widow die Witwe, -n
wife die Frau, -en
wild wild; **— goose** die Wildgans, ⸚e
win gewinnen, a, o
wind winden, a, u
wind der Wind, -e
window das Fenster, -
wine der Wein, -e
winter der Winter, -
wish wünschen; **to — to** wollen, wollte, gewollt
with mit
within innerhalb
without ohne

witness der Zeuge, -n, -n
woman die Frau, -en
wood das Holz, ⸚er
woods der Wald, ⸚er
wool die Wolle, -n
word das Wort, -e, *or* ⸚er
work arbeiten; **to — overtime** Überstunden machen
work die Arbeit, -en; das Werk, -e
world die Welt, -en
worry sich sorgen
worry die Sorge, -n
worse schlechter
worst schlechtest
wreathe flechten, o, o
write schreiben, ie, ie
wrong unrecht; **to be —** unrecht haben

Y

year das Jahr, -e
yellow gelb
yesterday gestern
yet doch
yield weichen, i, i (ist)
you Sie; du; ihr
young jung
your Ihr; dein; euer